澳门话
近两百年来的音变

兼论广州话、中山话的历史音变

罗言发 著

清华大学出版社
北 京

图书在版编目（CIP）数据

澳门话近两百年来的音变：兼论广州话、中山话的历史音变 / 罗言发著.—北京：清华大学出版社，2022.10

ISBN 978-7-302-57890-1

I. ①澳…　II. ①罗…　III. ①粤语 – 方言研究 – 澳门　IV. ①H178

中国版本图书馆 CIP 数据核字（2021）第 061186 号

责任编辑：骆　骁
封面设计：常雪影
责任校对：王淑云
责任印制：刘海龙

出版发行：清华大学出版社
　　　　网　　　址：http://www.tup.com.cn, http://www.wqbook.com
　　　　地　　　址：北京清华大学学研大厦 A 座　　　邮　　编：100084
　　　　社 总 机：010-83470000　　　　　　　　　　邮　　购：010-62786544
　　　　投稿与读者服务：010-62776969, c-service@tup.tsinghua.edu.cn
　　　　质量反馈：010-62772015, zhiliang@tup.tsinghua.edu.cn
印 装 者：天津鑫丰华印务有限公司
经　　销：全国新华书店
开　　本：170mm×240mm　　　印　张：15.75　　　字　数：255 千字
版　　次：2022 年 12 月第 1 版　　　　　　　印　次：2022 年 12 月第 1 次印刷
定　　价：69.00 元

产品编号：086081-01

序

罗言发的专著《澳门话近两百年来的音变——兼论广州话、中山话的历史音变》即将付梓，嘱我略写几句以志鼓励。

罗言发本科毕业于北京师范大学，2006 年 9 月至 2013 年 7 月在北京大学中文系攻读汉语史硕士和汉语方言学博士。博士阶段师从已故著名学者李小凡教授（1954—2015）。

2007 年李小凡教授在澳门大学中文系讲学，北大中文系汉语专业的方言调查实习由我带队。参加实习的主要是 2004 级汉语专业的本科生以及从外校考到北大的语言专业博士生、硕士生，调查的是湖北省监利县的方言（赣语或官话）。罗言发即在实习队的第二小组。顺便说一句，第四小组的组长艾溢芳后来和罗言发幸福地走到了一起。

2010 年我们首次尝试到闽南地区进行方言调查实习。参加实习的主要是 2007 级汉语专业的本科生以及从外校考到北大的语言专业博士生、硕士生，调查的是晋江地区的闽南话。罗言发当时已是汉语方言学方向的在读博士生，作为助教也参加了这次实习，负责指导一个小组。李小凡和我原先有些担心闽南话对于初学乍练的同学而言难度偏大了一些，事实证明这种担心是多余的，实习完全达到了预期的效果。

罗言发毕业后回到澳门工作，曾经给我打电话希望能再次参加北大中文系的方言调查实习。我没有同意，原因是方言调查实习的工作方式和为科研服务的方言调查有明显的不同，罗言发已经参加过两次实习，而且身份不同，一次是学生一次是助教，经验已经足够，需要锻炼的应当是独立的方言田野工作能力。让人高兴的是，这些年罗言发确实没闲着，在 2017 年 7 月、2018 年 7 月分别参加了中国语言资源保护工程广东湛江（赤坎）、汕头（棉城）的调查工作。

更让人高兴的是，罗言发还完成了博士论文（原题《澳门粤语音系的历史变迁及其成因》）的修改，也就是即将呈现给读者的这本书。其主要内容是根据第一手的田野调查材料以及来华传教士著作和传统韵书等历史文献构建 1809 年以来澳门话的语音发展脉络。毋庸讳言，这是澳门粤语音韵的一部分量之作，也是贯通共时和历时的一次有益尝试。其显著特点是不仅有主线，还有副线。主线是澳门话的语音发展，副线则是广州话、中山话两百年间的语音发展。对澳门话、广州话和中山话的研究分别使用了 6 种、7 种和 4 种文献材料。因为材料较为充分，书中归纳的三地语音发展脉络可谓清晰如镜。这时再去思考三地音变的动因，是自然演变还是语言接触，谁影响谁，何时施加的影响，皆洞然矣。

这本书是七年攻读、八年打磨的结果，个中甘苦，罗言发恐怕早已深知其味。然而学无止境，希望罗言发能坚持不懈，在汉语史、方言学的沃土上精耕细作，不断取得新的突破。

项梦冰

2022 年 11 月 30 日写于北京西二旗搏微斋

自 序

子曰："知之者不如好之者，好之者不如乐之者。"人生的路最终指向哪里，从这句话中可以预判出大势。前几天，我在某公众号上读到一篇好文"纪念赵元任诞辰 130 周年　好玩儿最要紧——赵元任的正面与侧面"，通过这篇文章，我看到生于乱世的学者仍然保有一颗童心。我常常思考一个问题："什么事情能做一辈子呢？"答案就是像赵元任先生一样凡事都觉得"好玩儿"的心态。如果没有这个心态，学术大概会是件痛苦的事。如果没有"好玩儿"的心态，当你把注意力集中在干活上，则冷板凳始终是个冷板凳。如果把注意力集中在"图一乐"上，那么板凳冷与不冷你从不会去在意。俗语云："拳不离手，曲不离口。"又云："一日不练，自己知道；两日不练，老师知道；三日不练，观众知道。"做事情不仅需要有好的开头，及时性和连续性也很重要，若找不到其中的乐趣，那么每天都是煎熬。

古人云："朝闻道，夕死可矣。"在多年上下求"道"的经历里，纵观我所遇到的先行者们，他们都保有一颗热爱他所做的事情的心。我读大学时，上过一个老师的语音学课，他课上能随便使用四五种方言说话，国际音标张口就来，跟玩儿似的，学生们能充分感受到他对语音学的热爱。硕博阶段，我上过很多讲得很好的教授的课，他们爱较真、爱求真，眼睛里流露出在探求语言规律之路上激荡着的快乐和热爱。我也听过众多学者的讲座，其中讲得好的学者都充满着对现在、过去、将来的思考，更展现出对"道"的渴望。我周围的人中，有教我学习书法的老师，他不求名利，追慕古法几十年如一日，喜欢用各种各样的工具"玩"书法，用勺子蘸墨写的字，别人还以为是用毛笔写的。我的太极拳老师告诉我，太极一脉流传的心法是"耍拳"而不是"打拳"，多次强调在玩耍的心态下练拳才容易水到渠成，而不是要求一天打多少遍拳。一个"乐"字能把人所有的主观能动性调动起来，所以我们要把注意力集中在"耍乐"和"悟道"上，而不是仅仅集中在"苦干"和"埋头"上。唯有热爱才能支撑我们在求"道"的路上走到最后。

2022 年澳门大学人文学院徐杰院长开讲座，他在第一张幻灯片中引用了前人的说法："有道无术，术尚可求也。有术无道，止于术。"我深以为然，徐院长所讲的"道"跟我在书法、武术上所悟出的"道"是一致的，这让我大吃一惊。看来世间的事情都是一理通百里明，大"道"是相通的。由此，我看到那些为人津津乐道的学者，他们在孜孜不倦、耕耘不辍的做事方法之下，还藏有一颗对"道"如饥似渴、乐此不疲的心。

唐太宗李世民有一篇《笔法诀》：

太宗尝谓朝臣曰：书学小道，初非急务，时或留心，犹胜弃日。凡诸艺业，未有学而不得者也，病在心力懈怠，不能专精耳。朕少时为公子，频遭阵敌，义旗之始，乃平寇乱。执金鼓必有指挥，观其阵即知强弱。以吾弱对其强，以吾强对其弱，敌犯吾弱，追奔不逾百数十步，吾击其弱，必突过其阵，自背而返击之，无不大溃。多用此制胜，朕思得其理深也。今吾临古人之书，殊不学其形势，惟在求其骨力，而形势自生耳。吾之所为，皆先作意，是以果能成也。

李世民说了兵法、书法的关系，也说了"道"和"术"的关系。书法上"形势"是术，"骨力"是道。一道可生万术，万术未必合一道。所谓"大道至简"，指理论必须简约且能直接解决问题。刚开始时，实践和理论互为因果，然后实践又不断修正理论，最终理论用于指导实践。这也说明了，在追求"道"的路上，必须要有"好玩儿"的心态，也要秉持一份内心的热爱，否则三天打鱼，两天晒网，终究难见"道"的真身。

热爱不论早晚，从三岁到八十岁，什么时候开窍什么时候就能把事情做好。把热爱放到想做的事情上，就没有做不好的事。所以，我们要打破旧有习惯，改变观念，清空自己，从小处做起，是能找回热爱的。传统的教育喜欢教孩子们循规蹈矩，家长们也不希望自己的孩子不务正业；学校让学生知道规矩，一般的父母只教导孩子要守规矩，极少有人会告诉他们规矩的多面性。凡事过犹不及，反而压制了人的好奇心。在保有年轻人好奇心和不破坏规矩的选择上，是可以有弹性而且应该有弹性的，否则会陷入千方百计让孩子守规矩却又责怪他们不懂变通的怪圈。我也是在为人父母后才发现，保护小孩的童心、好奇心、不循规蹈矩的心是何等重要。然后反思自己作为成年人的不足，纠结于在这把年纪是否还能找回童心。蓦然回首，原来自己的本性里出现过真正的快乐，只是已然忘却。希望看到本书的读者都能找回小时候的那个自己、那份初心。

罗言发

2022 年 11 月书于澳门日读一书屋

前　言

　　澳门、中山、广州均处在我国富庶的珠江三角洲地区。广州是省会，面积最大，其次是中山，澳门面积最小。澳门早期是南海之滨的小渔村，自 1553 年葡萄牙人登陆到 19 世纪末被葡萄牙占领之前，一直隶属香山县（后来改称中山县）。当前三地的粤语情况是，广州话一直处于比较强势的位置，澳门话跟广州话十分接近，中山话则有自己的特色。但两百多年前的西方传教士文献反映的三者关系却跟今天截然相反，即早期的澳门话跟中山话接近，跟广州话差距较大。这当中的语言变化及其内外原因值得学界研究，亦值得重视。

　　好奇于 18、19 世纪澳门、中山、广州的粤语是何面貌，亦好奇于三地的语言是互相影响还是独立发展的，更好奇于影响这些变化的内在和外在因素各是什么，笔者在 2013 年穷尽性地搜罗近代西方传教士描写粤语的拉丁字母文献资料作研究分析。第一步，把澳门话（6 种文献）、中山话（4 种文献）、广州话（7 种文献）的材料按各自时间顺序排列，总结每份材料的音系面貌，初步把三地各自的历史语音发展线路建立起来。第二步，把横跨两百年的三条语音发展线路平均切成四段，每段进行三地语音的对比。第三步，分析三者中变化最大的澳门话在不同时期语音变化的成因。这样做的好处是，材料本身就足以支撑起论点，不用推理不用猜测就可以说明问题。基于这样的思路，本书的章节安排如下：

　　第 1 章是研究概述，陈述澳门的人文概况和现代澳门话的归属，说明本研究的意义以及所使用到的材料、方法。

　　第 2 章、第 3 章分别介绍澳门话的现在与过去。第 2 章全面描写现代澳门话的情况，包含新老派的异同。第 3 章逐一上溯澳门话的历史文献，总结澳门话语音变化的轨迹，得出澳门话在 19 世纪变化很小、在 20 世纪前半段变化较大、在 20 世纪后半段变化较小的结论。

　　第 4 章全面论述澳门话与中山话、广州话在历史上的联系，分别比较了19 世纪中叶、19 世纪末、20 世纪中叶和最近 30 年四个时期三地的语音情况。经过对比后发现，1897 年到 1941 年间是澳门话从香山型转变成广州型的关键时期。1897 年的澳门话仍然是典型的香山型粤语，到 1941 年时就已经接近广州话了。

第 5 章阐述澳门话音系变迁的成因。结合移民、传媒、历史等因素分析澳门话各时期变化的内因和外因。

第 6 章和第 7 章分别对中山话、广州话的历史语音进行全面的陈述。第 6 章阐述中山话的现在与过去，首先描述现代中山话、珠海话的方言状况，然后上溯中山话（香山话）的历史文献，最后总结中山话音系的变化轨迹。总的来说，香山小片粤语两百年来的变化较小。与历史文献中的香山话作相比，今天的中山石岐话变化稍大，而离石岐较远的珠海唐家湾等地的语言几乎没有变化。

第 7 章阐述广州话的现在与过去，使用《分韵撮要》系列韵书和七种传教士材料对广州话的语音发展史进行全面的归纳、分析。总的来说，广州话基本以自身演变为主，极少受外方言的影响。声母方面的主要变化是两套齿音合并和日母消失，韵母方面主要是高元音裂化。

最后一章对澳门话音变的根源和成因进行总结。

目　　录

第 1 章　研　究　概　述

现代澳门话与广州话接近，但与中山话差别较大。可是，从地理位置来看，澳门处在古香山县的最南侧，往北到今广州市必须经过珠海、中山、顺德、南海等县市，澳门话跟毗邻的珠海话、中山话不接近，却与相隔较远的广州话接近，让人费解。

笔者整理早期澳门话的资料时发现，历史上传教士记音文献里所记录的内容，反映出早期的澳门话更接近中山话而不是广州话。这种情况今天已不为人知，澳门话究竟发生了何种变迁？导致这种变迁的原因何在？这是值得我们去探究的。

为了解决这些疑问，笔者搜集、梳理、分析了近两百年来的传教士记音文献和方言韵书，以澳门话的历史音变为主线、以中山话和广州话的历史音变为两条辅线，以期通过对比系统地描绘澳门话语音的变迁及其成因。

本书中，广州话是指广州粤方言，是粤方言的标准音。中山话是指现代中山石岐通行的粤方言。香山话是指过去的中山话①，使用范围包含珠海。澳门话指的是澳门地区通行的粤方言。

1.1　澳门人文地理概况

1.1.1　地理概况和历史沿革

澳门特别行政区位于中国大陆东南沿海，珠江口西侧。澳门三面环水，东面与香港特别行政区隔海（伶仃洋）相望，相距约 40 海里，北面与广东的珠海市（拱北）接壤，与广东省省会广州市相距约 145 千米，西面与珠海市（湾仔、横琴）隔河相望，南面是南海。

澳门主要由澳门半岛、氹仔岛和路环岛三部分组成，近年氹仔岛和路环岛之间的海面填出了一块新陆地，是为路氹新城。根据特区政府地图绘制暨地籍

---

① 中山，古称香山。1925 年，为纪念孙中山而改名为中山县，1988 年升为地级市。

局官方网站公布的数据，到 2021 年年底澳门陆地总面积约 33.0 平方千米，其中澳门半岛 9.3 平方千米，氹仔岛 7.9 平方千米，路环岛 7.6 平方千米，路氹填海区 6.1 平方千米，新城 A 区 1.4 平方千米，港珠澳大桥珠澳口岸人工岛澳门口岸管理区 0.7 平方千米[①]。

澳门在清代属于广州府香山县，1553 年后葡萄牙人登陆进行贸易并租借港湾，1640 年葡萄牙国王将其命名为"天主圣名之城"（Cidade do Nome de Deus）。19 世纪末，澳门被葡萄牙正式占领。在一个半世纪以前，澳门主要指的是澳门半岛，半岛原来面积不大，在 1840 年只有 2.78 平方千米，经过长期填海，1912 年增为 3.4 平方千米，1986 年增为 5.48 平方千米，1996 年增为 7.7 平方千米，2003 年增为 8.7 平方千米，目前为 9.3 平方千米。清末，葡萄牙人除了驱逐清政府在澳门行使主权的官员，占领氹仔岛和路环岛（旧称九澳岛），1909 年时还一度想在划界谈判中把大小横琴岛（现在的珠海横琴）和对面山（即将军山，含现在的珠海湾仔和南屏大部分）纳入，但是最后没有成功。

1.1.2 气候

澳门位于东亚季风气候区，气候特点是长年温湿，无明显四季区分。三、四月潮湿多雾，或阴雨连绵或低温阴雨。五月至九月炎热多雨，时有台风。十月晴朗清爽，温度适中。十一月到次年二月，少雨稍冷，偶有寒潮。（吴志良、杨允中，2005：12）

1.1.3 人口

澳门开埠之初人口稀少，为南海之滨珠江口西侧的一个小渔村，属香山县。20 世纪以后外来人口剧增，人口来源地复杂，后来者以祖籍广东、福建的居民为主。

2021 年澳门人口普查结果显示，总人口为 68.21 万人，其中，澳门半岛人口占 78.2%，氹仔人口占 16.4%，路环人口占 5.3%，水上居民占 0.1%。回归前九成以上的居民住在澳门半岛，回归后情况有所改变，氹仔的人口比例增加，2001 年氹仔人口只占总人口的 9.6%，2021 年已占 16.4%。68.21 万总人口中，男性为 32.03 万，占总人口的 47.0%；女性为 36.18 万，占 53.0%。

---

① 见澳门特别行政区政府地图绘制暨地籍局网站（https://www.dscc.gov.mo）。

此外，根据澳门政府官方网站数据，2020 年澳门总人口中，本地出生的居民占总人口的 40.7%，出生在中国内地的居民占总人口的 43.6%，出生在中国香港、葡萄牙和其他地方的分别占 3.3%、0.3%、12.1%。

根据 2016 年中期人口统计结果，以粤语为日常用语的居民占总人口的 80.1%，说普通话或其他中国方言的约占 11.8%，流利使用葡萄牙语、英语和其他语言的分别占 2.3%、2.8%、3.0%。

澳门人口密度非常高，2020 年人口密度为每平方千米 2.07 万人。澳门半岛人口密度最高，每平方千米约 5 万人，离岛人口密度相对较低，凼仔和路环每平方千米人口数分别为约 1 万人和 300 多人。

1.1.4　交通

20 世纪 70 年代澳凼大桥兴建以前，凼仔岛、路环岛和澳门半岛的居民以小船作为交通工具，后来路凼连贯公路（连接凼仔岛和路环岛）于 1969 年通车、澳凼大桥（连接澳门半岛和凼仔岛）于 1974 年通车以后车辆才得以通行三岛，在这之前澳门绝大部分的人口在澳门半岛上居住，住在离岛的居民属于少数。后来友谊大桥 1994 年通车、西湾大桥 2005 年通车以后，三岛居民的往来畅通无阻。1995 年澳门机场建成，结合新港澳码头，澳门交通实现了海陆空全面发展。

1.1.5　语言

澳门半岛：官方语言是汉语和葡萄牙语，汉语在这里更多是指汉语粤方言，粤方言是现代澳门社会的共同交流工具。

凼仔岛：1851 年被葡萄牙人占领，凼仔旧城区的人民原来主要以经营爆竹加工出口国外为生，祖辈主要来自东莞，操东莞话。

路环岛：1864 年被葡萄牙人占领，原居民多是岛上田耕的客家人，后来有了因捕鱼而来的福建人，再来者有海上捕鱼的阳江人以及广东沿海来的水上人（蛋家人①）。水上人来自各地的都有，比如广东四邑、顺德等地，口音较杂。蛋家人口音较统一，按当地人说法，听其唱咸水歌（一种蛋家人常唱的歌谣）能听出其是否为蛋家人。路环九澳村的居民则基本上是 20 世纪抗日战争时期从内地逃难而来的客家人，他们以农耕为主，操客家话。

---

① 蛋家又称"旦家""邓家"，"蛋"字本作"疍"，本书从俗写作"蛋"。蛋家人以船为家，世代以打鱼为生，而不在陆地上置业。

1.2 澳门话概况

1.2.1 基本特征

澳门话属于粤方言。粤方言区别于其他大方言的特征有：

声母方面，古全浊声母都已经清化。塞音、塞擦音逢平声送气；逢去声、入声不送气；逢上声时，不归阳去调的送气，归入阳去调的不送气。塞擦音一般只有一套（参见李小凡、项梦冰，2009：194）。

韵母方面，有长短元音的对立，特别在 a 元音上有整套对立，韵尾一般 i、u、m、n、ŋ、p、t、k 齐全，较好地反映了中古各韵摄的格局。

声调方面，一般体现四声八调的格局，阴入再按长短元音分成两类。

根据《珠江三角洲方言综述》，今天的澳门话特点是 n、l 不分，上声只有一类，声调 8 个，œ 韵母的范围比广州话的大，声化韵只有一个 m，等等，其他跟广州话很接近。

1.2.2 归属问题

粤方言内部分片的确立是判定现代澳门话归属的前提条件，学术界对于广东粤方言的分片持有不同意见（参见詹伯慧、甘于恩，2012：13），由中国社会科学院和澳大利亚人文科学院合作编撰的《中国语言地图集》（1987：B13）将广东粤方言分为五片，分别是广府片、四邑片、高阳片、勾漏片、吴化片①。五片的划分标准："首先是看古全浊声母字今读塞音、塞擦音时的送气情况。勾漏片一般不送气。吴化片一般都送气。广府、四邑、高阳三片一般今读阳平阳上的字送气，今读阳去阳入的字不送气。根据这一条语音特点，可以把勾漏片和吴化片划分出来。划分广府、四邑、高阳三片，先看古透母字今是否读[h]声母。四邑片一般读[h]，广府片、高阳片一般不读[h]。根据这一条，可以把四邑片划分出来。划分广府、高阳两片则根据古心母字今是否读[ɬ]声母。高阳片一般读[ɬ]，广府片一般不读[ɬ]。"伍巍、詹伯慧（2008）取此观点。其他观点如下。

（1）《广东粤方言概要》（詹伯慧，2002：196）将广东粤方言分成五片：

---

①加上广西的邕浔片和钦廉片，粤方言共七片。

粤海（广府）片、四邑片、香山片、莞宝片、高雷（同高阳）片。①

（2）李新魁在《广东的方言》（1994）和《广州市志·方言志》（1988）中将广东粤方言分成四片：广府片、高廉片、罗广片、四邑片。

（3）高年毕主编的《广东省志·方言志》（2003）也将广东粤方言分成四片：广府片、四邑片、两阳片、粤西片。

（4）张双庆、庄初升（《广东方言的地理格局与自然地理及历史地理的关系》，2008）把《中国语言地图集》的高阳片、吴化片合并为高化片，又从中分出两阳片，总共分五片，即广府片、四邑片、两阳片、高化片、勾漏片。

（5）甘于恩（《广东粤方言地图集》②）主张取消《广东粤方言概要》中的香山片、莞宝片，将广东粤方言分为七片，即珠三角片、四邑片、两阳片、粤西片、勾漏片、粤北片、粤东片，并在片之下再分若干小片。

各家观点中，香山片的废与立值得一提。

香山片这一提法最早出现于《珠江三角洲方言综述》（詹伯慧、张日升，1990：19）。该书将珠三角的粤方言分别归入广府片、四邑片、香山片、莞宝片，将香港话、澳门话归入广府片，将珠海话和中山话归入香山片。分片的理由是"珠江口西岸原属香山县的珠海、中山等地粤语颇具特色，宜单列一片看待，姑且称之为香山片，香山片声母无浊塞音，但鼻音声母 ŋ- 的字特别多，中山粤语四呼均可和 ŋ 声母拼，这是较特别的。韵母方面 ɔ-韵母较多，有 ɔm③、ɔp，ɔŋ 与 oŋ 有别，元音 a 有长短之分（a、ɐ 有别），有 iaŋ、iak 韵。声调方面香山片在粤方言中是调类最少的，只有六个声调：平声入声分阴阳，上声去声不分阴阳"。

《现代汉语方言概论》（侯精一，2002：181）也分出香山片（以中山石岐话为宗），和《珠江三角洲方言综述》一致。

《广东粤方言概要》（2002：196）把港澳两个特别行政区所操方言归入粤海片④。书里没有给出分片的标准。该书第三章第七节总结了香山片的语音特点：古非敷奉母和晓组合口一等读为 h；ŋ（古疑母、部分日母）声母能跟四呼相拼；声

---

① 加上广西南边的桂南片则是六片。

② 未出版。

③ 原文写作 om，中山话音系里没有 om，只有 ɔm，应是笔误。

④ 《广东粤方言概要》里的粤海片与香山片同级，范围比《中国语言地图集》里的广府片要大，囊括了勾漏片地区。

调在各粤方言中最少，只有六个，平入各分阴阳，而上去不分阴阳。

从《珠江三角洲方言综述》罗列的 25 个粤方言点看，单就音类而言，所谓香山片的特点不见得是中山、珠海等地区所特有的。比如：疑母字能拼四呼，四邑话也一样，只是音值上略有差别，前者是 ŋᵍ，后者是 ᵑg；梗摄白读为 iaŋ/iak①，四邑、三水、花县、番禺等地也一样。以上这几条标准似乎并不具备排他性，具有排他性的是《广东粤方言概要》给出的标准："古非敷奉母和晓组合口一等读为 h"和"声调在各粤方言中最少，只有六个"。这两个特点不见于粤方言的其他次方言。

可是如果考虑中山市里闽客粤杂居的情况②，则把香山片划出的两条排他性标准也不稳妥，香山方言独立成一片的理论依据薄弱。因此，自香山片提出以来，多数学者并不赞同。

笔者也不赞成设立与广府片同一级别的香山片，但香山小片作为广府片的下一层是合适的。

由于澳门话与广州话高度相似，各家基本都将澳门话归入广府片中。澳门古属香山县，按常理澳门话应该归入广府片的香山小片，但现代澳门话的种种特征均与香山小片的各项特征相去甚远，澳门话除了声化韵比广州话少一个、上声不分阴阳以外，其余跟广州话没有不同。中山话、珠海话大体保存了遇、效、止、蟹、咸、深六摄的界限，曾、梗摄里没有洪细之分（文读只有一个主元音 ɐ），这些特征澳门话和广州话都不具备，澳门话与广州话保持高度一致而与中山话、珠海话差别较大，因此把现代澳门话归入广府片的粤海小片是合理的（详细对比见 4.4 节）。

那么，历史上的澳门话是不是一直都归属广府片的粤海小片呢？这一问题需要考察澳门话、香山小片粤方言、广州话的历史发展才能真正解决。这也是本书的讨论核心与写作目的。

1.3　澳门话研究概况

使用现代方言学的方法记录澳门话的语音、词汇、语法的著作最早当属詹伯慧、张日升主编的《珠江三角洲方言字音对照》（1987）。该书调查的澳门话③

---

① 斜线"/"表示前后是阳入配对的关系，后文同。
② 林柏松认为香山话不同了广州话的特征是受到闽方言和客家话的影响（林柏松，1997）。
③ 发音人为胡培周先生，时年 48 岁。

声母有 17 个，韵母有 85 个，声调有 8 个①。对此《珠江三角洲方言综述》（詹伯慧、张日升，1990）均有较详细的记录②。

2002 年暨南大学郭淑华的硕士论文《澳门水上居民话调查报告》详细描写了在澳门海边长期生活的蛋家人的语音（接近四邑话），该音系描写基本可靠，但是在阴阳上声调的归类上存在一些争议。

2007 年黄翊的博士论文《澳门语言研究》一书出版，该书不属于描写方言学范畴，并未归纳整理澳门方言的语音、词汇、语法系统，而是属于社会语言学范畴。

研究澳门话历史发展的有林柏松（1988），他根据 1897 年波乃耶的 *The Höng Shan or Macao Dialect*（《香山或澳门方言》）中反映的澳门话总结出 1897 年前的澳门音系，其研究较细致、可靠，可斟酌的地方是他未能抓住材料中出现的声类对立将两组齿音分开。

2008 年，笔者写硕士论文时对澳门话做过详细调查，调查结果和詹伯慧等 1987 年的调查基本一致。本人调查时补充了一些不见于书面只见于口语的韵母，并整理出同音字表。由于詹伯慧、张日升（1987）的材料没有同音字表，本书中笔者使用的是自己调查的材料。

《珠江三角洲方言综述》在归纳音系时将介音归声母，凸显出粤方言介音系统的特点，方便粤方言各方言点的内部对比。同样，本书一般也把介音归入声母，同时列出声韵配合表以说明声韵关系。

1.4　研究材料

本书使用的研究材料主要包括三部分。

1.4.1　田野调查一手材料

即笔者对澳门当地老中青三代以及珠海北山社区、唐家湾镇的代表居民进行方言调查获得的记音材料。

---

① 如果介音归声母，则有声母 19 个，韵母 51 个，声调 8 个。增加 2 个声母 kw、kʰw 并把零声母开始的 i-、u-归入声母 j、w，可以减少 ia、iɐ、ci、iɐi、iœy、uai、mɐi、iɐi、iœn、ieŋ、iɛŋ、iœn、ioŋ、iɐp、iɐt、iek、iœk、iok、ua、uɛ、uɔ、uai、uɐi、uan、uɐn、uaŋ、uɐŋ、ueŋ、uɔŋ、uat、iɐt、uak、uek、uɔk 等 34 个韵母。

② 这是第一份以现代方言学角度记录和描写澳门粤语的材料，记录《方言调查字表》3810 个汉字，描写比较翔实充分。

1.4.2 西方传教士记音文献

19 世纪来澳门的传教士为了学习本地语言以及便于交流，使用拉丁字母标写汉语音节，留下了大量记音文献资料，这些文献涉及语言、日常生活、社会面貌等各个方面，弥足珍贵。传教士记音文献固然有先天不足的地方，比如英国人用英式音标，葡萄牙人用葡式音标，都是作者自己母语的拉丁字母转写，标准不统一，此外，排版印刷错误、附加符号难以看清等问题都加大了研究的难度，但它的优点是弥补了汉字不标音的缺点，为我们探究历史语音变化提供了一扇窗口。

这些文献包括字典、著作、文章等，与澳门话的历史音变相关的有：

（1）*Vocabulário Cantonense-Português*（《粤葡辞典》，1941）；

（2）The Höng Shán or Macao Dialect（《香山或澳门方言》[①]，1897）澳门部分；

（3）*A Tonic Dictionary of the Chinese Language in the Canton Dialect*（《英华分韵撮要》，1856）pxvii、xx、xxi 有关澳门话和香山话语音的描述；

（4）*A Chinese Chrestomathy in the Canton Dialect*（《广东方言读本》，1841）有关澳门话语音的描述；

（5）*A Dictionary of the Chinese Language*（《华英字典》，1819）和 *A Grammar of the Chinese Language*（《通用汉言之法》，1815）有关澳门话语音的描述；

（6）*The Works of Confucius, Containing the Original Text, with a Translation to which is Prefixed a Dissertation on the Chinese Language and Character*（马译《论语》，1809）[②]。

本书首次对（1）、（4）、（5）进行了总结，具有原创性；（2）、（6）他人已有相关研究，本书进行了修订；对（3）则是引述他人研究。

与中山话[③]的历史音变相关的有：

（1）The Höng Shán or Macao Dialect（《香山或澳门方言》，1897）香山部分；

（2）*A Chinese and English Phrase Book in the Canton Dialect*（《英语不求人》，1888）具有香山话典型特征的音系；

---

① 译名来自林柏松（1988）。

② 考虑到编者拉沙是生长在澳门的亚美尼亚人，而且书中反映的音系跟珠海北山话、唐家湾话等音系的特征较为一致，故将其当作 1809 年的澳门话较可靠。

③ 中山话是共时的，专指现代的中山石歧的粤方言，下文中所列香山话是历史的，包含中山、珠海、澳门的方言。

（3）*A Tonic Dictionary of the Chinese Language in the Canton Dialect*（《英华分韵撮要》，1856）pxvii、xx、xxi 有关澳门话和香山话语音的描述；

（4）*Esop's Fables*（《伊索寓言》，1840）pxxi 关于香山话的描述。①

本书首次对（4）进行了总结，具有原创性；对（1）、（2）、（3）是引述他人研究。

与广州话的历史音变相关的有：

（1）*A Chinese Chrestomathy in the Canton Dialect*（《广东方言读本》，1841）；

（2）*Cantonese Phonetic Vocabulary*（《初学粤音切要》，1855）；

（3）*A Tonic Dictionary of the Chinese Language in the Canton Dialect*（《英华分韵撮要》，1856）；

（4）*An English and Cantonese Pocket Dictionary*（《英粤字典》，1859）；

（5）*A Chinese Dictionary in the Cantonese Dialect*（《粤语中文字典》，1877）；

（6）*Cantonese Made Easy*（《简明粤语》，1883）；

（7）*A Cantonese Phonetic Reader*（《粤语语音学读物》，1912）。

以上文献大多广为人知（参见竹越美奈子，2013），但未见把它们加以综合贯通的著作。

1.4.3　其他

（1）传统方言韵书。

《分韵撮要》（1782、1885、1915）各版本。

（2）已发表的方言研究材料。

如黄锡凌《粤音韵汇》（1941）、赵元任《中山方言》②（1948/1956）、《珠江三角洲方言字音对照》（1987）、《珠江三角洲方言综述》（1990）、《中山市方言志》（1997）、《广州市志・方言志》（1998）等。

（3）政府编发的人口调查报告。

如《澳门及其人口演变五百年（1500—2000 年）人口、社会及经济探索》（1998）等，以及北京大学图书馆、澳门大学图书馆和澳门中央图书馆馆藏的有关当地社会、人口、经济变化的资料。

---

① 当时在澳门的文化人大部分来自香山，以香山话为宗，所以那时的澳门话跟香山话非常接近，甚至可以看成同一种。

② 按照书中提要所确定的音系记录时间为 1939 年。

1.5 研究方法

本书主要采用了以下研究方法。

（1）描写方言学的田野调查方法。对澳门粤方言和香山小片粤方言进行田野调查，使用"方言调查字表"归纳音系并整理成同音字表，然后描述音系的各项特征。

（2）文献音韵学的音值拟测法。在传统韵书（如《分韵撮要》）材料以同音字组（小韵）为单位、以韵为大类的基础上，先参考现代各地方言及中古的韵类，拟测各韵的主元音和韵尾，然后分析音节间的相互制约关系，先确定可靠性高的，再排列可靠性相对低的部分，通过内部比较来确定声介关系。

（3）历史比较语言学的历史比较法。一般传教士文献（如《粤语语音学读物》）会给汉字标出声韵调，并在上下文中对音标所反映的实际语音作出描写，并说明方言的代表点与周边方言的大概情况。笔者先经过分析确定其性质归属，然后使用归纳法对传教士记音材料里出现过的全部字音进行归纳，得出音系并排列其声韵配合关系，遇到跨类的情况则用统计法来看其趋势。确定了共时音系后，再分别判断它们与较早和较晚的音系之间是否存在演变关系，进而找出演变的条件，上推下联。

（4）查阅各种记载珠三角人口变化情况的材料，特别是地方志所记载的人口数量情况，据此推测语言变迁的发生时间以及变化速度。

（5）通过历史比较筛选出每个时代不能用历史比较法解释的音类，这些音类往往跟通语相契合，据此推测可能是外部接触所致。

第 2 章　现代澳门话音系

澳门居民主要生活在陆地上，也有少部分生活在船上。下面先介绍陆地居民所操方言音系，按记音对象年龄将其分为现代老派澳门话音系和现代新派澳门话音系。最后介绍水上居民所操方言音系。

2.1　现代老派澳门话音系

2.1.1　现代老派澳门话音系描写

发音人：罗玉铭，71 岁（2008 年），土生土长澳门人，澳门书法家协会会员，大专学历，祖籍广东顺德，迁澳已是第五代，曾经营过商场，从事过畜牧业，亦做过机修师傅，目前职业为教师。

1. 声母

p 布步般卜	p^h怕盘编彭	m 门闻盲木	f 飞灰宽霍	
t 到道钉答	t^h太同团剔			l 难兰来匿
ts 周知盏作	ts^h秋春撑彻		s 税生书薛	
k 家港官脚	k^h葵权穷剧	ŋ 岸危硬鸭	h 红开虚卿	
kw①瓜君关军	k^hw 夸规昆虢			w 蛙威横永
- 案押胡严②				j 也锥忆泣

声母共 19 个。l 偶尔会读成 n，二者不对立。ŋ、- 要求其辨音的时候对立，口语里没有对立，如问发音人“藕片”的“藕”和“呕吐”的“呕”有没有区别，回答是有区别，但平时对话中往往都读 ŋɐu^{13}。大部分疑母洪音字有 ŋ 声母，

① kw、k^hw、w 的设立非常早，19 世纪初就已经有传教士采用这种方案，把 u 介音归入声母中。

② 当 i、u、y 作主元音的韵母前面没有声母时，可有两种方案。一种是 i、y 前设立一个 j（i、y 前面没有声母时会把 i、y 的摩擦增大，从而产生一个 j），u 前设立一个 w；另一种是把它们统统归入零声母。19 世纪中叶的外国传教士已经注意到这个现象，两种方案都有人使用。此外，还有一种方法是 j、w 只出现在 i、u 为介音时的位置上，i、u 作主元音时归为零声母。现代的学者更多使用第一种方案。

有些影母洪音字也带上了 ŋ 声母（这点跟《珠江三角洲方言综述》第 50 页所描述的情况不同）。部分 kw 声母没有 u 介音，"光江"同音（这点跟《珠江三角洲方言字音对照》第 305 页描述也不同）。ts 组声母发音部位比较靠后，在 ts 和 tɕ 之间，ts 组声母拼圆唇元音时为 tʃ。

考虑到声韵结合的特点，为了减少声韵总数，把介音 u 处理为声母（写作 w），增加 kw、kʰw 两个声母。

2. 韵母

a 爬话 打也		ɛ 蛇野 骑爹	œ 靴朵 螺茄	ɔ 波祸 左初	i 资雌 斯衣	u 故箍 乌都	y 猪厨 书雨
ai 介猜 踩①怪	ɐi 蔽第 曳桂	ei 地披 饥死	øy 虚蕊 堆追	ɔi 盖待 灾哀		ui 倍杯 魁煨	
au 猫饱 抓交	ɐu 谋斗 周丘	ɛu □②			iu 标条 超器	ou 赌租 高傲	
am 胆三 函蘸	ɐm 冰侵 含音	ɛm □③			im 点签 检阉		
an 丹餐 间关	ɐn 贫根 因魂		øn 敦津 春闰	ɔn 竿岸 看安	in 鞭天 仙烟	un 般宽 官桓	yn 短川 拳宽
aŋ 盲生 硬横	ɐŋ 朋甥 庚宏	ɛŋ 饼青 惊赢	œŋ 良张 香阳	ɔŋ 帮桑 康王	iŋ 亭升 认荣	uŋ 篷宗 东翁	
ap 答杂 夹鸭	ɐp 笠执 合入	ɛp 夹			ip 贴接 劫腌		
at 八辣 札刮	ɐt 笔失 日屈		øt 律卒 出恤	ɔt 割葛 渴喝	it 灭跌 舌结	ut 抹阔 括活	yt 脱绝 决月
ak 百策 格或	ɐk 北得 测克	ɛk 劈踢 尺吃	œk 啄雀 脚药	ɔk 剥托 作获	ik 逼色 亦域	uk 鹿捉 曲欲	
m̩ 唔五 午误							

韵母共 55 个。-i、-u、-y 作韵尾时是 [ɪ]、[ʊ]、[ʏ]，-a- 的实际音值是 [ɐ]，-ɛ- 的实际音值是 [ɛ]，-ɔ- 的实际音值是 [ɔ̞]，需特别说明的是，ei 当中的 e 是 [ɛ]。

---

① 例字下方单线表示白读，双线表示文读，后同。

② $keu^{21}leu^{55}$ 表示奇怪、生僻的意思。□ 属于有音无字的音节，后同。

③ lem^{13}~嘴，表示用舌头舔唇。

其中，主元音 a、ɛ、œ、ɔ、i、u、y 是长元音，ɐ、e、ø、o 是短元音，但相应的长短元音 ø/œ、i/e、u/o 并不构成最小对立。韵母系统共有 -i、-u、-y、-m、-n、-ŋ、-p、-t、-k 9 种韵尾。

3. 声调

序号	调类	调值	例字
1	阴平	53（55）	些书须威丘心俺烟看荀箱升
2	阳平	21	蛇薯垂维柔岑炎涎寒唇常乘
3	上声	13	写暑绪毁有沈染演罕笋想醒
4	阴去	33	舍庶碎慧幼渗厌堰汉信相性
5	阳去	22	射树睡惠又甚验现汗顺尚剩
6	上阴入	<u>55</u>[①]	积屈哭卒一激沃识恤福膝泣
7	下阴入	<u>33</u>	捷挖壳爵乙结腌索杀发摄约
8	阳入	<u>22</u>	截滑鹤着月杰叶食述服实入

声调共 8 个。最高点和最低点分别是阴平的起点和阳平的终点。阴平有 53 和 55 两种调值，但不构成对立。三个入声调的音高分别跟阴平、阴去、阳去一致。

4. 声韵结合规律

（1）p、pʰ、m、f、kw、kʰw、w 不拼 œ、œŋ、œk、y、yn、yt、øy、øn、øt、ɔi、ɔn、ɔt、am、ap、ɐm、ɐp、im、ip、ɛm、ɛp、eu、i 这 22 个韵母。即唇音和舌根声母加 u 介音一般不拼以 œ、y、ø 作主元音的韵母，不拼韵尾为 m/p 的韵母。

（2）ts、tsʰ、s 不拼 u、ui、un、ut、ɔn、ɔt 6 个韵母。即塞擦音和擦音不拼以 u 为主元音的韵母，也不拼韵腹为 ɔ 且韵尾为舌尖前辅音的韵母。

（3）i 只拼 t、l、ts、tsʰ、s、- 6 个声母。考虑 ti、li 两音节主要为口语字，即 i 主要拼塞擦组声母和零声母。

（4）y 只拼 ts、tsʰ、s、- 4 个声母。即 y 只拼塞擦组声母和零声母。

（5）u 只拼 f、t、k、kʰ、- 5 个声母。

（6）ui、un、ut 只拼 p、pʰ、m、f、k、kʰ、- 7 个声母。即 ui、un、ut 只拼唇音声母、舌根声母和零声母。

---

① 调值的下划线表示发音的时间短。

（7）øn、øt只拼t、tʰ、l、ts、tsʰ、s、j 7个声母。即øn、øt只拼舌尖前声母和j声母。

（8）ɔn、ɔt只拼舌根声母（k、ŋ、h）和-4个声母。

具体组合见附录1。

2.1.2 现代老派澳门话与现代广州话音系及《广韵》的对比

现代广州话参考的是《广州市志·方言志》第104、105页，表2-1中将原书中的送气符号改为ʰ。

1. 声类对比（见表2-1）

表2-1　现代老派澳门话与现代广州话及《广韵》声类的对较

序号	现代老派澳门话	现代广州话	《广韵》声类	例字
1	p	p	帮竝（去入）[1]	布步般白
2	pʰ	pʰ	滂竝（平上）	怕盘倍柏
3	m	m	明微	门闻盲剥
4	f	f	非敷奉晓（合）溪（合）	飞肺凡灰宽
5	t	t	端定（去入）	到道断答
6	tʰ	tʰ	透定（平上）	太同断别
7	l	l	来	兰来莲龙
		n[2]	泥娘	难匿年农
8	ts	tʃ	知章庄精澄（去入）崇（去入）从（去入）邪（去入）	知周盏作重（~大）闸坐寺
9	tsʰ	tʃʰ	彻昌初清澄（平上）崇（平上）从（平上）邪（平上）	彻春撑秋重（轻~）柴坐似
10	s	ʃ	生书心船禅崇（少量）	税生书薛士
11	k	k	见群（去入）	官脚近
12	kʰ	kʰ	群（平上）溪（部分开）见	穷剧扣冀近
13	ŋ	ŋ	疑（洪）	岸危硬牙
		-	影（部分）	鸭哑坳庵
14	h	h	晓（开）匣（开洪）溪（部分开）	虚红开卿
15	kw	kw	见（合）群（合去入）晓（合个别）	瓜跪关军

序号	现代老派澳门话	现代广州话	《广韵》声类	例字
16	kʰw	kwʰ	群（合平上）溪（合）见（合）	群夸昆虢
17	w	w	影（合）匣（合）云（合）溪（合个别）	威横永黄
18	j	j	影云以疑（细）日匣（开细 ³⁾）溪（开三部分）	忆圆也言人贤泣锥
19	-	-	影（开部分）疑（个别）	案押亚屋误

注：1）中古全浊声母在现代广州话和澳门话中的情况为白读平上送气，去入不送气；文读平送气，仄不送气。

2）新派广州话也有 n、l 不分，全读 l 的现象。

3）蟹摄四等除外。

广州的 tʃ 和澳门的 ts 并没有实质的差别，实际发音部位在两者之间，拼圆唇元音时偏向 tʃ，拼非圆唇元音时偏向 ts。下文说到现代广州话齿音声母时统一标"ts"。kʰw 和 kwʰ 并没有发音上的不同，区别只在于是否把 u 介音归入到声母中。

2. 韵类对比（见表 2-2）

表 2-2　现代老派澳门话与现代广州话及《广韵》韵类的对比

序号	现代老派澳门话	现代广州话	《广韵》韵类（举平以赅上去入）	例字
1	a	a	假开合二麻 蟹合二佳夬（部分） 梗开二庚（个别）	爬茶瓜也 话卦 打
2	ɛ	ɛ	假开三麻 止开三支（个别） 果开三戈	蛇野爹 骑 茄（番~）
3	œ	ɛ œ ɔ	果开三戈 果合三戈 果合一戈端组（部分）	茄（~子） 靴 螺朵
4	ɔ	ɔ	果开合一歌戈 遇合三鱼庄组	波祸左 初锄
5	i	i	止开三支脂之微知系精影组和疑母	资衣智史
6	u	ou u	遇合一模端系（个别） 遇合一模见系（疑母除外） 遇合三虞非组（明母除外） 流开三尤非组（部分）	都 故箍乌 肤父 妇富

续表

序号	现代老派澳门话	现代广州话	《广韵》韵类（举平以赅上去入）	例字
7	y	y	遇合三鱼虞知章组影日组和疑母	猪厨书雨
8	ai	ai	蟹开合二皆佳夬 蟹开一咍泰少数字、合一灰见组（个别字）	介怪 猜太
9	ɐi	ɐi	蟹开三四祭齐 蟹合三四废齐 止合三支脂微见系	蔽第曳 桂携 归为
10	ɔi	ɔi	蟹开一咍泰除了唇音	盖待灾哀
11	ei	ei	止开三支脂之帮见晓来组 止合三微帮组	地披饥死 非尾
12	ui	ui	蟹开一泰帮组 蟹合一泰见系（疑母除外） 蟹合一灰帮组见系（疑母除外）	贝 会绘 倍杯魁煨
13	au	au	效开二肴	猫饱抓交
14	ɐu	ɐu	流开一三侯尤幽	谋斗周丘
15	ɛu	ɛu	效开三四宵萧（个别字白读）	□
16	øy	øy	遇合三鱼虞端系见晓组（疑母除外） 止合三支脂微端知系 蟹合一灰泰端系（泥母除外）	虚徐 蕊追 堆退
17	iu	iu	效开三四宵萧	标条超嚣
18	ou	ou	遇合一模帮端系 遇合三虞明母 效开一豪	赌租 无武 高傲
19	am	am	咸开一覃谈端系 咸开二咸衔	胆三函 监蘸
20	ap	ap		答杂夹鸭
21	ɐm	ɐm	咸开一覃谈见系 深开三侵	丞含 音侵
22	ɐp	ɐp		合笠执入
23	ɛm	ɛm	咸开二咸（个别白读字）	□
24	ɛp	ɛp		夹

序号	现代老派澳门话	现代广州话	《广韵》韵类（举平以赅上去入）	例字
25	im	im	咸开三四盐严添	点签检阉
26	ip	ip		贴接劫腌
27	an	an	咸合三凡 山开一寒端系 山开合二山删 山合三元非组	凡犯 丹餐 间关 反晚
28	at	at		法辣刮发
29	ɐn	ɐn	深开三侵帮系 臻开一三痕殷 臻合三文谆帮见系 臻开三真除了端系庄组 臻合一魂见系和帮组（部分）	品 根痕 分君 贫因 魂奔
30	ɐt	ɐt		笔失日屈
31	øn	øn	臻开三真端系庄组 臻合一魂端组来母（部分） 臻合三谆端知系	津信 敦论 春闰
32	øt	øt		律卒出恤
33	ɔn	ɔn	山开一寒见系	竿岸看安
34	ɔt	ɔt		割葛渴喝
35	in	in	山开三四仙元先	鞭天仙烟
36	it	it		灭跌舌结
37	un	un	山合一桓帮见系 臻合一魂帮组（部分）	般宽官桓 门本
38	ut	ut		抹阔括活
39	yn	yn	山合一桓端系 山合三四仙元先除了非组 臻合一魂精组来母	短酸 拳宽 村存
40	yt	yt		脱绝决月
41	aŋ	aŋ	梗开二庚耕（大部分白读）	盲生硬横
42	ak	ak		百策格或

序号	现代老派澳门话	现代广州话	《广韵》韵类（举平以赅上去入）	例字
43	ɐŋ	ɐŋ	曾开一登 梗开二庚耕（大部分文读）	灯朋 甥庚宏
44	ɐk	ɐk		北得测克
45	ɛŋ	ɛŋ	梗开三四庚清青（大部分白读）	饼请惊赢
46	ɛk	ɛk		劈踢尺石
47	œŋ	œŋ	宕开三阳 江开二江庄组	良张香阳 窗双
48	œk	œk		啄雀脚药
49	ɔŋ	ɔŋ	宕开合一唐 宕开三阳庄组 宕合三阳 江开二除了庄组	帮光 床庄 王狂 江庞
50	ɔk	ɔk		剥托作获
51	ɪŋ	ɪŋ	曾开三蒸 梗开三四庚清青（大部分文读） 梗合三庚清	升蒸 亭英 荣兄
52	ɪk	ɪk		逼色亦域
53	ʊŋ	ʊŋ	通合一三东冬钟	篷宗东风
54	ʊk	ʊk		鹿捉曲欲
55	m̩	m̩	否定副词	唔
		ŋ̍	遇合一模疑母	五午误

表 2-2 中音类的比较只作大类的比较，个别例外和少数字暂不作讨论。广州话的 øy、øn、øt 三个韵母有的书上写成 ɵy、ɵn、ɵt，这里沿用前者。

3. 对比小结

现代老派澳门话与广州话相似度极高，声母特点与广州话一样。韵母基本一致，广州话有两个声化韵 m̩、ŋ̍，辖的字很少。澳门话只有一个声化韵 m̩，其他韵只有个别字不同。除了上声不分阴阳这个特点之外，澳门话调类和调值与广州话均一致。声调上也只是把广州话的两个上声（刊调）合为一个而已。另外澳门话的上声变调比广州话要少，很多在广州话中一般会变调的字在澳门话中不变。比如"澳门"这两个字：澳门话为 ou^{33}mun^{21}，广州话为 ou^{33}mun$^{21-35}$。

较之《广韵》，现代老派澳门话的音系特点如下。

1）声母

（1）全浊声母消失，浊声母字平上送气，去入不送气（勤 k^{h}en^{21}、近 k^{h}en^{13}、近 ken^{22}、掘 kwet^{22}）。

（2）明微母不分，皆读双唇鼻音（亡＝忙 mɔŋ^{21}）。

（3）非敷奉母、溪母合口、晓母合口一二等读成唇齿清擦音（风 fuŋ^{55}、快 fai^{33}、灰 fui^{55}）。

（4）泥来合并，皆读边音（年＝连 lin^{21}）。

（5）精知庄章组合并成一套，为舌尖前清塞擦、擦音（精＝正 tsıŋ^{55}）。

（6）由于音系没有 i 介音，i 介音或成为主元音或消失，见组字全部不腭化（精 tsıŋ^{55}≠经 kıŋ^{55}）。

（7）溪母字有舌根清送气音、喉门清擦音、唇齿清擦音（限于合口字）、舌面中半元音（极少数，属开口三等）等读法（溪 k^{h}ei^{55}、开 hɔi^{55}、魁 fui^{55}、钦 jem^{55}）。

（8）疑母字在洪音前读 ŋ，在细音前读 j，与影云日等母同读为 j（岸 ŋɔn^{22}、言 jin^{21}、鱼 jy^{21}）。

2）韵母

（1）韵尾有-i、-u、-y，-m、-n、-ŋ、-p、-t、-k 9 种，跟中古十六摄的对应较为整齐[①]（介 kai^{33}、饱 pau^{13}、追 tsøy^{55}、三 sam^{55}、餐 ts^{h}an^{55}、生 saŋ^{55}、杂 tsap^{22}、札 tsat^{33}、策 ts^{h}ak^{33}）。

（2）完整保留中古的阳入对应关系，-m、-n、-ŋ 韵母对应同部位的-p、-t、-k 韵母，格局非常整齐（含 hem^{21}、合 hep^{22}；身 sen^{55}、失 set^{55}；崩 peŋ^{55}、北 pek^{55}）。

（3）元音分长短，特别是长短低元音有整套的对应，有 a 必有 ɐ，但 a 单独作韵母除外（街 kai^{55}、鸡 kei^{55}）。

（4）主元音有 a、ɐ、ε、œ、ɔ、i、u、y 8 个音位，中古韵母的特点在见系声母后往往有较好保存，一等、二等、三四等主元音一般不相同，除二四等个能区分之外，等之间的界限较明显（干 kɔn^{33}、间 kan^{33}、建 kin^{33}、见 kin^{33}）。

（5）只有 u 介音，没有 i、y 介音。i 一般只做主元音，即使放在主元音

---

① 咸摄合口唇音除外，已从-m/-p 变为-n/-t，如"凡法"[fan fat]。

前面的位置上也只能拼零声母。u 介音能拼的声母有限制，只跟舌根音声母相拼。

（6）文白异读只在梗摄里出现，白读二等读 aŋ/ak，三四等读 ɛŋ/ɛk；文读二等读 ɐŋ/ɐk，三四等读 ıŋ/ık。如：三更的"更" kaŋ⁵⁵，更改的"更" kɐŋ⁵⁵；饶命的"命" mɛŋ²²，命令的"命" mıŋ²²。

（7）声韵变化一般以声母里的"系"为条件分开。但逢明泥疑等鼻音声母（m-、n-、ŋ-）时往往有例外的变化。

（8）十六摄里大体每摄都能找到区别，但重韵、重纽几乎没有痕迹。

3）声调

按古音清浊平去入各分阴阳，但上声不分（隐=引 jen¹³），清入按元音长短再分为二（百 pak³³、北 pɐk⁵⁵）。全浊上声部分归阳去（尽 tsøn²²、善 sin²²），部分有两读，白读上声送气（断 tʰyn¹³），文读阳去不送气（断 tyn²²），声调上的文白两读只限于部分全浊上声字，有的只有白读（舅 kʰɐu¹³）。有少部分广州话读阳入的字，澳门话会读成下阴入（捺 nat³³、捷 tsit³³、舌 sit³³）。

2.2 现代新派澳门话音系

2.2.1 现代新派澳门话音系描写

发音人：林小雯，21 岁（2008 年），大学本科学历，祖籍广东中山，出生到上大学前均生活在澳门，不会说中山话。

1. 声母

p 布步	pʰ 怕盘	m 门闻	f 飞灰
t 到道	tʰ 太同		l 难兰
ts 精糟	tsʰ 秋全	s 修税	
k 经跪	kʰ 旗权	h 开去	
kw 瓜龟	kʰw 夸规		w 蛙威
- 案胡严			j 也曳

声母共 18 个。有 l 没 n。后鼻声母 ŋ 全部脱落。ts 组声母发音比较靠后，在 ts 和 tɕ 之间，拼圆唇元音时实际音值为 tʃ。

2. 韵母

a 爬也沙　　ɛ 蛇野爹　　œ 靴锯睡　　　ɔ 河祸初　　i 知雌伊　　u 故乌呼　　y 雨煮书

ai 介买踩　　ɐi 第盔曳　　　　　　　　　ɔi 盖才待　　ei 地微牺　　ui 倍灰剑

au 饱考抄　　ɐu 斗丘修　　ɵu 掉嘹　　　øy 虚蕊堆　　ou 赌褒高　　iu 条烧苗

am 胆蘸三　　ɐm 含音心　　ɛm □①　　　　　　　　　im 检廉尖

an 间硬争　　ɐn 根登辛　　ɛn 钉赢青　　œn 良阳相　　øn 邻闰敦　　ɔn 竿刚桑　　in 连天仙　　un 官碗潘　　yn 短酸圈

iŋ 灵认京　　uŋ 东翁松

ap 夹答杂　　ɐp 合入执　　ɛp 夹　　　　　　　　　　ip 接劫帖

at 辣百擦　　ɐt 失北吉　　ɛt 踢尺劈　　œt 雀药脚　　øt 出卒栗　　ɔt 割落博　　it 舌铁热　　ut 活阔括　　yt 月缺夺

ik 色亦逼　　uk 鹿欲哭

m̩ 吾五误

韵母共 49 个。-i、-u、-y 作韵尾时是[ɪ]、[ʊ]、[ʏ]，-a-的实际音值是[A]，-ɐ-的实际音值是[ɐ]，-ɛ-的实际音值是[ɛ]，-ɔ-的实际音值是[ɔ]，ei 当中的 e 是[ɛ]。an、aŋ、ɐn、ɐŋ、ɔn、ɔŋ 没有对立，有读作前鼻音的，也有读作后鼻音的，统一都标作前鼻音。同部位的入声韵韵尾作同样处理。

3. 声调

序号	调类	调值	例字
1	阴平	55	诗分双
2	阳平	21	时焚常
3	上声	13	使愤想
4	阴去	33	试粪相

---

① lɛm¹³~嘴，表示用舌头舔唇。

序号	调类	调值	例字
5	阳去	22	事份尚
6	上阴入	55	识忽刹
7	下阴入	33	薛发削
8	阳入	22	食佛曰
9	变入	13	鹤膜雀

声调共 9 个（含变入）。最高点和最低点分别是阴平的起点和阳平的终点。变入较明显，一般出现在后字，原调值能在其作为前字的时候得出，单念时也已是 13。

声韵配合表见附录 2。

2.2.2 现代新派澳门话与现代广州话音系的对比

现代新派澳门话与现代广州话对比如表 2-3 所示。

表 2-3 现代新派澳门话与现代广州话音系的对比

中古音	例字	现代新派澳门话	现代广州话
泥母	年	lin²¹	nin²¹
来母	连		lin²¹
疑母	藕	ɐu¹³	ŋɐu¹³
影母	呕		ɐu³⁵
山摄洪音（非一等见系）	山	san⁵⁵	san⁵⁵
梗摄洪音（白读）	生		saŋ⁵⁵
臻摄（非谆真韵端系、魂韵端泥组）	奔	pɐn⁵⁵	pɐn⁵⁵
曾梗摄洪音（文读）	崩		pɐŋ⁵⁵
山开一见系	赶	kɔn¹³	kɔn¹³
宕江摄洪音	讲		kɔŋ¹³
遇合一疑	吴	m̩²¹	ŋ̍²¹
否定副词"不"	唔		m̩²¹
阴上	史	si¹³	si³⁵
阳上	市		si¹³

从表 2-3 可以看出，现代新派澳门话与现代广州话有如下差异。

1. 声母

（1）ŋ 声母完全脱落，并入零声母：藕=呕 ɐu¹³。

（2）n 并入 l：年=连 lin²¹。

2. 韵母①

（1）梗摄二等白读与山摄洪音（一等见系除外）合并：山=生 san⁵⁵。

（2）曾梗摄洪音文读与臻摄非圆唇韵母合并：奔=崩 pɐn⁵⁵。

（3）宕江摄一二等字与山摄开口一等见系字合并：赶=讲 kɔn¹³。

（4）梗摄开口三四等白读、宕摄开口三等（江摄庄组）从后鼻音变成相应前鼻音②。但此项不涉及韵类的变化：镜 kɛn³³、张 tsœn⁵⁵。

3. 声调

（1）上声不分阴阳：虎=妇 fu¹³。

（2）有些变入已经固定在单字调上，如鹤 hɔt¹³，但作前字时不变，如鹤山 hɔt²²san⁵⁵。

　　总的来说，现代新派澳门话后鼻音韵母大量合并到相应的前鼻音中去，条件是韵母为低元音。声调特点是平去各分阴阳，上声不分阴阳，入声三分。变调只有一种，变后跟上声一样，一般低调（21、22、33）才变，不受韵尾种类限制。

2.3　澳门水上居民话音系

2.3.1　澳门水上居民话音系描写

　　2002 年暨南大学陈晓锦教授的硕士生郭淑华的硕士论文《澳门水上居民话调查报告》是第一篇详细描述澳门水上居民（蛋家人）语音的材料。以下是郭淑华归纳的音系。

---

　　① 笔者 2009 年在澳门大学图书馆做过调查，现代新派澳门话的语音特征不是个别现象，具有普遍性，调查对象五男五女，其中男性的发音比较守旧，特别是在读书音方面，基本前后鼻音都是分开的，女性的读音比较新，前后鼻音多数不分。其中，干=刚、散=省（节省）、新=生。另外还有年=连、偶=呕等泥来不分、上声不分阴阳、疑影母合并等特征。

　　② 不牵涉臻摄部分 øn 韵母字。

1. 声母（17个）

p 帮拜包	pʰ 贫破皮①	m 磨猫猛	f 放番花
t 单刀多			l 闹林攞
ts 中追渣	tsʰ 茶清菜	s 腮笑仙	j 苋野休
k 骄江瓜	kʰ 拳奇勤	ŋ 岸芽眼	h 害贪讨
kw 怪龟季		w 坏汪湾	
- 欧鸦屋			

2. 韵母（53个）

a			ɛ	i	œ	ɔ	u	y
巴马沙			蛇车借	知赐渔	靴	婆哥多	肤污古	主树羽
ai	ɐi			ei	œy	ɔi	ui	
街债大	帝礼婿			美戏机	堆女水	袋在财	杯妹会	
au	ɐu			iu		ou		
包教猫	豆舅秋			表叫笑		报讨蚝		
am	ɐm			im				
担男站	林心饮			店染潜				
an	ɐn			in	œn	ɔn	un	yn
慢旦产	婚亲神			面田仙	春顺进	肝看安	搬门官	端村暖
aŋ	ɐŋ	ɛŋ		iŋ	œŋ	ɔŋ	uŋ	
朋耕橙	更增灯	请镜艇		平境绳	杖唱床	帮香姜	梦公虫	
ap	ɐp			ip				
腊甲答	粒汁十			接帖叶				
at	ɐt			it	œt	ɔt	ut	yt
押发八	一笔吉			必结跌	律出术	割渴喝	阔没活	夺说决
ak	ɐk	ɛk		ik	œk	ɔk	uk	
百贼额	墨得塞	尺隻石		的职翼	索	乐学国	屋足玉	
m̩	ŋ̩							
唔	吴五午							

---

① 原文送气符号写成"ˈ"，为方便输入及统一起见，本书写成"ʰ"。

3. 声调（9 个）

序号	调类	调值	例字
1	阴平	55	诗家归
2	阳平	21	时华停
3	阴上	35	史火准
4	阳上	13	市米蟹
5	阴去	33	试信挂
6	阳去	22	事袖荔
7	上阴入	5	色黑吉
8	下阴入	3	国隻脚
9	阳入	2	食贼袜

《澳门水上居民话调查报告》对澳门水上居民所操方言的描述基本准确，但其文章存在的问题有三个：一是认为澳门话有 9 个声调（上声分阴阳）；二是没有交代来源地（祖籍）不同的水上话有何差别；三是上声的归字，某字是归阴上还是阳上前后文矛盾①。

2.3.2　澳门水上居民话与现代广州话音系的对比

澳门水上居民话与现代广州话音系的对比如表 2-4 所示。

表 2-4　澳门水上居民话与现代广州话的对比

例字	澳门水上居民话	现代广州话
他拖头	h	tʰ
瓜关惯	k	kw

---

① 我们甄选出论文中 19 组（66 字）阴上和阳上对立的上声字，发现有 9 组（13 字）是跟广州话分布相反或不一样的，占对立组的一半。广州话的阳上主要是来自中古次浊和少量的全浊上声字。《澳门水上居民话调查报告》反映的水上居民话上声主要规律大部分跟广州话一样，但是有些对立却找不到条件，有些对立跟广州话相反。前后文不一的情况较多，在其同音字表里标 13 调的字，词汇表里的注音有些写成 35 调，有些写成 13 调。分布无规律，具体如下。

	au 韵	ɐu 韵	ei 韵	an 韵	an 韵
《同音字表》	P64 缺字	P65 藕 ŋɐu¹³	P66 尾 mei¹³	p70 晚 man¹³	P70 眼 ŋan¹³
《词汇表》	P92 咬 ŋau³⁵	P88 藕 ŋɐu³⁵	P86 尾 mei³⁵	P85 晚 man³⁵	P89 眼 ŋan³⁵

例字	澳门水上居民话	现代广州话
夸葵困	kʰ	kʰw
字	y	i
知屎儿以	i	
猪鼠娱雨		y
全玄联月	in/it	yn/yt
钱言连热		in/it
煎	yn	
专		yn
朋	aŋ	ɐŋ
鹏		aŋ
突	ɐt	ɐt
达		at
溃贿	œy	ui
茂贸谬	au	ɐu
声调数	9 个调	9 个调

通过表 2-4 可以看出，澳门水上居民话与现代广州话音系有如下差异。

1. 声母

（1）现代广州话中透母和定母平声①读 tʰ（如：他、拖、头），而这些字在澳门水上居民话中一律读 h。tʰ 变 h 的现象在现代汉语方言中较普遍，赣方言、闽方言均有此现象，珠江三角洲有此项声母特征的地方不多，主要在四邑地区，而对应字较多的则是四邑中的斗门（斗门镇）、江门（白沙）、新会（会城）三地（参见《珠江三角洲方言综述》）。

（2）有近一半现代广州话合口见母读 kw 声母的字，水上居民话读 k（如：瓜、关、惯），与中山话、珠海话相同。现代广州话合口韵溪母和群母平声读 kʰw（如：夸、葵、困），而这些字在澳门水上居民话中一律读 kʰ，这项声母特征覆盖的地区较广，主要分布在珠江三角洲的西部，而且对应不太整齐。

---

① 有少量上声字，如"艇"。

2. 韵母

（1）现代广州话遇摄和止摄开口不混，但澳门水上居民话的发音这两摄有相混的地方。例如：知=猪、屎=鼠、儿=娱、以=雨，韵母均是 i；止摄中也有读 y 的，如"字"（tsy²²）与跟"箸"（tsy³³）只是声调不同①。

（2）现代广州话山摄开口三四等读 in、it，合口三四等读 yn、yt，而这些字在澳门水上居民话中开合相混，有些开口读成合口，有些合口读成开口。合口读成开口的例子有：全=钱、玄=言、联②=连、软=演、月=热；开口读成合口的有：煎=专。

（3）现代广州话宕摄开口一等和三等庄组字读 ɔŋ、ɔk，其余三等字读 œŋ、œk，江摄庄组字读 œŋ、œk，其他读 ɔŋ、ɔk。澳门水上居民话里这些字发音相混的很多，有部分宕摄一等读 œŋ、œk 的，也有部分三等读 ɔŋ、ɔk 的，江摄则全部读 ɔŋ、ɔk。

（4）澳门水上居民话中也有一些特殊的读音是现代广州话所没有的，如：朋=鹏 pʰaŋ²¹、突=达 tɐt²²，这些字在现代广州话中前者是短 a[ɐ]，后者是长 a[ɑː]；还有"溃贿"两字现代广州话韵母是 ui③，澳门水上居民读如 kʰœy³⁵；"茂贸谬"现代广州话读 mɐu²²，澳门水上居民话读 mau²²。

澳门水上居民话的声调跟现代广州话一样。

澳门水上居民话跟广府片粤方言相差较大。声韵特点（tʰ 变 h、无 kʰw、遇摄与止摄混、山摄开合口混、宕摄一三等相混）显示它跟珠三角西部的四邑话最接近，很可能是一种离开母体后独立发展且深受广州话影响的四邑话。

此外，陈晓锦教授调查的澳门蛋家话（2002）与笔者所调查的珠海南屏蛋家话（2010）有不少不一致的地方，前者更像是四邑话而后者更像是广东顺德话。

---

① 郭淑华所调查到的字只占《方言调查字表》的一半左右，字数偏少使得验证起来难度增加；此外，文章里出现的字有的在同音字表里找不到，可谓遗憾。

② 此字广州话读 lyn²¹。

③ 我们所调查的澳门出生的中年陆上居民发音人，其发"溃贿"两字韵母也是 œy，这应该是有联系的。

第 3 章　澳门话音系的历史回溯

从 16 世纪中叶开始,澳门成为不少西方传教士踏足中国的第一站,利玛窦、庞迪我等即从欧洲来到澳门,辗转肇庆、韶州、南昌、南京,最后到了北京。传教士们对到中国的第一站印象深刻,他们对澳门话的了解可以从其编撰的各种各样的早期字典以及其他著作中窥见一鳞半爪。比如马礼逊的《华英字典》(1819)记录广州音的时候就附带提到过澳门话的一些不同于广州话的特点。近代传教士们记录早期澳门语音的文献有 *Vocabulário Cantonense-Português*(《粤葡辞典》,1941)、*The Höng Shán or Macao Dialect*(《香山或澳门方言》,1897)、*A Tonic Dictionary of the Chinese Language in the Canton Dialect*(《英华分韵撮要》序言部分,1856)、*The Works of Confucius, Containing the Original Text, with a Translation to which is Prefixed a Dissertation on the Chinese Language and Character*(马译《论语》,1809)等。

3.1　20 世纪 40 年代的澳门话音系——以 1941 年《粤葡辞典》为视角

Vocabulário Cantonense-Português(《粤葡辞典》)于 1941 年由澳门政府印务局出版,作者是 Luís Gonzaga Gomes(高美士)。

高美士(1907—1976)是澳门著名土生葡人,是一位汉学家、作家及史学家。当过小学、中学教师,后任澳门伯多禄小学校长。他曾任澳葡政府首席传译员,后以教育为终生事业,致力于通过教学、研究、翻译、写作等向葡裔人士推广中文。他翻译了 18 世纪的中文历史著作《澳门记略》和中国古代经典著作《论语》《大学》《中庸》,以及《孝经》《道德经》《三字经》《千字文》等;与此同时,他还把葡、西、意等语言的著作译作中文,搭建起了最早的中葡文化桥梁。[①]

《粤葡辞典》是用葡萄牙语编写的汉语词典(其封面见图 3-1)。全书排版和

---

① 参考黎祖智(2008)等。

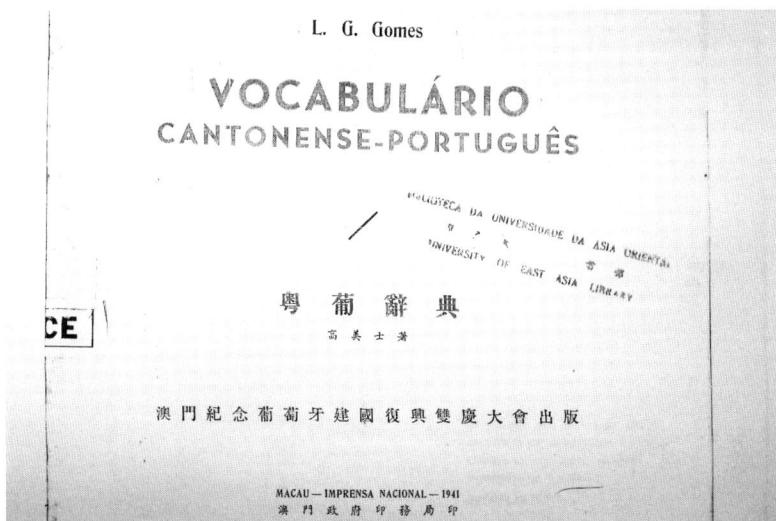

图 3-1　1941 年《粤葡辞典》封面

印刷都很精美，标音固定，附加符号前后一致，基本没有错漏。编写体例是按拉丁字母音序 A-Z 排列汉语的音节，每个音节可以重复出现，条件是同一个音节对应不同的汉字。汉字放中间，先列单字再列以此字为首字的词汇。版面的左边是葡式注音，版面的右面是对应的葡萄牙语词汇（见图 3-2）。该书前言部分简单描述了一些汉语的词类和句法，没有对书中的葡式标音作出语音说明。

Kâi — Kai

Kâi	鷄	galinha
kâi-kông	鷄公	galo
kâi-kun	鷄冠	crista de galo
kâi-môu-sòu	鷄毛	espanador
kâi-ná	鷄乸	galinha
kâi-tch'ông	鷄蟲	devasso
Kâi	計	calcular
kâi-hói	計開	discriminar
kâi-uák	計畫	projecto
kâi-ung-chân	計唔眞	não pode calcular com correcção
kâi-ung-tch'ât	計唔出	não se pode calcular
kâi-ung-tim	計唔掂	não poder calcular bem
Kâi	髻	penteado
K'âi	稽	examinar
k'âi-tch'á	稽查	inspector, revisor
K'âi	契	escritura, adoptar
k'âi-ié	契爺	padrinho
k'âi-ieók	契約	contrato
k'âi-ká-lôu	契家佬	chulo, amante
k'âi-ká-p'ó	契家婆	amásia
k'âi-tâi	契弟	pederasta
k'âi-tchâi	契仔	filho adoptivo, afilhado
Kái	佳	elegante
kái-mèi	佳味	delicioso
kái-pât	佳筆	bela caligrafia

55

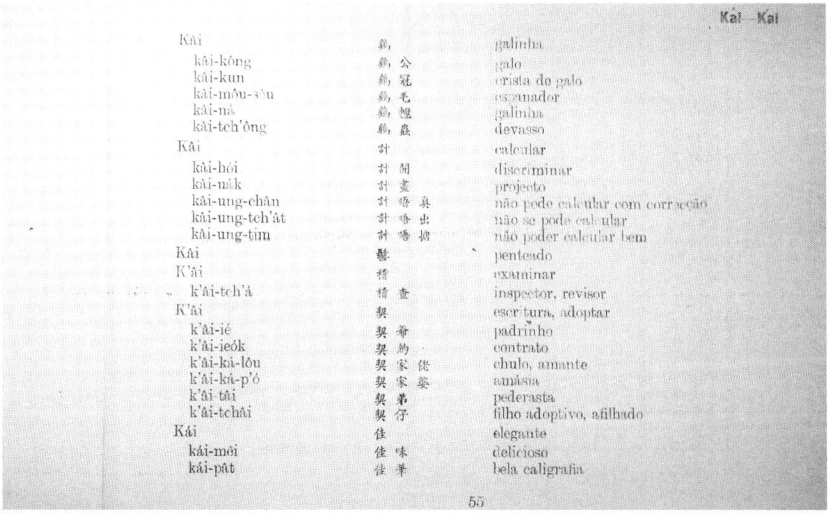

图 3-2　1941 年《粤葡辞典》正文体例

该书在汉字的排列上有章法。tchi 音节包含"支枝知指止纸志智至痔蟴资姊子字自"16 字，其中"支枝知（阴平）指止纸（阴上）志智至（阴去）痔（阳去）"是知章组的字，"蟴资（阴平）姊子（阳平）字自（阳去）"是精组的字。另外，si 音节包含"尸诗时屎市试侍师思私狮丝死四事"15 字，其中"师思私狮"排在一起是庄精合一的体现。可知该书所参考的书籍中止摄应该是分精庄和知章的。

3.1.1 声韵调系统

原书没有标明声韵调，笔者对其进行了归纳，为方便比较，把 u 介音归入声母，得出 20 个声母，50 个韵母①。做法是把每个汉字和注音摘录，声母相同则放在同一行，韵母相同则放在同一列，从而得出声韵配合表（见附录 3），辞典不注声调，所以最多只能做到声韵配合表这一步。

1. 声母（20 个）

p[p]②跛病	p'[pʰ]批抱	m[m]迷忘	f[f]废款况
t[t]底道	t'[tʰ]梯条	n[n]坭农	l[l]礼冷
tch[ts]挤砖追	tch'[tsʰ]滞窗传	s[s]西社双	y[i-]因二月
k[k]鸡哥家	k'[kʰ]契盖决	ng[ŋ]牙伪牛	h[h]系开歇
ku [kw]归惯	k'u[kʰw]规群		u[w]围屈
- 矮屋			

原书是以音节表的形式呈现的，本书把 u 归声母处理，写作 w。

2. 韵母（50 个）

á[a]	é[ɛ]	ê[e]	ó[ɔ]	i[i]	u[u]	ü[y]
霸家沙	借骑靴	骡（~痰）	波阻歌	衣死支	呼姑乌	鱼处猪
ái[ai]	âi[ɐi]	êi[ei]	ói[ɔi]	ôi[ʊi]③	ui[ui]④	
摆街柴	弊矮制	比几地	代菜开	追去罪	杯推雷	
áu[au]	âu[ɐu]		ôu[ou]	iu[iu]		
包考抄	谋休周		部澳租	票招晓		

---

① 上述内容部分引自罗言发（2009）。
② 方括号里是拟音，方括号前是原书上的拉丁字母转写，后同。
③ 有"来"字，当属例外。
④ 有"女"字，当属例外。虽视为例外，但这些例外往往跟珠海话对应，在珠海话中能找到解释。

ám[am]　âm[ɐm]　　　　　　　　　　　　　　　im[im]
担减三　氹咁寻　　　　　　　　　　　　　　点钳闪

án[an]　ân[ɐn]　　　　　　　ón[ɔn]　　　in[in]　un[un]　ün[yn]
班丹山　品准津　　　　　　　干看安　　边展见　管满宽　联村权

áng[aŋ]　âng[ɐŋ]　èang[iaŋ]　êng[ɪŋ]　eóng[œŋ]　óng[ɔŋ]　ông[ʊŋ]
棚争耕　崩肯生　镜净病　兵清京　凉丈强　帮江爽　碰容中

áp[ap]　âp[ɐp]　　　　　　　　　　　　　ip[ip]
纳插甲　凹合十　　　　　　　　　　　　　叠接协

át[at]　ât[ɐt]　　　　　　　ót[ɔt]　　　it[it]　ut[ut]　üt[yt]
八压杀　不出栗　　　　　　　割渴喝　　必跌切　泼阔抹　决月雪

ák[ak]　âk[ɐk]　èak[iak]　êk[ɪk]　eók[œk]　ók[ɔk]　ôk[ʊk]
伯逆责　北黑侧　踢瘌屐　逼极直　脚着啄　膊国作　仆郁竹

ung[ŋ̍]
五唔误

3. 声调

《粤葡辞典》前言说明中称澳门语有 9 个声调，但书中并未标注，作者有可能是参考广州话所定。

3.1.2　与现代广州话的差异

1941 年《粤葡辞典》反映的澳门话与同期广州话、现代广州话相比，差异如表 3-1 所示。

表 3-1　1941 年澳门话与同期广州话、现代广州话的对比

中古音	例字	1941 年《粤葡辞典》澳门话	1941 年广州话（《粤音韵汇》）	现代广州话
日疑母细音	二月	i[i]、üt[yt]	ji[ji]、jyt[jyt]	ji、jyt
泥母	难	nán[nan]	nan[nan]	nan
来母	拦	lán[lan]	lan[lan]	lan
合口字	光	kuóng[kwɔŋ]	gwɔŋ[kwɔŋ]	kwɔŋ
开口字	江	kóng[kɔŋ]	gɔŋ[kɔŋ]	kɔŋ

中古音	例字	1941年《粤葡辞典》澳门话	1941年广州话（《粤音韵汇》）	现代广州话
遇合三端系见晓组 止蟹合三非帮见系 蟹合一精组	聚 坠 罪	tchôi[tsui]	dzœy[tsøy]	tsøy
蟹合一端组	推	t'ui[tʰui]	tœy[tʰøy]	tʰøy
蟹合一非端组	杯	pui[pui]	bui[pui]	pui
臻开一、臻开三非端系、 臻合一帮见系、臻合三帮见系	真	tchân[tsɐn]	dzɐn[tsɐn]	tsɐn
臻开三端系、臻合一端 泥组、臻合三端知系	津		dzœn[tsøn]	tsøn
曾摄一等	憎	tchâng[tsɐŋ]	dzɐŋ[tsɐŋ]	tsɐŋ
曾梗摄三等	正	tchêng[tsɪŋ]	dziŋ[tsɪŋ]	tsɪŋ
通摄	中	tchông[tsʊŋ]	dzuŋ[tsʊŋ]	tsʊŋ
遇合一疑母	五	ung[ŋ̍]	ŋ[ŋ̍]	ŋ̍

注：加粗文字表示典型特征，为重点对比对象，后表中若无特殊说明，均为此情况。

3.1.3 20世纪40年代澳门话音系特点

1. 声母

（1）ng[ŋ]声母只拼洪音，不拼细音（月üt[yt]、二i[i]）。

（2）n、l的区别很清楚（难nán[nan]、拦lán[lan]）。

2. 韵母

（1）有u介音，无i介音（光kuóng[kwɔŋ]、坚kin[kin]）。

（2）遇摄三等和止蟹摄合口三四等合流ôi[ui]（聚=坠tchôi[tsui]）。

（3）蟹摄一等（ui[ui]）、臻摄（ân/ât[ɐn/ɐt]）主元音只有一类（杯pui[pui]、推t'ui[tʰui]）（真=津tchân[tsɐn]）。

（4）曾梗摄三分，一等、二等、三四等主元音不同，一等元音为â[ɐ]，二等元音为á[a]，三四等元音为ê[ɪ]（憎tchâng[tsɐŋ]、争tcháng[tsaŋ]、正tchêng[tsɪŋ]）。

（5）遇摄合口一等疑母不跟通摄ông[ʊŋ]走，独立成为ung[ŋ̍]（五ung[ŋ̍]）。

3.2　19 世纪末的澳门话音系——以 1897 年《香山或澳门方言》为视角

笔者使用的材料是 1897 年波乃耶（James Dyer Ball，1847—1919）用英语写的 The Höng Shán or Macao Dialect（《香山或澳门方言》）一文，见图 3-3。

THE HÖNG SHÁN OR MACAO DIALECT.　　327

Cantonese.	Typical Characters.	Höng Shán.	Cantonese.	Typical Characters.	Höng Shán.
469. Sang	擤啞	sang	497. Sheng	聲城成	sang or seng (79)
470. Sap	匝	sap	498. Shí	屍	sí
471. Sáp	縢	sáp	499. Shik	色	sak
472. Sat	撒	sat	500. Shím	閃	sím
473. Sát	修	sát	501. Shín	善	sín
474. Saú	摺	saú	502. Shing	升	sang (79)
475. Saí	寫	saí	503. Sho	疏	so
476. Se	錫	se (74)	504. Shó	數	so
477. Sek	腥	sek (75)	505. Shö	嗽	sö
478. Seng	沙	seng (76)	506. Shok	欶	sok
479. Shá	篩	sá	507. Shók	汋	sök
480. Shaí	曬	saí	508. Shong	爽	song
481. Sháí	捼	sáí (77)	509. Shöng	雙	söng
482. Shák	審	sák	510. Shöü	誰	süöü
483. Sham	衫	sam	511. Shü	書	sü
484. Shám	伸	sám	512. Shuk	叔	suk
485. Shan	山	san	513. Shun	順	san
486. Shán	牲	sán	514. Shün	船	sün
487. Shang	揩	sang (78)	515. Shung	崇	sung
488. Sháng	涇	sáng	516. Shut	术	sut
489. Shap	喋	sap	517. Shút	說	süt
490. Sháp	失	sáp	518. Sí	嘷	sí
491. Shat	殺	sat	519. Sik	息	sak
492. Shát	收	sát	520. Sín	仙	sín
493. Shaú	梢	saú	521. Sing	惺	sang (80)
494. Sháí	蛇	sáí	522. Síp	褌	síp
495. She		se	523. Sít	屑	sít
496. Shek	石 & 碩	sek	524. Síú	消	síú

74. In Shek K'éi these are pronounced *sya*.

75. In reading *sik*.

76. 醒 is *ts'eng*, but in reading *sang*.

77. 硬 is *ái*, likewood 柴 is *ch'ái*.

78. Exceptions.—生 is both *sang* and *sáng*, as in Cantonese. 甥 is always *sang*.

79. 聲, 城, and 成 are *sang* or *seng*, having two pronunciations, following the times when they are used in Cantonese respectively as *shing* and *sheng*. In reading 姓 is pronounced *sang*; in talking *song*.

80. 星 and 姓 are *sang* or *seng*; 腥 is always *seng*. 醒 is always *ts'eng* except in reading when it is *sang*.

图 3-3　1897 年《香山或澳门方言》正文

波乃耶 1847 年出生于广州，是美国公理会来华传教士医生 Dyer Ball（1796—1866）之子。他也是一位对汉语方言研究有浓厚兴趣的学者，在研究珠三角地区的方言方面，他的著作甚丰，除了《香山或澳门方言》外，还著有 *Cantonese Made Easy*（《简易广州话》，1888）、*The Cantonese Made Easy Vacabulary*（《简易广州话词汇》，1908）、*Reading in Cantonese Colloquial*（《广州话口语读物》，1894）、*The Tung-kwun Dialect*（《东莞方言》，1890）、*The San Wui Dialect*（《新会方言》，1890）、*The Shun Tak Dialect*（《顺德方言》，1901）等（林柏松，1988）①。

《香山或澳门方言》发表在 *The China Review* 第 22 卷上。文章的题目里有“澳门方言”四字，其方言归属应该没什么问题，之所以有“香山”加在“澳门方言”前面，是因为文章在正文里记载澳门话，而用小注记录香山石岐话。加上作为参照系的广州话，实际上记录了这三个地方的音系。但文中并没有细致的语音描写，概括甚粗。正文里是每个音节的对应，不标声调。全文中唯一把声韵调都标出来的是一段《圣经》的《主祷文》②（见图 3-4）。

THE LORD'S PRAYER.

ʿNgo-tíʾ koʾ Fúʾ tsôíʾ (bet. tsoí and tsúí) ꜀t'ín, Ngúnʾ ʿuí koʾ ꜁meng haíʾ sángʾ. ʿNí koʾ kok꜄ k'ongʾ (or kongʾ) ꜁lam. ʿNí koʾ ʿchí-íʾ tak꜄ ꜁sang tsauʾ, tsôíʾ (bet. tsoí and tsuí) tíʾ, ʿho-ʿts'í tsôíʾ (bet. tsoí and tsuí) ꜀t'ín yat꜄ yöngʾ. ʿNgo-tíʾ ꜀sü-yungʾ koʾ ꜁löng ꜀kyam yat꜅ ts'íʾ ʿngo. Yauʾ ʿmín ʿngo-tíʾ koʾ hímʾ-húʾ, ʿho-ʿts'í ʿngo-tíʾ ʿmín-꜀háú ꜁yan hímʾ-húʾ ʿngo koʾ. Môíʾ (bet. moí and muí) ʿyau ʿngo-tíʾ yap꜅ síʾ-wák꜅, ʿts'ang kaúʾ ʿngo ts'at꜄ tsôíʾ (bet. tsoí and tsuí) ok꜄. ꜀Yan-waíʾ, kok꜄ áʾ, ꜁k'ün áʾ, ꜁ang á, ꜀káí haíʾ ʿní ʿyau tsíʾ toʾ saíʾ saíʾ. ꜁Sang ꜀sam ʿso ngúnʾ.

图 3-4　1897 年《香山或澳门方言》中的标音《主祷文》

---

① 林书中小注说明此段内容参考了杨福绵的《中国方言学分类参考书目》（香港，香港中文大学出版社，1981）。

② 文中虽说明“这是用香山方言读的”，然而文章里多次提到的“香山方言”其实包含澳门话。再者，其正文中总结的澳门音的特征与此《主祷文》符合，香山（中山）石岐话与它不太符合，所以我们认定是澳门音。

我们根据现代版圣经《主祷文》^①对译如下：

ʻŋɔ-ti² kɔˀ fuˀ tsoi²（在 tsɔi 和 tsui 之间）˒tʰin, ŋunˀ ˒ni kɔˀ ˒mɐŋ hɐi² saŋ。ʻni kɔˀ kɔkˎ kʰɔŋˀ（或者 kɔŋ）˒lɐm。ʻni kɔˀ ʧi-iˀ tɐkˎ ˒sɐŋ tsɐuˀ, tsoi²（在 tsɔi 和 tsui 之间）tiˀ, ˒hɔ-tsʰiˀ tsoi²（在 tsɔi 和 tsui 之间）˒tʰin jɐtˎ jœŋˀ。ʻŋɔ-ti² ˒sy-juŋˀ kɔˀ ˒lœŋ kjɐmˎ jɐtˎ tsʰiˀ ŋɔ。jɐuˀ ˒min ʻŋɔ-ti² kɔˀ him²-huˀ, ˒hɔ-tsʰiˀ ʻŋɔ-ti² min ˒hɐu jɐn him²-huˀ ˒ŋɔ kɔˀ。moiˀ（在 mɔi 和 mui 之间）jɐn ʻŋɔ-ti² jɐpˎ siˀ-wakˎ, ˒tsʰɐŋ kɐuˀ ˒ŋɔ tsʰɐtˎ tsoi²（在 tsɔi 和 tsui 之间）ɔkˎ。jɐn-wɐiˀ, kɔkˎ aˀ, ˒kʰyn aˀ, ˒ɐŋ aˀ, ˒kai hɐiˀ ˒ni jɐu tsiˀ ˒tɔˀ sɐiˀ sɐiˀ。˒sɐŋ ˒sɐm ˒sɔ ŋunˀ。

我地个父在天，愿你个名系圣，你个国降临。你个旨意得成就，在地，好似在天一样。我地需用个粮今日赐我。又免我地个欠负，好似我地免哓人欠负我个。无^②引我地入试域，拯救我出罪恶。因为，国啊，权啊，荣啊，皆系你有至到世世。诚心所愿。

从中可以看出，1997 年澳门话音系有以下特点：

（1）塞擦音（止摄）有两套：旨ʻchí[ʧi]、似˒tsʻí[tsʰi]，但同部位擦音只有一个：世sɐí[sɐi]、诚˒sang[sɐŋ]、心˒sam[sɐm]、所so[sɔ]。

（2）非敷奉母字部分读h：负hú[hu]，部分读f：父fú[fu]。

（3）ng[ŋ]可以拼中古细音字：愿ngúnˀ[ŋun]。

（4）见系带i介音：今˒kyam[kjɐm]。

（5）没有u介音：国kok₌[kɔk]。

（6）止开三韵母都是i：地tíˀ[ti]、旨ʻchí[ʧi]、似˒tsʻí[tsi]、你ní[ni]。

（7）遇合三独立，元音是ü：需sü[sy]。

（8）曾梗摄文读全是ang：成˒sang[sɐŋ]、拯˒tsʻang[tsʰɐŋ]。

（9）臻摄没有圆唇韵母，只有一个主元音a：出ts'at₌[tsʰɐt]。

（10）梗摄细音白读是eng：名meng[mɐŋ]。

（11）蟹摄一等不分开合，都是ôí，音值在oí、uí之间（bet. oí and uí）：在＝罪tsôí[tsoi]。

---

① 《马太福音》（6:10-13）原文是："我们在天上的父，愿人都尊你的名为圣。愿你的国降临。愿你的旨意行在地上，如同行在天上。我们日用的饮食，今日赐给我们。免我们的债，如同我们免了人的债。不叫我们遇见试探，救我们脱离凶恶。因为国度、权柄、荣耀，全是你的，直到永远。阿门。"（国际圣经协会，2000）

② 此字前面提到过，等于广州话的"无"。

（12）此段文字共出现6个调，上去不分阴阳，平声和入声以清浊二分。[①]

3.2.1 声韵调系统

1. 林柏松对《香山或澳门方言》澳门话声韵调的描写

1988年《中国语文》第4期刊载的林柏松的《近百年来澳门话语音的发展变化》，第一次对《香山或澳门方言》的声韵调作了细致而系统的描写。

笔者对1897年《香山或澳门方言》进行了再研究，发现林柏松的观点大部分成立，但声母有些地方仍然可以讨论。

林柏松只为1897年的澳门话音系声母构拟了一套齿音：[ts]（揸子）、[ts']（茶此）、[s]（沙尸）。但是翻看《香山或澳门方言》，齿音有两种标法，分别是 ts（揸）、ts'（茶）和 ch（遮）、ch'（车），比较特别的是该音系虽有与 ts 同部位的擦音 s（沙），却没有与 ch 同部位的 sh。乍看 ts 组和 ch 组互补，可以合为一套，但我们把 ts 组和 ch 组的分布环境逐一列出后，发现两者有对立[②]的地方。ts、ts'拼的元音是 á、á-、a-、e、í、í-、o、o-、ò、ô-、u-、ú-，而 ch、ch'拼的元音是 e、e-、í、í-、ö-、ü、ü-，两者在拼前高不圆唇元音 e、í、i-时有对立。

《香山或澳门方言》齿音声母与韵母的配合情况如表3-2所示。

表3-2 《香山或澳门方言》中齿音声母与韵母的配合情况

声母	韵母									
	á、á-	a-	e	e-	ö-	í、í-	ü、ü-	o、o-	ò、ô-	u-、ú-
ts、ts'	＋ 茶册	＋ 制	＋ 谢	－	－	＋ 子尖瘌	－	＋ 梳爽	＋ 数灾	＋ 竹追
ch、ch'	－	－	＋ 遮	＋ 尺	＋ 着	＋ 之占	＋ 朱绝	－	－	－

有对立的例字是：

ch'í 始　　—　　ts'í 此

chím 占　　—　　tsím 尖

chín 毡　　—　　tsín 前[③]

[①] 有一个较奇怪的现象是歌豪同韵：个 ko˒、好˒ho。

[②] 由于该书没有标调，所以以下所说"对立"仅指声和韵，声调只能参照中古音和澳门现代音，取占今声调对应一致的字做例子。

[③] 从图片排列上先送气后不送气的体例看，当是"煎"字之误。

chíp 摺　　— 　tsíp 接

chít 折　　— 　tsít 节

ch'ít 设　　— 　ts'ít 切

chíú 朝　　— 　tsíú 焦

ch'íú 朝　　— 　ts'íú 樵

这种对立说明 1897 年的澳门话音系精组和知章组不同音。

林文提出的合并理由是,《香山或澳门方言》的前言部分有四处对这两套音进行了说明。

（1）这是很自然地就会预料到的情况，因为广州话中以 ch 开始的大多数词在香山话中都是以 ts 开始的；广州话中所有以 sh 开头的词在香山话中 h 都脱落了，说香山方言的人就属于那些为数众多的"中国以法莲人[①]"，他们不能正确地'控制口型发出' sh"。

（2）广州话中的 ch 除了在 e、í、ö和 ü 前面时以外，在香山话中几乎总是会变成 ts。

（3）据作者搜集的材料，ts 在香山话中是占主导的；但香山话的 ts 爆破力并不像广州话那么强——简而言之它似乎要比广州话的 ts 要柔和一些。ts 和 ch 常常听不出什么差别：它们有时候相当之接近。当然，有可能在这两者之间存在波动，虽然实际情况不太会是这样。

（4）

广州话		香山话
ch	=	ts（一般情况）
sh	=	s（总是如此）
ts	=	ts，在 ü 和 ɑ 前面还保持 ch，在 ö 前也有保持 ch 的趋势

值得注意的是，在这一地区的首府城市石歧，至少是在有文化的

---

① 这是《圣经·旧约》中的典故，以法莲人（Ephraimites）和基列人（Gileadites）大战，以法莲人被打败并四散奔逃，基列人把守在约旦河渡口，要求欲渡河的人发 shibboleth 这个音，由于以法莲人的音系里没有 sh（ʃ）这个音素，shibboleth 就读成 sibboleth，发音错了的人就会被杀掉，一共有四万两千人被杀死。

阶层中存在一种倾向，他们更愿意尝试接近广州的发音，而不是保持自己乡下话的发音。（按：笔者根据英文翻译）

以上说法对这两组音的认识前后不一，时而认为二者合一，时而认为在某些情况下有分别，时而又认为是香山人模仿广州话而来的。如根据第（4）点，广州话的 ch、ts 在香山话里总是 ts（在 ü、a、ö 前除外），则香山话的 ts 和 ch 互补，可以合为一套。如根据第（2）点，广州话的 ch 在 e、i 前不变成 ts，则与原来就是 ts 声母的 tse、tsi 等音节形成对立，导致了 ch、ts 不能合并。

面对正文和前言的矛盾、前言内部的矛盾，1897 年的澳门音系可以有两种处理方案：一是像林柏松那样认为内部不存在对立，按只有一套塞擦音的方案确立声韵关系；二是承认音系内部的各种对立，设立两套塞擦音声母。

第一种方案会抹掉音节表里区别 ch、ts 的 14 个（算声调就肯定不止 14 个了）音节，特别是导致"瘌 ts'iek"和"尺 ts'ek①"成了孤例，令人怀疑两者是否真的有语音上的差别（"瘌尺"现代同音），毕竟 iek 韵母和 ek 韵母只在这一对音节中有这样的介音区别，而且同部位的阳声韵 ieng、eng 所拼的声母互补。

第二种方案把所有有区别的音节都分开，不作任何的合并，只根据整个音系内部的声韵配合关系确立声韵数目。

我们认为第二种方案较为可取，因为按照音位原理，只要有一处对立就需要分立音位。即使是因外来接触后需要排除，也要说明删掉了哪些原本对立的特征。以此标准重新构拟的音系。

2. 笔者对《香山或澳门方言》澳门话声韵调的重新梳理

1）声母（20 个）

p[p]把八	p'[pʰ]怕皮	m[m]孖尾	f[f]花飞
t[t]打地	t'[tʰ]他天	n[n]南你	l[l]蓝李
ts[ts]谢子尖	ts'[tsʰ]邪此樵	s[s]写士山	y[j]夜有
ch[tʃ]遮之占	ch'[tʃʰ]车始朝		
k[k]瓜几	k'[kʰ]夸穷霍可	ng[ŋ]二言牙鱼	h[h]夫覆下悔阔	w[w]话温忽
- 啊伊			

说明：齿音 ch、ch' 可能是受到广州话影响而产生的音类。

---

① "尺"原来标的是 ch'ek。

2）韵母（52 个）

á[a]		e[ɛ]		ö[œ]	o[ɔ]	í[i]		ú[u]	ü[y]
瓜加茶		遮车写		螺茄朵	我初哥	伊其子		无姑苏	佢居朱

áí[ai]　aí[ɐi]　　　　ôí/oí[oi]①　　úöü/öü/úui[ui]①
矮街斋　翳规妻　　　开悔　　　　杯追/侩/妹
　　　　　　　　　　　贿/外

áú[au]　aú/au　　　　ò[ou]　iú[iu]
拗找哓　[ɐu]　　　　澳高嫂　天桥朝
　　　　殴久/周

　　　　yéú[iɛu]
　　　　求铹

ám　　am　　　　　　　　　ím
[am]　[ɐm]　　　　　　　　[im]
监担三　氹心甘　　　　　　　盐俭闪

　　　　yem[iɛm]
　　　　金襟

án[an]　an[ɐn]　　　on[ɔn]　ín[in]　　　ún[un]　ün[yn]
晏奸山　真津君　　　安干看　烟坚千　　　援官宽　冤穿圈②

áng[aŋ]　ang[ɐŋ]　eng[ɛŋ]　öng[œŋ]　ong[ɔŋ]　　ung[ʊŋ]
罌争耕　莺正增　镜听声　章强双　江方桑　　　中五壅

　　　　íeng/eëng③[iɛŋ]
　　　　净命青

áp[ap]　ap[ɐp]　　　　　　　íp[ip]
鸭答习　湿缉蛤　　　　　　　叶劫接

　　　　yep[iɛp]
　　　　急级

át[at]　at[ɐt]　　　　ot[ɔt]　ít[it]　ut[ʊt]④　út[ut]　üt[yt]
压凸刮　出弗吉　　　　割喝　热结切　术　　　活阔括　穴雪夺

ák[ak]　ak[ɐk]　ek[ɛk]　ök[œk]　ok[ɔk]　　uk[ʊk]　
鈪拂册　北织则　笛尺石　脚雀啄　恶作驳　　屋足秃

　　　　íek[iɛk]⑤
　　　　脊瘌喫

ṃ[m̩]
唔

---

①根据《主祷文》"在罪"同音 tsôf[tsoi]，我们认为韵母表中的 ôí/oí、úöü/öü/úui 应该同韵。

②此韵有个别字来自开口，如"言 ngün[ŋyn]"。

③ eëng 只出现过一次，是"命名"两字的白读音，文读音为 ang，不跟 íeng"精井净青请"对立，因互补合并。íeng、íek 跟 eng、ek 所拼的声母不同，其实可以合并，在附录 4 的声韵配合表中就是这样处理的。

④斜体表示此韵母为孤例，与整个系统不契合，可能是标错。还有一个 un，只出现过一次，跟系统不相和谐，音系不列。在附录 4 中显示出来。

⑤例字很少，只有"喫席脊瘌"四个。

合并的韵母说明：

（1）úöü/öü/úui[ui]所包含的字如下：【úöü】杯 p、倍 p'、魁 f、堆 t、推 t'、追疽坠 ts、吹脆 ts'、谁碎 s、虚回徊茴 h、烩汇会 -；【öü】瘄 k、侩 k'；【úui】妹 m、了 l。

（2）ôí/oí 所包含的字如下：【ôí】晦咪 m、代 t、台 t'、内 n、来虑 l、灾 ts、才 ts'、腮 s、该 k、盖桧溃绘 k'、开悔海 h、哀贿恺 -、蕊 y；【oí】外 ng。

（3）aú/au，其中 au 只有"周绸口"三个例字，跟 aú"殴浮久流谋扭牛衰修收斗头酒秋有"标法不同，看不出其差别，暂时合并。

（4）yéú 拟成[iɐu]，也可以构拟成[jɐu]，但因为系统中 y-只出现在 k、k'后，í-只出现在 ts、ts'后，y-和 í-不形成对立，所以都拟成 i-。

3）声调[1]（6个）

序号	调类	调值	例字
1	阴平	55	天需
2	阳平	51	名临
3	上声	21	我似
4	去声	33	地个
5	阴入	55	国出
6	阳入	33	入域

3.2.2　与现代广州话的主要差异

1897 年的澳门话音系跟现代广州话相比，差异见表 3-3。

表 3-3　1897 年的澳门话、广州话与现代广州话音系对比（附《主祷文》与现代广州话对比）

例字	1897 年的澳门话	1897 年的广州话	现代广州话	1897 年《主祷文》	现代广州话
二言月	ŋ-	j-	j-	愿 ŋun²	jyn²
夫湖悔宽	h-	f-	f-	负 hu²	fu²
尖占	ts-、(tʃ-)	ts-、tʃ-	ts-	至 tsi²（旨 ᵗʃi）	⸢tsi²、⸢tsi
三衫	s	s、ʃ	s	心 ⸢sɐm 诚 ⸍ŋɐs	⸍sɐm、⸍ʃɪŋ
加瓜	k-	k-、kw-	k-、kw-	国 kok⸍	kwok⸍

---

[1] 声调方面《香山或澳门方言》的前言有描述，这里我们沿用林柏松先生的构拟。例字来自前面的《主祷文》。

例字	1897 年的澳门话	1897 年的广州话	现代广州话	1897 年《主祷文》	现代广州话
金	ɐm、iɛm	ɐm	ɐm	今 ˌkiɛm	ˌkɐm
子其伊	i	ɿ、ei、i	i、ei、i	似ˌtsʰi、地 ti²	ˌtsʰi、tei²
姑路	u	u、ou	u、ou	--	--
真弗、津出	ɐn/ɐt	ɐn/ɐt、øn/øt	ɐn/ɐt、øn/øt	出 tsʰɐt˛	tsʰøt˛
莺北、正织	ɐŋ/ɐk	ɐŋ/ɐk、ıŋ/ık	ɐŋ/ɐk、ıŋ/ık	拯ˌtsʰɐŋ	ˌtsʰıŋ
五中	ʊŋ	ŋ̩、ʊŋ	ŋ̩、ʊŋ	--	--
	6 个调	10 个调	9 个调	6 个调	9 个调

注：顿号表示前后是不同音系。

3.2.3　1897 年澳门话音系特点

1. 声母

（1）疑母字和部分日母字无论洪细都读 ŋ（牙 nga[ŋa]、言 ngün[ŋyn]）。

（2）1897 年广州话读 f、w 的字（来源于非敷奉母字加上部分溪母匣母，在 u 前）澳门话读 h（胡 hú[hu]、夫 hú[hu]、宽 hún[hun]、腹 huk[hʊk]）。

（3）齿音有两类，第二类的产生可能受到广州话的影响（尖 tsím[tsim]、占 chím[tʃim]），但对应的擦音只有一类（三=衫 sám[sam]）。

2. 韵母

（1）有 i 介音，没有 u 介音。有 i 介音的分别是梗、深、流三摄：求 k'yéú [kʰiɛu]、"金"有 kam[kɐm]和 kyem[kiɛm]两读、"精"有 tsíeng[tsiɛŋ]和 tsang[tsɐŋ]两读。没有 u 介音的例子如：街=乖 kái[kai]。

（2）止摄开口全读 i，不读 ei（其 k'í[kʰi]、子 tsí[tsi]）。

（3）遇摄合口三等见系字全读 y，不读 œy（居 kü[ky]、朱 chü[tʃy]）。

（4）蟹开一读 oi、蟹合一和止蟹合三非帮见系读 ui。这两个韵母归字上有较多交错（"开悔"声韵相同读 hôi[hoi]）。《主祷文》此两类字合并为 oi（"在罪"同音），我们认为实际很可能是一类。

（5）臻摄三等只读 ɐn/ɐt，不读 øn/øt[1]（真=津 tsan[tsɐn]）。

---

[1] 有个别音节读 øn/øt，如：顺、术。两个韵母加起来才有三个音节，疑为外来的音类。

（6）曾摄梗摄文读全读 eŋ/ek，不像现代广州话三四等读 ŋ/ɪk（精=增 tsang [tsɐŋ]）。

（7）遇摄合口一等疑母字读同通摄，以至"五中"两字同韵（五中 ung[ʊŋ]），则相应的声化韵则只有 m̩（唔），没有 ŋ̍。

3. 声调

6 个，上声、去声不分阴阳。

3.3 19 世纪中前期的澳门话音系——以传教士文献中的零散记录为视角

3.3.1 1856 年卫三畏《英华分韵撮要》反映的澳门话音系

《英华分韵撮要》1856 年在广州出版，作者是卫三畏（Samuel Wells Williams，1812—1884），他是早期来华的美国传教士，跟随马礼逊、裨治文一起创办了《中国丛报》，卫三畏早期帮助裨治文编写《广东方言读本》，其著作大部分是与中国语言、文字有关的大部头著作，如《拾级大成》（1840）、《英华韵府历阶》（1844）、《中国总论》（1848）、《英华分韵撮要》（1856）、《汉英韵府》（1874）等（参看孔陈焱，2010）。

1856 年的《英华分韵撮要》里有关于澳门话和香山话的叙述，其序言的 xvii 页（见图 3-5）对《分韵撮要》第七韵"英影应益"的语音进行了描述：

> **Ying, yik**（按：英益），就像 sing、king、quick、wing 一样。很多这一条目中的字其韵母都变为 eng 和 ek，总的音类表中为这些音单独列了一个表，但是其比例比较小；在字典主体部分所有常用字都有所提及。在澳门及其周边地区，很大比例的字韵母都变为了 ang 和 ak（按：登得），如兄、京、明、拧、兵，其韵母成了 hang、kang、mang、nang、pang，等等。香山人的口音就是因此而在广东话中与众不同的。（按：笔者根据英文翻译）

xvi INTRODUCTION.

The variations heard in the pronunciation of words under these thirty-three finals, though rather perplexing, bear only a small proportion to the whole number of words in the language. The most usual discrepancies heard under each order are here given; but it is impossible, and would be useless, to exhibit every alteration from what the Fan Wan represents as the proper sound. On the whole that manual may be regarded as a fair exhibition of the general pronunciation. Other modes of spelling the same sounds, adopted by Dr. Morrison, Mr. Devan and Mr. Bonney, in their vocabularies of this dialect, and by others who have tried to write them, are given in parenthesis under each number.

1. *Sín, sit*, like *seen, seat, peat, mean.* Several of the words commencing with a vowel, as in 言, 现, 热 are heard with a nasal or aspirate, as *ngín, kín, ngít.* (*Seen, leet.*)

2. *Wai*, like *buy, nigh.* Words under this final occasionally run into the longer sound of *ái* in the 14th order, especially in those like *kwai* and *shai.* (*Lei, wi, fy.*)

3. *Kí*, like me, *flee.* A few words beginning with *k, p* and *f,* are frequently heard like the 20th final, as *ki* 騎 *pi* 俾 *fi* 非, *ki* 已, pronounced *ké, pé, fé,* or *ké;* but this is the exception. Others having no initial, as 二, 耳 are often heard *ngí.* (*Tee, she, ki.*)

4. *Chú*, like *sue,* or the first part of the word *choose.* Words in this order beginning with *h, l, n,* and *ts,* are often heard sliding into *hui, lui, nui, tsui,* like the 22d order, as 去, 侣, 女, 聚, 序; those under the other initials are less frequently mispronounced. (*Kuy, sue, nü, leŷ, u.*)

5. *Sau*, like *now, cow, how.* Words in this order like *au* 滬, 嚣, having no initial, often seem to a beginner to lengthen the vowels into *áu,* like the 18th order, as also those like *chau* 肘 *hau* 后 and *p'au* 刨 but a little practice will discriminate them. (*Tsow, shaw, how.*)

6. *Tung, tuk*, like the Irishism *wroong* for *wrung,* and so nearly *toong, took,* that it is doubtful whether this final ought not to be written *túng, tók;* it must never be sounded like the English words *sung, hung, tongue.* There are no variants in this final worth noticing. (*Soong, yok, tók.*)

xvii INTRODUCTION.

7. *Ying, yik*, like *sing, king, quick, wing.* So many words under this order change the final into *eng* and *ek,* that a separate list has been made of them in the general Table of Sounds, but the proportion is small; all the common words are noticed in the body of the Dictionary. At Macao and thereabouts, a large proportion change the final into *ang* and *ak* of the 16th order, as 兄, 京, 明, 攘, 兵, into *kang, kang, mang, nang, pang,* &c., by which the people from Hiāngshān district are recognized at Canton. (*Leng, paëng, te-ang, snung.*)

8. *Pan, pat*, like *fun, son, shun, tun, never* like *man, fan, hat, cat.* Variants in the *yap shing,* passing into the long sound *át* of the 25th order, are occasionally heard, but a more frequent change is into *pin, pit,* or *pen, pet,* which is peculiar to the people of the districts of Sinhwui and Kāuyáu southwest of Canton. (*Pun, kán, fut, yet, chāt.*)

9. *Chéung, chéuk*, like the combined sounds in *say 'em ;* there is no English word with this diphthong. The variations in this final are rare. (*Chaong, cheong, lay-ung, yok, naung, tsay-uk.*)

10. *Kong, kok*, like *long, song, wrong, hawk, baulk;* never like *sock, lock.* There is no difficulty in recognizing all words under this final, even when *au* is occasionally the case, they are heard like *lóng.* (*Pawng, kawk, lók, wóng, hoak, tsoang.*)

11. *Kú, lò*, as *coo, cuckoo, lo, hoe, flow.* The compilers of the Fan Wan seem to have been unable to distinguish the characters under this final into the two terminations of *ú* and *ò,* and have combined them apparently because in the *court* dialect most of them ended in *ú.* Those beginning with *l, m, sh,* and *s* slide from *lú, mú, sú, shú,* into *lò, mò, shò, sò,* but under other initials there is no trouble in distinguishing them. (*Lo, lowo, ku, foo.*)

12. *Chiú*, like *new, few,* both vowels being plainly sounded. This final is now and then heard like *éu,* as 要 *éu* for *iú ;* 溺 *néu* for *niú ;* and also sliding into the 4th as 晓 *kú* for *hiú.* (*Kew, chiu, tee-ue, tió.*)

13. *Ún, út*, like the *u* in *ruin, June, jute, dilate.* The variations under this final are unimportant, such are where the vowel is changed in a few words to *é,* as 媛 *nén* for *nún.* (*Heuet, shün, ut, une, sute.*)

图 3-5 1856 年《英华分韵撮要》序言

而在 xx 页里对声母也有如下描述：

Au 殴①（按：零声母），所有字都没有辅音声母，但前面很容易带上一个鼻音 ng 或 h，或者元音发生改变。香山、澳门以及新安的人会按这种方式改变很多字的读音，使得听到这些字音的人如果没有看到汉字，就会去 h 或者 ng 声母下查找这些字。②

Sám 三（按：声母 s），Shing 圣（按：声母 sh），沿海地区将声母 sh 读成 s；这一语音特点在很大程度上通行于香山、新宁和新安地区，如 shui 水、shü 书、shuk 熟、sháng shing 省城，等等，在这一带就会

---

① 卫三畏为《英华分韵撮要》设计的声母代表字如下：

1	Au	殴	6	Kín	见	11	Má	马	16	Sám	三	21	Ts'ai	齐
2	Chí	之	7	K'ing	倾	12	Nám	南	17	Shing	圣	22	Wá	华
3	Ch'ut	出	8	Kwai	鬼	13	Ngá	牙	18	Tá	打	23	Ying	英
4	Fung	风	9	Kw'á	夸	14	Pá	把	19	T'oi	台			
5	Hoi	开	10	Lam	林	15	P'o	婆	20	Tsing	精			

② 此处的例字在韵母里有显示（pxvi），"韵母 *Sín, sít,* …Several of the words commencing with a vowel, as *ín* 言, *ín* 现, *ít* 热, are heard with a nasal or aspirate, as *ngín, hín, ngít. Kí,* …Others having no initial, as *í* 二, *í* 耳 are often heard *ngí* "。

像潮州和厦门方言那样将其读成 sui、sü、suk，以及 sáng sing。对这些地区的人来说，sh 声母完全就是个 "shibboleth" ①。广东西部的人则将 sz' 读成 sü，并且将以 s 开头的大部分字读成以 sh 开头，这正与澳门的读音相反。

卫三畏多次把香山话和澳门话放在一起阐述，可以看出他把香山话和澳门话视为同一种方言。不过我们认为香山石岐和澳门毕竟相距 60 多千米，一些细微差别应该存在。限于材料，我们暂时按作者的分析，先把两者作为同一种方言看待。

1856 年《英华分韵撮要》澳门话、广州话与现代广州话语音的主要差异如表 3-4 所示。

表 3-4　1856 年《英华分韵撮要》澳门话、广州话与现代广州话语音对比

例字	1856 年的澳门话	1856 年《英华分韵撮要》广州话	现代广州话
言	**ngín[ŋin]**	$_c$ín[in]	$_c$jin
热	**ngít[ŋit]**	ít$_z$[it]	jit$_z$
二	**ngí[ŋi]**	í[i]	ji²
耳	**ngí[ŋi]**	ᶜí[i]	ᶜji
现	**hín[hin]**	ín²[in]	jin³
水	sui[sʋi]	ᶜshui②[ʃʋi]	ᶜsøy
书	sü[sy]	$_c$shü[ʃy]	$_c$sy
熟	suk[sʋk]	shuk$_z$[ʃʋk]	sʋk$_z$
省	sáng[saŋ]	ᶜsháng[ʃaŋ]	ᶜsaŋ
城	sing[sɪŋ]	$_c$shing[ʃɪŋ]	ᶜsɪŋ
兄	**hang[hɐŋ]**	$_c$hing[hɪŋ]	$_c$hɪŋ
京	**kang[kɐŋ]**	$_c$king[kɪŋ]	$_c$kɪŋ
明	**mang[mɐŋ]**	$_c$ming[mɪŋ]	$_c$mɪŋ
拧	**nang[nɐŋ]**	$_c$ning[nɪŋ]	$_c$nɪŋ
兵	**pang[pɐŋ]**	$_c$ping[pɪŋ]	$_c$pɪŋ

① 《圣经》以法莲人的故事，参看前注。
② 1856 年的《英华分韵撮要》里有 s[s]、sh[ʃ] 的对立，而 1856 年的澳门话和现代的广州话都没有。

表 3-4 反映的 1856 年澳门话的语音特点如下。

声母方面：

（1）疑日母字细音前有 ng[ŋ]声母，如：言热二耳。

（2）匣母细音字保留 h 声母，如：现。

（3）齿擦音声母只有 s 没有 sh[ʃ]，如：水书熟省城。

韵母方面：

曾一等和曾三等、梗三四等无别，都读 ang/ak[ɐŋ/ɐk]，如：兄京明拧兵。

3.3.2　1841 年裨治文《广东方言读本》反映的澳门话音系

裨治文（Elijah Coleman Bridgman，1801—1861）[①]在 1841 年出版的 *A Chinese Chrestomathy in the Canton Dialect*（《广东方言读本》）序言（见图 3-6）里谈到了当时的澳门话：

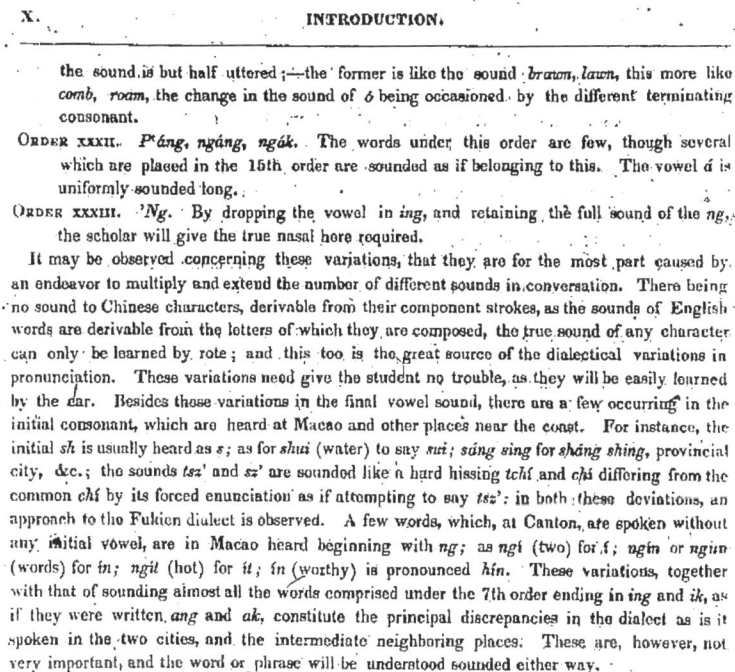

X.　　　　　　　　　INTRODUCTION.

the sound is but half uttered;—the former is like the sound *brawn, lawn*, this more like *comb, roam*, the change in the sound of *ó* being occasioned by the different terminating consonant.

ORDER XXXII. *P'áng, ngáng, ngák*. The words under this order are few, though several which are placed in the 15th order are sounded as if belonging to this. The vowel *á* is uniformly sounded tong.

ORDER XXXIII. *'Ng*. By dropping the vowel in *ing*, and retaining the full sound of the *ng*, the scholar will give the true nasal here required.

It may be observed concerning these variations, that they are for the most part caused by an endeavor to multiply and extend the number of different sounds in conversation. There being no sound to Chinese characters, derivable from their component strokes, as the sounds of English words are derivable from the letters of which they are composed, the true sound of any character can only be learned by rote; and this too is the great source of the dialectical variations in pronunciation. These variations need give the student no trouble, as they will be easily learned by the ear. Besides these variations in the initial consonant, which are heard at Macao and other places near the coast. For instance, the initial *sh* is usually heard as *s*; as for *shui* (water) to say *sui*; *sáng sing* for *sháng shing*, provincial city, &c.; the sounds *tsz'* and *sz'* are sounded like a hard hissing *tchí* and *chí* differing from the common *chí* by its forced enunciation as if attempting to say *tsz'*: in both these deviations, an approach to the Fukien dialect is observed. A few words, which, at Canton, are spoken without any initial vowel, are in Macao heard beginning with *ng*; as *ngí* (two) for *í*; *ngín* or *ngiun* (words) for *ín*; *ngít* (hot) for *ít*; *ín* (worthy) is pronounced *hín*. These variations, together with that of sounding almost all the words comprised under the 7th order ending in *ing* and *ik*, as if they were written, *ang* and *ak*, constitute the principal discrepancies in the dialect as is it spoken in the two cities, and the intermediate neighboring places. These are, however, not very important, and the word or phrase will be understood sounded either way.

图 3-6　1841 年《广东方言读本》序言第 X 页

[①]裨治文，美国首位来华传教士，《中国丛报》主编。

除了这些韵母元音的变异之外，在**澳门**以及其他近海地区，辅音声母也存在一些变异。例如，声母 sh 总是被读成 s，将 shui（水）读成 sui，将 sháng shing 读成 sáng sing（省城），等等；tsz'和 sz'他们读出来则像很重的嘶音 tchí和 chí，发音时很用力，就像在努力说 tsz'一样，因而与常见的 chí不同。这两种语音的变异都比较接近福建方言。有些字在广州话中是没有辅音声母的，而在**澳门话**中则以 ng 开头，就像将 í（二）读成 ngí，将 ín（言）读成 ngín 或 ngün，将 ít（热）读成 ngít，将 ín（贤）则读成 hín。另外还有第 7 条（按：英影应益）中所包含的几乎所有字的读音，将 ing 和 ik 结尾的字读得好像写出来是 ang 和 ak 那样。以上这些语音的变异构成了这两个城市以及中间邻接地区的方言中最重要的不同之处。（按：笔者根据英文翻译）

根据以上陈述，可以将 1841 年澳门话的若干字音与同时期的广州话以及现代澳门话、广州话作对比，如表 3-5 所示。

表 3-5　1841 年澳门话、广州话和现代澳门话、广州话的对比

例字	1841 年澳门话	1841 年广州话	现代澳门话	现代广州话
水	sui[sʊi]	shui[ʃʊi]	søy	søy
省	sáng[saŋ]	sháng[[ʃaŋ]	saŋ	saŋ
城	sing[sɪŋ]	shing[ʃɪŋ]	sɪŋ	sɪŋ
二	**ngí[ŋi]**	í[i]	i	i
言	**ngín/ngün[ŋin/ŋyn]**	ín[in]	in	in
热	**ngít[ŋit]**	ít[it]	it	it
贤	**hín[hin]**	ín[in]	in	in
（英益）	**ang/ak[ɐŋ/ɐk]**	ing/ik[ɪŋ/ɪk]	ɪŋ/ik	ɪŋ/ik
自	**chí[tʃi]**	tsz'[tsɿ]	tsi	tsi

3.3.3　马礼逊 1819 年《华英字典》和 1815 年《通用汉言之法》反映的澳门话语音特征

为方便查阅，马礼逊在 1819 年出版的 *A Dictionary of the Chinese Language*《华英字典》第四卷字母表里，做了一个广州话和官话对比的声韵配合表，其中广州话的部分音节加了*号，注明是 "*Macao Dialect"，反映了当时澳门话与

广州话的差异。此类*号共有 10 处。表 3-6 列出了这 10 种差异以及同时期官话的读音，并与 1856 年《英华分韵撮要》的广州音作了比较。

表 3-6　1819 年《华英字典》的澳门音与 1856 年《英华分韵撮要》所记录的广州音对比

序号	官话	例字[1]	1819 年《华英字典》广州话声韵配合表（*表示澳门话）	正文内容 Canton Dialect	1856 年《英华分韵撮要》
1	chĕ	蛰折	chak[tʃak] chek*[tʃɛk]	Chak, or Chek	tʃɐt、tʃit
2	chin	真	chin[tʃin] chan*[tʃɐn]	Chin or Chăn	tʃɐn
3	ho	火和	fo, wo* [fɔ,wɔ]	Fo and Wo	fɔ、wɔ
4	fung	风	**fung[fʊŋ]** **hung*[hʊŋ]**	Fung	fʊŋ
5	ung	翁	gung[ŋʊŋ] yung*[jʊŋ]	Yung	jʊŋ
6	foo	父	**hoo,foo*[hu,fu]**	Foo and Hoo	fu
7	how	后	hăw[hɐu] how*[hou]	How or Hăw	hɐu
8	hing	形兴	hing[hɪŋ] ying*[jɪŋ]	Ying	jɪŋ、hɪŋ
9	heae	谐	hae[hai] keae*[kiai]	Keae	hai
10	shan	山	shan[ʃan] san*[san]	Shan or San	ʃan

注：1）例字经过笔者筛选。

表 3-6 的 1、2、5 项所辖内容极混乱，1809 年前的《分韵撮要》并不如此，原因不知。

《华英字典》是一本标注官话音（北京官话和南京官话）的字典，标注粤方言只是为了让粤方言区的人根据粤方言来检索官话音，所以全书粤方言音节并不齐全，而且一个官话音节往往对应不止一个粤方言音节，马礼逊只标出了其中部分字的粤方言语音，其他次要的没有交代，对澳门话的关注更是少之又少，只是在小注中提到一点。马礼逊的字典是用来让外国人学习汉语的，学习汉语当然要学在全中国都能通行的官话，因此他主要标注官话而不是粤方言，更不是澳门话。

由于排版上的混乱和前后的不一致，显示出来的澳门音与广州音较为明显的差异有 3 项：①舌尖清擦音只有一套（第 10 项）。②非敷奉读 h（第 4、6 项）。③流摄读 ou（第 7 项）。

马礼逊在 1815 年的 *A Grammar of the Chinese Language*（《通用汉言之法》）第六页中提到广东话"父"的读音有两个：Foo[fu]，Hoo[hu]。页面下方的小注为：

Hoo is the pronunciation of **Macao** and its neighbourhood.

（*Hoo* 是澳门和邻近地区的发音。）

我们得出的结论是 1815 年的澳门话有一个特点是轻唇音非敷奉的部分字声母读 h。

综上，19 世纪中前期反映澳门话的文献以 1856 年《英华分韵撮要》和 1841 年《广东方言读本》较有系统性。其所反映的特点是：日疑母细音读 ŋ；部分非敷奉溪晓匣母字读 h；齿擦音只有一个（精庄章知组合一）s；曾梗摄细音读 eŋ/ek。这些特点跟今天香山小片的典型——珠海唐家湾话一致，说明 19 世纪中前期的澳门话与今天的珠海话接近。

3.4 19 世纪初的澳门话音系——以 1809 年马译《论语》为例

比较完整地反映 19 世纪初澳门话的材料是 1809 年马士曼的著作 *The Works of Confucius, Containing the Original Text, with A Translation to which is Prefixed a Dissertation on the Chinese Language and Character*（马译《论语》）。

马士曼（Joshua Marshman，1768—1837，又译马希曼）[①]出生在英国的威尔特郡，1799 年作为浸信会的传教士前往印度塞兰坡传教，1805—1806 年

---

① 关于马士曼和他的中文老师的论述，见：吉川雅之、马敏：《马希曼、拉沙与早期的〈圣经〉中译》，《历史研究》，1998（4）。

在印度跟一位生长在澳门的亚美尼亚裔人拉沙（Joannes Lassar）学习中文。1809 年，马士曼在拉沙的帮助下在印度出版了《论语》英文版①，1822 年出版了汉译《圣经》，1837 年在印度去世。马士曼虽然翻译了儒家经典，但其一生并没有踏足过中国。

最早对马译《论语》做音系研究和方言归属判定的是吉川雅之（2009），他所选用的材料除了上面这份以外，还有马士曼的另一著作 *Dissertation on the Characters and Sounds of the Chinese Language, Including Tables of the Elementary Characters, and of Chinese Monosyllables*（1809），吉川把第一种材料简称为《著作》，第二种材料简称为《论述》。本书中不沿用吉川的说法，因其所指太泛，而将第一种材料叫马译《论语》，第二种材料叫《中国语言字形音韵研究》②。马译《论语》收录了《论语》前十章的内容，收字近 7000。《中国语言字形音韵研究》收字少，只有近 200 字。笔者未能看到第二种材料，暂时只能利用第一种材料。第二种材料则沿用吉川的分析。

3.4.1　声韵调系统

马译《论语》本身没有说明发音人或注音人是谁，只能用其他方法尽可能地缩小范围，进而确定音系性质。首先，音系分析显示，该音系有长短 a 的对立，保留了完整的 p、k、t 韵尾。从这些特点来看，该音系应该属于粤方言。再从疑母字无论开合多保留后鼻音声母来看，大体可以归入香山小片。具体来说：

（1）曾梗摄二三四等的文读合流，均读 eŋ/ek，在《珠江三角洲方言综述》记录的 25 个点的方言里，只有珠海（前山）符合这种情况，而且也符合笔者所调查的珠海南屏北山、珠海唐家湾两地的情况。

（2）效开一与流摄合流的情况，《珠江三角洲方言综述》提到的 25 个点的方言里均没有此现象，只有珠海南屏北山与珠海唐家湾有这个现象。

（3）日母疑母细音仍读 ŋ，非组字部分读 h，溪母读 kʰ（如：空可）比读 h 的情况占比要高，这些现象在现代粤方言里都只有中山话、珠海话的特征与其一致。

---

① 只出版了第一卷，从《论语》第一到第十，共 725 页。

② 第二种材料的译名来自网络，一位铜版画爱好者的博客（http://blog.sina.com.cn/s/blog_669e82e70100y0pv.html）。

（4）最重要的一条是，遇摄合口一等疑母字跟通摄混读，造成“五中”两字同韵，这个特点在《珠江三角洲方言综述》所记录的25个点的方言里只见于珠海前山。

这是从音系内部分析得出的信息。根据作者的生平，我们也找出了一些线索：马士曼没有来过中国，大半生都在印度传教，根据资料记载，他的中文是跟拉沙学的，而且还在拉沙的帮助下翻译了《论语》，所以《论语》的注音极有可能就是拉沙的口语，而拉沙在澳门出生和长大，“不仅能讲一口流利的中国话，而且能用中文写作。有记载说，拉沙在澳门居住期间，曾一度负责澳门葡萄牙当局与清廷之间的官方文书往来。后来他移居印度，应聘任加尔各答英印学院的中文教授”（马敏，1998）。综上所述，我们认为马译《论语》反映的是两个世纪前的澳门话。

马译《论语》只翻译了《论语》的前半部，每个汉字均有注音（见图3-7）。虽然字音错漏和跨类的不少，但音类格局比较清楚。

子曰：“《诗》三百，一言以蔽之，曰：‘思无邪。’”

chee^2 ewt^4, see^1 sam^1 pak^4, yut^4 gnin^4 ee^2 pi^3 chee^1 ewt^4, see^3 moo^1 chea^2.

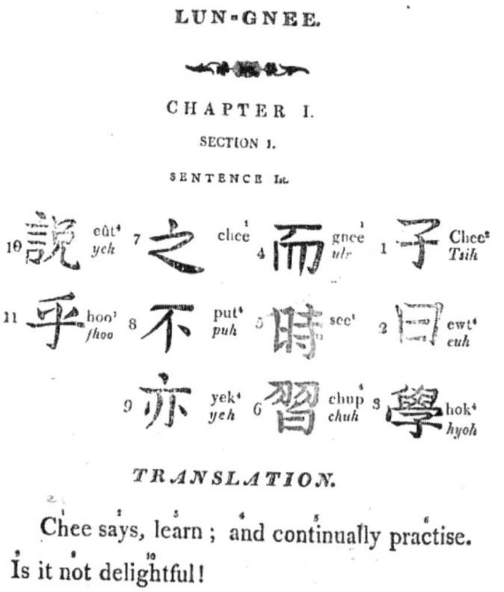
LUN-GNEE.

CHAPTER I.

SECTION 1.

SENTENCE 1st.

1 子 Chee² Tsih　2 曰 ewt⁴ euh　3 學 hok⁴ hyoh　4 而 gnee¹ ulr　5 時 see¹　6 習 chup⁴ chuh　7 之 chee¹　8 不 put⁴ puh　9 亦 yek⁴ yeh　10 說 eût⁴ yeh　11 乎 hoo¹ fhoo

TRANSLATION.

Chee says, learn; and continually practise. Is it not delightful!

图3-7　1809年马译《论语》正文第1页

笔者依据所有字的注音归纳出声韵调系统，并制成同一行声母相同、同一列韵母相同的声韵配合表，见附录5。

1. 吉川雅之（2009）分析的 1809 年澳门话音系

例字均原作者之例字，右上角标 R 的字来自马译《论语》原文的注释，标 D 的字来自《中国语言字形音韵研究》。

1）声母：21 个①

p[p] 帮本沛不	ph[pʰ] 朋倍比辟	m[m] 文母未木	f[f] 非否放服	
t[t] 多弟大铎	th[tʰ] 听吐太托	n[n] 能鸟佞诺		l[l] 来礼乱立
ch[tʃ] 知者自习	chh[tʃʰ] 迟始赐赤		s[ʃ] 三上事色	
k[k] 交己见国	kh[kʰ] 其可去竭	gn[ŋ] 而语义仰	h[h] 贤好父学	
qu[kw] 关鬼怪溫	qhu[kʰw] 军呙 ᴿ 困 ᴿ	gnu[ŋw] 巍 ᴿ	fw[fw] 非犯饭伐	w[w] 威往位或

-
哀以爱曰

2）韵母：60 个

a [a] 加寡	ai,ay [ai] 皆乃	au,aou [au] 交饱	am [am] 南憾	an [an] 难患	ang [aŋ] 争猛			at [at] 发乞	ak [ak] 百获
i,y [ɐi] 惟礼	ou,ow [ɐu] 劳后	um [ɐm] 心敢	un [ɐn] 星近	ung [ɐŋ] 曾政	up [ɐp] 立十			ut [ɐt] 察述	uk [ɐk] 栗食
ea [ɛ] 邪射					eang [ɛŋ] 井				
ee [i] 如四	eu,ieu [iu] 骄少	im [im] 瞻俭	in,ien [in] 天兔	eng [iŋ] 平征	ip [ip] 叶			it [it] 说洁	ek [ɪk] 力抑
o [ɔ] 和所	oi,oy [ɔi] 虽改		om [ɔm] 绀	on [ɔn] 寒	ong [ɔŋ] 康罔			ot [ɔt] 割	ok [ɔk] 乐学

---

① 原来的国际音标拟音用*号表示，为了方便前后对比，我们改用中括号"[ ]"。

oo	ooi		oon	oong		oot	ook
[u]	[ui]		[un]	[ʊŋ]		[ut]	[ʊk]
无素	追每		桓本	吾		勃没	复哭

eû			eûn			eût	
[y]			[yn]			[yt]	
与举			孙劝			月曰	

	oe			eong			eok
	[œy]			[œŋ]			[œk]
	居 R			张嘢 D			乏 R

ya	yea	yau,yaou		yang			yak
[ia]	[iɛ]	[iau]		[iaŋ]			[iak]
也	野	丘又		病			亦 R

	yum	yun	yung	yup,yep	yut	yuk,yek
	[iɐm]	[iɐn]	[iɐŋ]	[iɐp]	[iɐt]	[iɐk]
	今饮	人	凶 R	入给	日	石 D 亦

	yong		yok
	[iɔŋ]		[iɔk]
	乡让		琢若

	yoong		yook
	[iʊŋ]		[iʊk]
	雍勇		肉

3）声调：4 类

（1）平声：禾牙于妻时交三言身香朋生公龙|一①

（2）上声：可五礼改鬼厚敏犬养|若漆约束

（3）去声：父弟违大爱事孝信敬用|伐博欲

（4）入声：如其辰|习八节日作色木

2. 笔者调整后的 1809 年澳门话音系

吉川雅之的结论是中肯可信的，不过原音系受制于材料和字数导致音系格局比较零散，跟一般粤方言音系相比规律性较差，为了方便比较，笔者根据其材料对音系格局加以调整，调整的内容有以下三项。

第一，i 介音的处理。承认此音系的 i 介音系统真实存在，因为 i 介音能拼大量声母，但为了便于和现代音系作比较，取消了一批只拼零声母的韵母，即

---

① 竖杠后面的例字为收-p、-t、-k 韵尾的入声。

减少 ya、yea、yak、yun、yung、yut、yoong、yook 共 8 个韵母，把它们归入相应的 a、ea、ak、un、ung、ut、oong、ook 韵母中。其他韵母按照声韵互补关系作部分合并。

第二，œ 作主元音的韵母的处理。œ 作主元音的韵母与 iɔ 作主元音的韵母呈互补状态，归为一个。

第三，不同意其声调特别是入声的排列乃至归类的方法。表 3-7 是笔者的统计结果。

表 3-7 1809 年马译《论语》四声排列

例字	1 平声	2 上声	3 去声	4 入声	总次数
今	6	0	1	0	7
言	23	1	3	10	36
所	0	25	1	1	27
厚	0	2	0	0	2
孝	0	0	16	0	16
在	3	0	13	1	17
色	0	0	1	15	16
十	1	0	0	13	14
出	0	0	0	13	14
食	0	0	12	10	22

注：阴影处表示中古平上去入恰好对应今 1、2、3、4 的例子。

笔者发现，该书基本上把带-p、-t、-k 韵尾的字的声调都标作 4，但声调标 4 的还有大量现代广州话的阳平字（言吾其为如人夷而）、少量的现代阳去字（谓在）。调类 3 除了现代广州话的阴去字（信爱众孝过贵好告）和阳去字（令道事弟父慎用义谓）外，还有少量阳平字（禽求其）和阴平字（天车哉）。调类 2 有阴上字（子可死守恐所者九敢）和阳上字（也礼以远罕厚上仰勉）。调类 1 有阴平字（山虽之知今偏伤）和阳平字（平成而其来言寒人）。由此可见，其 1、2、3、4 调基本上对应中古的平上去入四声。有些阳平字声调既标 1 也标 4，说明当时的入声跟阳平的调值接近。阳平又与入声、阳去交叉，说明三者调值接近。吉川把入声放在平上去后面的做法不合适。

笔者调整后的 1809 年澳门话音系如下。

1）声母（22 个）[①]

p[p]不本	ph[pʰ]朋盼辟	m[m]未谋	f[f]科方分非$_8$
t[t]弟对	th[tʰ]退庭	n[n]能年冉$_4$	l[l]乐栗
ch[ts]子者	chh[tsʰ]始错	s[s]先时	y[j]有人
k[k]管既旧今^{R}近国狂	kh[kʰ]其可空去巧	gn[ŋ]言我巍$_6$语二冉$_1$	h[h]学贤父回丘杇
qu（kw）[kw]君$_{62}$寡$_5$军$_1$困$_1$	qhu[kʰw]军$_1$困^R	gnu[ŋw]巍$_1^R$	fw[fw]饭废焚非$_1$ w[w]为温
- 于爱			

fw 一般只拼低元音韵母，f 一般只拼高元音韵母。有些字出现两读，如"非"字，既有标 fw 也有标 f 的，但有些只有一读，如"废"，可能是拼唇音时出现的附带圆唇，暂作分立处理。

2）韵母（49 个）

括号内外的韵母互补，斜杠两边的韵母是自由变体，右下角小字是此字出现的次数。斜体的两个韵母可能是来自广州话的文读。

[a]a 贾华瓜也	[ɛ]ea（eah） 者野/射社	[i]ee 子义与$_{62}$取$_5$如$_{82}$	[ɔ]o 所可过和	[u]oo 乎固土图母	[y]eû/eu/ue 与$_4$于$_5$/与$_6$于$_2$如$_1$取$_1$处$_3$/与$_1$
[a:i]ai/ay 乃败$_2$/败$_1$大	[ɐi]i/y/ye/ie 齐$_{16}$世$_1$/世$_1$维$_1$/维$_1$为/袂		[o:i]oi（oy） 来在$_{18}$哉$_{25}$虽$_{15}$追$_1$	[u:i]ooi[②] 罪对回雷衰$_2$	
[a:u]aou 孝貌交老$_2$	[ɐu]ou/ow/au 好$_{23}$后$_{16}$老$_1$/好$_2$/后$_3$		[i:u]eu/ieu 小朝吊鸟$_1$/鸟$_1$		
	[ia:u]yaou[③] 有友游丘$_2$				

---

① 笔者发现本音系虽有真正的 i、u 介音，但除了现代粤方言的白读音类（梗开二细音，如"病井"等字）以及宕开三外，只拼见系声母，所以设立一套 kj、hj 声母从而减少韵母也是一个选择。

② oi 和 ooi 两韵归字分布与 1888 年《英语不求人》中的相近，止蟹合三端知系一部分读 oi、一部分读 ooi，但 1888 年《英语不求人》中二者可以合并，这里存疑。

③ yaou 基本上只拼零声母，只有"丘杇"例外，是 hyaou。

[a:m]am 三监参南	[ɐm]um 禽敢临今$_6$ [iɐm]yum 饮淫今$_2$	[i:m]im 俭冉念厌	[ɔ:m]om 绀		
[a:n]an 惮饭间山	[ɐn]un 人君进焚	[i:n]in（ien） 鲜$_4$言$_{37}$ 愿$_4$远$_3$乱$_7$ 怨$_5$/天$_{21}$	[ɔ:n]on 干寒安罕	[u:n]oon 本观门桓	[y:n]eûn/eun/ûen/ uen/ûn/un 远$_5$/远$_4$怨$_1$/乱$_1$/ 孙$_2$献$_4$劝$_2$/乱$_1$川/ 孙$_4$闰$_2$
[a:ŋ]ang 争馔	[ɐŋ]ung 生名病命 凶$_1$[R]兄$_2$令$_5$ 省$_2$平$_1$	*[ɪŋ]eng* *兄$_1$令$_1$省$_1$平$_1$*	[ɔ:ŋ]ong 方葬匡往	[uŋ]oong 吾五忠 凶用	
[ia:ŋ]yang/eang① 病/井			[iɔ:ŋ]yong/ eong 上$_{14}$两$_1$/ 两$_1$张$_3$		
[ap]②	[ɐp]up 习集立十 [iɐp]yup/yep 给及邑入$_1$/ 入$_7$	[i:p]ip 摄	[ɔp]		
[a:t]at 八达发法	[ɐt]ut 不出	[i:t]it 节$_4$必$_{35}$ 夺$_3$说$_3$ （说话）	[ɔ:t]ot 割	[u:t]oot 没末勃	[y:t]eût/ewt/ût 说$_1$/说$_5$（喜悦） 曰$_{318}$/月$_4$
[a:k]ak 或惑百柏	[ɐk]uk 色则食狄 抑$_1$力$_8$	*[ɪk]ek* *亦$_{19}$沏抑$_1$* *力$_1$*	[ɔ:k]ok 博学乐恶	[uk]ook 孰束服肉	
[ia:k]yak/euk③ 亦$_1$[R]/尺$_1$			[iɔ:k]yok 琢躩约欲		

----

①③把 yang（病）和 eang（井）合并是因为它们互补，不产生对立。把 yak（亦$_1$[R]）和 euk（尺$_1$）合并一方面是因为它们也互补，但更明确一点的是因为笔者不相信 1809 年的系统里齿音后有 iak 和 iɐk 的对立。现代珠海前山话能说明这一问题，梗开三四等齿音后的文读是 ɐk，白读是 iak，齿音后没有 iak 和 iɐk 的对立。

②只有国际音标而无例字的韵母是根据阳入相配的概念而设立的，是表示可能有的意思。

3）声调

只标 1、2、3、4 四个调号，基本对应中古平上去入四声。

3. 注音跨类问题

马译《论语》是罗马字母标粤音的早期文献，错漏不少，虽然整体可用，但其价值不免受到一些影响。因跨类情况比较严重，其韵类分合只能根据统计来整理。

该书中注音跨类的问题是：

（1）声母送气不送气有时跨类，同一个汉字，有时标为送气，有时不送气。如"居观贱躩军困出去节"等字均有送气和不送气两读。汉语送气不送气的对立古已有之，现代汉语方言也继承了这个特点，比这个材料稍晚的 19 世纪的传教士方言著作对送气不送气的描写亦泾渭分明，所以我们只能怀疑 1809 年马译《论语》标注送气较乱是欧洲人在初期注音时忽略了，这是因为欧洲语言普遍没有送气不送气的对立，欧洲传教士受母语影响不区分送气和不送气也情有可原。

（2）只设 4 类声调，大致对应中古平上去入四声，很可能是参照中古调类设立的。有迹象表明，四声内部实际上是有分化的，例如中古全浊上声字在马译《论语》中并不都标作调 2："社厚愤"等字标作调 2，"父近"等字则标作调 3。这与它们在现代粤方言里的调类归属完全一致，可见作者并非完全不顾实际声调。不过，笔者认为假如忠实地遵照实际读音，绝不会只有 4 个调类，因为现代粤方言中声调最少的香山小片也有 6 个调。据此看来，该书只设四声并未反映真实语言，而是囿于中古的四声格局。

（3）撮口呼和齐齿呼的跨类有两种可能：①英语没有[y]介音，注音人受母语影响分辨不清齐齿呼和撮口呼，导致以[y]为主元音的韵母经常跟以[i]为主元音的韵母跨类。②此方言有大量两读现象。四邑与中山地域相连，四邑话没有撮口呼，中山话受其影响，部分撮口呼字读成齐齿呼，或出现两读。

无论哪种情况，撮口呼都应该存在，因为按对应规律只有应该读撮口呼的字读入齐齿呼，基本没有应该读齐齿呼而读入撮口呼的。第一种可能性较大，现代中山话、珠海前山话都有撮口呼。[①]

---

① 根据《珠江三角洲方言综述》，现代珠三角在遇摄三等读 i、山摄三等开口与合口不分而且读齐齿呼的地方主要是四邑地区，中山地区的闽方言点也有此现象，中山话（石岐）开合口基本分开，但也有少量开口读入合口的，如"言"ŋyn。中山地区真正以石岐话为母语的人是少数，操其他方言的是多数。多数又以客闽人口居多，以至于三语混杂，情况复杂。笔者认为早期中山话可能跟四邑话较接近。

（4）曾梗三四等的读音与一二等能否区别的问题。现代广州话里曾摄一等读 ɐŋ/ɐk，梗摄二等读 ɐŋ/ɐk（文读）或者 aŋ/ak（白读），曾梗摄三四等读 ɪŋ/ɪk（文读）或者 ɛŋ/ɛk（白读，限于梗摄），中山话里基本也是这样的分布①。但珠海话如前山、北山、唐家湾等地三四等文读跟一二等文读相同，亦即"更=经"[kɐŋ]，"增=精"[tsɐŋ]。笔者发现马译《论语》也有珠海话的这一特点：曾梗摄有些细音字有两读，既读 ung[ɐŋ]/uk[ɐk]也读 eng[ɪŋ]/ek[ɪk]，如"零"字，读 lung[lɐŋ]有 5 次，读 leng[lɪŋ]有 1 次。而且读 eng[ɪŋ]/ek[ɪk]的字几乎都能读 ung[ɐŋ]/uk[ɐk]，两读的字则以读 ung[ɐŋ]/uk[ɐk]的占绝大多数。由此可以看出 ung[ɐŋ]/uk[ɐk]是本土读音，eng[ɪŋ]/ek[ɪk]是外来读音，本土读音梗摄文读没有洪细之分，外来读音洪细有别。外来文读可能来自广州（或中山石岐）。

3.4.2　与现代广州话的主要差异

1809 年澳门话与现代广州话音系对比见表 3-8。②

表 3-8　1809 年澳门话与现代广州话对比

例字	1809 年澳门话	现代广州话
言	gnin1[ŋiːn]1)	jin
二	gnee3[ŋi]	ji²
我	gno2[ŋɔ]	ŋɔ
子	chee2[tsi]	tsi
指		
君	quun1[kwɐn]	kwɐn
国	kok4[kɔːk]	kwɔk
丘	hyaou1[hiaːu]	jɐu
贤	hin4[hiːn]	jin
父	hoo3[hu]	fu²
回	hooi1[huːi]	wui
可	kho2[kʰɔ]	cʰɔ
曾	chung1[tsɐŋ]	tsɐŋ
精		tsɪŋ

① 差别在于中山话把梗摄三四等的白读读成 iaŋ/iak，而不是 ɛŋ/ɛk。
② 本书认为带上 u 介音和读 ɪŋ/ɪk 的是外来文读音。

续表

例字	1809 年澳门话	现代广州话
神	sun1[sɐn]	ˌsɐn
纯		ˌsøn
好	hou3[hɐu]	houˀ
后		hɐuˀ
师	see1[si]	ˌsi
己	kee2[ki]	ˏkei
鲁[2)]	loo[lu]	ˏlou
老	lou[lɐu]	
去	kheu3[kʰy]	høyˀ
于	eû1[y]	ˌjy
追	choy1[tsoi]	ˌtsøy
哉		ˌtsɔi
五	oong2[ʊŋ]	ˏŋ̩
忠	choong1[tsʊŋ]	ˌtsʊŋ

注：1）数字是原书标注的声调；2）"鲁老"两字正文缺声调。

3.4.3　1809 年澳门话音系特点

1. 声母

（1）疑母字在各呼前皆可出现（言 gnin1[ŋi:n]、二 gnee3[ŋi]）。

（2）精庄章知合一，齿音只有一套（子=指 chee2[tsi]）。

（3）有整套舌根音 u 介音的声母，u 介音归声母的处理是为了使声韵设立更简洁。本音系 i 介音不能归入声母，因为在梗宕深流四摄中 i 介音能拼除舌根音以外的声母，特别是梗宕两摄，其他两摄则基本只拼见系声母。从总整体看，有 u 介音的字要比广州话中少得多，而且均是文读，u 介音极可能是外来的（如：国 kok4[kɔ:k]）。

（4）部分匣溪母细音字读 h（贤 hin4[hi:n]、丘 hyaou1[hia:u]），这些字现代广州话为 j 声母。

（5）部分非敷奉母字和匣母合口字声母为 h（父 hoo3[hu]、回 hooi1[hu:i]），非敷奉母现代广州话读 f，匣母合口读 w。

（6）部分溪母合口字声母为 kʰ（可 kho2[kʰɔ]、空 khoong3[kʰʊŋ]），现代广州读 h。

2. 韵母

（1）音系中交叉最多的是齐齿呼和撮口呼，ee[i]韵母包含了止摄开口三等和遇摄三等的字，而 eû[y]韵则只包含遇摄三等字，像是发音人想尽量区分止摄与遇摄的字，奈何事与愿违。eûn/eût[y:n/y:t]的情况与此相同。这可能是审音不当造成，也可能反映了当时正在发生的变化，笔者倾向于前者。

（2）曾梗摄三四等字有异读，本土文读为 ung/uk[ɐŋ/ɐk]，借自广州的文读则标成 eng/ek[ɪŋ/ɪk]。标作 eng/ek[ɪŋ/ɪk]的字一般另有标 ung/uk[ɐŋ/ɐk]的例子（"零"标作 lung[lɐŋ]有 5 次，标作 leng[lɪŋ]有 1 次）。

（3）止摄三等的拟音只有一个（ee[i]），不像现代广州话那样根据声母条件分成两个（[ei]、[i]）。臻摄三等主元音只有一个 un/ut[ɐn/ɐt]，不像现代广州话那样分两个（[ɐn/ɐt]、[øn/øt]）（师 see1[si]、己 kee2[ki]，神=纯 sun1[sɐn]）。

（4）三等有少量的 i 介音韵母保留，分别在梗摄（yang/yak[ia:ŋ/ia:k]，病 pyang3[pia:ŋ]）、深摄见系（yum/yup[iɐm/iɐp]，给 khyup[kʰiɐp]）、流摄见系（yaou[ia:u]，丘 hyaou1[hia:u]）。宕开三较特殊，处在 iɔ→œ 的过渡阶段，阳韵（yong/yok[iɔ:ŋ/iɔ:k]，上 syong2[siɔ:ŋ]）大部分三等 i 介音还在。

（5）流摄跟效摄一二等相混，其辖字一般归入效摄一等（好=后 hou3[hɐu]），少量（零声母和 h 声母后）归入效摄二等（丘 hyaou1[hiau]、孝 haou3[hau]）。

（6）止摄合口三等齿音字跟蟹摄开口一等相混（追=哉 choy1[tsoi]），个别跟蟹摄合口一等混（罪=衰 chooi[tsui]）。

（7）遇摄合口一等和效摄合口一等不同音（鲁 loo[lu]、老 lou[lɐu]）。

（8）遇摄合口一等疑母字跟通摄混读，而不是像一般珠三角方言那样读成声化韵（五 oong2[ʊŋ]、忠 choong1[tsʊŋ]）。

3. 声韵结合

有 i 介音的两个韵母 yaou[ia:u]（有游丘）、yum[iɐm]（饮淫今）只拼 k、h、j 三个声母。

综上，从整个音系架构上看，吉川雅之认为马译《论语》是 1809 年前的澳门话比较可信，理由如下：

（1）曾梗摄二三四等的文读合流，均读 eŋ/ek，在《珠江三角洲方言综述》提到的 25 个方言点里，只有珠海（前山）符合这种情况，笔者所调查的珠海南屏北山、珠海唐家湾两地也符合这种情况。

（2）效开一与流摄合流的情况，《珠江三角洲方言综述》中所提到的 25 个方言点均没有，珠海南屏北山与珠海唐家湾有这个现象。

（3）日母疑母细音仍读 ŋ，非组字部分读 h，溪母读 kʰ（如：空可）的比读 h 的所占百分比要高。这些现象，在现代粤方言里都只有中山话、珠海话的特征与其一致。

（4）最重要的一条是，遇摄合口一等疑母字跟通摄混读，造成"五忠"同韵，这个特点在珠三角 25 个方言点里只见于珠海前山。综上所述，笔者把马译《论语》音系定性为两百年前的含有中山文读的珠澳粤方言音系。

3.5 澳门话五个时期音类的异同

笔者将澳门话音系五个时期的特征进行对比，五个时期分别是 19 世纪前期（1809 年马译《论语》）、19 世纪末（1897 年《香山或澳门方言》）、20 世纪 40 年代（1941 年《粤葡辞典》）、当代老派澳门话（1987 年《珠江三角洲方言字音对照》）、当代新派澳门话（2008 年）。把 1815 年《通用汉言之法》、1841 年《广东方言读本》、1856 年《英华分韵撮要》记录的零散特征和 1809 年的情况归入同一项，一是为了节省篇幅，二是因为这三个时间段的语音特征属于举例性质，不具有系统性，三是因为它们与 1809 年的特征不冲突。

3.5.1 声母

澳门话五个时期声母对比如表 3-9 所示。

表 3-9 澳门话五个时期声母差异

变化类型	中古声类	1809 年马译《论语》1815[1)]1841[2)]1856[3)]	1897 年《香山或澳门方言》	1941 年《粤葡辞典》	1987 年《珠江三角洲方言字音对照》2008 年老派	2008 年新派
A	泥母	n 年	n 你	n 你	l 你李	l 你李
A	来母	l 乐	l 李	l 李		

续表

变化类型	中古声类	1809 年马译《论语》1815¹⁾1841²⁾[1856³⁾]	1897 年《香山或澳门方言》	1941 年《粤葡辞典》	1987 年《珠江三角洲方言字音对照》2008 年老派	2008 年新派
B	非敷奉溪（晓）母	f 分科	f 分火	f 分花夫宽	f 分花科	f 分花科
B	非敷奉溪晓匣母（合口）	h 父宽回贤 h 父	h 夫花宽苋			
B	匣母细音	h 贤 [h 现]		j 现	j 现	j 现
B	溪母部分	kʰ 巧可空	kʰ 犬巧霍	h 巧	h 巧	h 巧
B	以云日影	j 有人以因	j 有因	j 有人二	j 有人二	j 有人二
B	疑（细音）日母	ŋ 言二如我 [ŋ 言二热耳] ŋ 言二热	ŋ 牙言二我			
B	疑母（洪音）	ŋ 言二热		ŋ 我	ŋ 我爱	0 我爱
B	影母	0 爱	0 哀	0 爱		
B	见系合口	kw 军归	k 君巾	kw 军	kw 军	kw 军
B	见系开口	k 近国狂		k 巾	k 巾	k 巾

注：1）带波浪线是《通用汉言之法》（马礼逊，1815）中的例子。

2）带底线的是《广东方言读本》（裨治文，1841）中的例子。

3）带方框的是《英华分韵撮要》（卫三畏，1856）中的例子。

一般认为，一种语言的内部演变都是有规律的，不会有例外（这被称作演变关系）。真出现了例外的话，则可能是外力作用的结果。外力作用一般称为语言接触，而"同音字分化"则是判断外力作用的最直接证据，证明发生了语言间的接触（这被称作接触关系）。

我们认为 A 类（泥母字 n 和来母字 l）的合并是演变关系，证据之一是它们发生在 1941 年后，属于人口稳定时期，社会发展较平稳，而且 1987 年的广州话、中山话 n、l 均截然分开。证据之二是其符合语音发展规律（无条件合并），"你李"同音的现象在汉语方言中很常见，特别是在长江流域。

我们认为 B 类，特别是见系合口字 kw 和见系开口字 k 的分开属于接触产生的音变，1897 年"君巾"同音，1941 年的"军巾"分开没有语音条件，但确实是分开了，我们只能认为这是外来接触产生的变化。

另外，1809 年的见系合口应该是受广州话读书音影响，因为马译《论语》读 kw、kʰw 的字极少而且前后不一，真正合口介音的出现应是在 1941 年前后。

3.5.2 韵母

澳门话五个时期韵母差异如表 3-10 所示。

表 3-10　澳门话五个时期韵母差异（举阳声韵以赅入声韵）

变化类型	中古地位	1809年马译《论语》/1841年/1856年	1897年《香山或澳门方言》	1941年《粤葡辞典》	1987年《珠江三角洲方言字音对照》/2008年老派	2008年新派
B	止开三知系精影组	i 子几	i 子几	i 子	i 子	i 子
B	止开三帮见泥组			ei 儿	ei 儿	ei 儿
B	遇合一见系	u 固图	u 姑粗	u 姑	u 姑	u 姑
B	遇合一非见系			ou 粗好	ou 粗好	ou 粗好
B	效开一	ɐu 好口求 1)	ou 好 2)			
B	流开一三部分		iɐu 求	ɐu 口求有	ɐu 口求有	ɐu 口求有
B	流开三影组	iau 有丘	iɐu 口有			
B	遇合三知系影组	y 去处	y 居处	y 处	y 处	y 处
B	遇合三端见系			ɥi 去	øy 去	øy 去
B	蟹开一	ɔi 在追		ɔi 开	ɔi 开	ɔi 开
B	止合三端知系		ɔi/ui 3) 灾悔/杯碎追	ui 罪追	øy 推罪追	øy 推罪追
B	蟹合一精组	ui 4) 回罪衰				
B	蟹合一端泥组			ui 杯推		
B	蟹合一非端系				ui 杯	ui 杯
B	臻合三除帮见系 臻合一端泥组 臻开三精庄组部分	ɐn 人进	ɐn 津真	ɐn 津真 5)	øn 津顺	øn 津顺
B	臻帮见系 臻开三除精庄组				ɐn 真	
B	曾开一 梗开二部分文读	ɐŋ 令省 6) ɐŋ 英 ɐŋ 兄京	ɐŋ 增正	ɐŋ 憎	ɐŋ 增	ɐn 真增
B	曾梗三四			ɪŋ 正	ɪŋ 正	ɪŋ 正
A	深开三文读	ɐm 敢今	ɐm 凶金	ɐm 金	ɐm 金	ɐm 金
A	深开三白读	iɐm 今	iɐm 金			
A	山开二	an 颜	an 奸	an 班	an 蛮	an 蛮盲
A	梗开二	aŋ 争	aŋ 争	aŋ 争	aŋ 盲	

续表

变化类型	中古地位	1809 年马译《论语》/1841 年/1856 年	1897 年《香山或澳门方言》	1941 年《粤葡辞典》	1987 年《珠江三角洲方言字音对照》/2008 年老派	2008 年新派
A	曾梗细音白读	iaŋ 井	iɐŋ 井	iaŋ 井	ɛŋ 井	ɛŋ 井
A	宕开三除庄组江庄组	iɔŋ 张	œŋ 章	œŋ 张	œŋ 张	œŋ 张
A	山开一见系	ɔn 寒	ɔn 干	ɔn 干	ɔn 干	ɔn 干刚
A	宕一、宕合三江摄非庄组	ɔŋ 邦	ɔŋ 江	ɔŋ 江	ɔŋ 刚	
B	通摄	ʊŋ 忠五	ʊŋ 中五 [7]	ʊŋ 中	ʊŋ 中	ʊŋ 中
B	遇合一疑			ŋ̍ 唔五	m̩ 唔五	m̩ 唔五
B	口语词＝不	—	m̩ 唔			

注：1）效开一与流摄合流的情况，与现代珠海唐家湾话、北山话相同。

2）此韵效开一与流摄分开，珠海前山话也是这样。

3）此韵分合关系较复杂，个别遇合三见组字如"虚"等这里视为例外。因近代粤方言中的 ui（魁）和 øy（虽）韵基本不对立，这里是否因为音位互补而合并不得而知。我们根据 1897 年《主祷文》"在罪"同音，认为 ɔi 和 ui 在这里是一个。

4）1809 年的 ui、ɔi 两韵母的分合关系跟 1888 年《英语不求人》中中山话接近，《英语不求人》也标成两个韵母，据作者前言描述，此两韵字在中山有些村庄里全读 oi，有些全读 ui。现代珠海唐家湾话、北山话中这两个韵母也是一个，音值在两者之间，是[oi]。可能 1809 年的 ui、ɔi 已经合并，或是正在合并阶段。

5）有极少量的文读，如"顺/术"韵母是 un/ut[ʊn/ʊt]。

6）有少量文读，"令省/亦抑"的韵母是 ŋ/ɪk。

7）1897 年"五盎壅"同声韵，说明 1941 年的"五"（ung）"盎"（óng）分开应该是接触而产生的。

以上变化基本上都可以从自身演变和接触（受广州话影响）来解释。A 类属于自身演变，B 类属于外来接触。

A 类主要是发生在现代澳门话新老派之间的变化，我们认为是自身演变，属于无条件合并（而且发生在低元音上），前后鼻音韵母合并在长江流域中比较常见。B 类变化的出现时间跨度较长，比如：1809 年"好口"同音，1897 年不同音；1941 年"真津"同音，1987 年不同音；1897 年"增正"同音，1941 年不同音。这些均是无条件的分化，不符合语言自身演变的规律，因此我们认为是外来接触产生的新韵类。

3.5.3　声调

澳门话四个时期声调对比如表 3-11 所示（1941 年的材料没有记录声调）。

表 3-11　澳门话四个时期声调对比

变化类型	1809 年马译《论语》	1897 年《香山或澳门方言》	1987 年《珠江三角洲方言字音对照》	2008 年新派[1]
B	平 1	阴平 55　天需	阴平　53（55）　诗歌	阴平　55　高天
B		阳平 51　名临	阳平　21　时常	阳平　21　无聊
B	上 2	上声 21　我似	上声　13　屎市	上声　13　虎妇
B	去 3	去声 33　地个	阴去　33　世界	阴去　33　变化
B			阳去　22　大地	阳去　22　道路
B	入 4	阴入 55　国出	上阴入　55　一刻	上阴入　55　急促
B			下阴入　33　八法	下阴入　33　国脚
B		阳入 33　入域	阳入　22　入石	阳入　22　十月

注：1）现代新派澳门话有一变调入声，是把它作为一个新的调，还是只视为一个变调很难取舍。

声调变化均属于 B 类即接触关系，在汉语语音史中，声调分化一般跟声母的清浊有关，澳门话从 1809 年就已经没有浊声母，我们找不到 1897 年去声一类分化成 1987 年的阴去和阳去两类的条件。

前述 1809 年材料和 1897 年材料的音系有很多相同之处，最突出一点就是都有今天珠海话的特色音类，即臻摄主元音只有一个，曾梗文读主元音也只有一个，两摄的主元音都是 ɐ，这在珠三角地区是唯一的，从而证明了 1809 年和 1897 年两书反映的是早期澳门话的可靠性。1941 年材料的音系非常微妙，前面两个时期的特色音类只留下了一个（臻摄，"真津"仍然同音），另一个已经跟当时的广州音相同（梗摄，"增正"已经不同音）。

值得注意的是，每个阶段似乎都有受到外来音系影响的部分，每个阶段又都有自身演变的部分，孰多孰少更难一概而论。

3.6　两百年来澳门话发生的语音转变

3.6.1　声母

（1）1987 年以后泥来母合并（年=连 lin）。

（2）1897 年部分非敷奉溪晓匣母字读 h（父 hu），1941 年以后读 f（父 fu）。

（3）1897 年疑日母细音字读 ŋ（二 ŋi），1941 年以后读零声母（二 ji）。

（4）1897 年见系没有合口 u 介音（瓜 ka），1941 年以后已经有整套的 u 介音出现（瓜 kwa）。

3.6.2　韵母

（1）1897 年止开三（知其 i）、遇合一（姑无 u）、遇合三（于居 y）各自独立，不与其他韵母相混。1941 年以后止开三（知 i、机 ei）、遇合一（姑 u、部 ou）、遇合三（猪 y、去 ʋi）全部一分为二①。

（2）1809 年和 1897 年效开一与流摄的关系较复杂（"好口"是否同音），有合有分，跟今天的珠海话内部的情况一致，应该属于不同村庄之间的差别。蟹摄一等和止蟹摄合口非帮见系的情况同理（"罪在坠"是否同音）。

（3）1897 年梗摄文读字只有一个主元音（"增正"同音 tsɐŋ），到 1941 年梗摄文读出现两个主元音（增 tsɐŋ、正 tsɪŋ），显然是接触而产生的音类。

（4）1941 年臻摄只有一个主元音（"真津"同音 tsɐn），到 1987 年臻摄出现两个主元音（真 tsɐn、津 tsøn），显然也是接触而产生的音类。

（5）现代新派澳门话与现代老派澳门话的区别是，主元音是低元音的后鼻音韵母集体变成前鼻音韵尾（-ŋ➜-n），导致"赶讲"kɔn、"间耕"kan、"紧耿"kɐn 等同音。

（6）遇合一疑母字 1897 年与通摄同韵（五 ʋŋ），1941 年以后独立（五 ŋ）。1897 年"五蕊壅"三字声母、韵母均相同，但 1941 年却是"五误唔"三字声母、韵母相同。这证明其应该是接触而产生的。

3.6.3　声调

1897 年只有 6 个声调，上去声不分阴阳，跟现代中山话、珠海话的情况一致，而且阳平、上声的调值都跟当时的广州话区别较大。1987 年以后均有 9 个调，阳平、上声调值跟现代广州话完全一致，而且去声分出阴阳。1897 年去声不分阴阳必然导致大量的同音字产生（如"试事"同音），大量同音的字在 1987 年又变得不同音，势必是接触的结果。

综上，两百年来澳门话语音变化可简要概括为图 3-8 所示（例字一般只对应变化年代，具体可参看前表）。

---

① 这里纯粹指的是 1897 年读 i、u、y 的字。遇合一疑母与通摄同韵，遇合三庄组和非组都有另外的读音，这里不逐个表述。

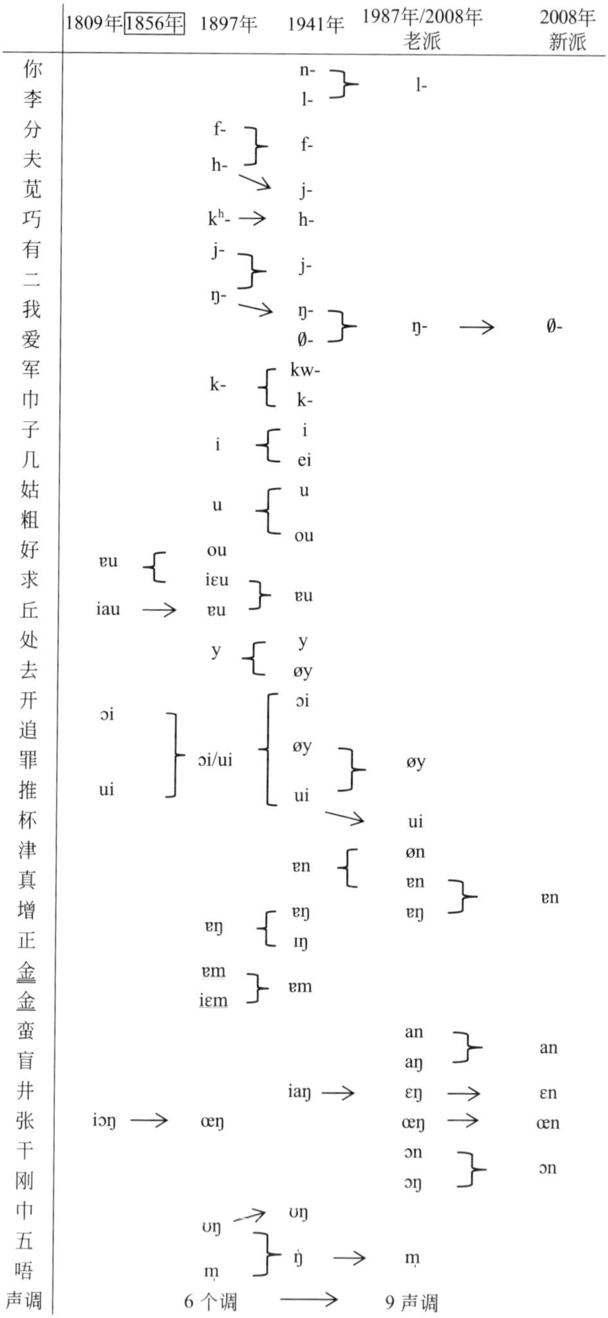

1809年	1856年	1897年	1941年	1987年/2008年 老派	2008年 新派

你李分夫苋巧有二我爱军巾子几姑粗好求丘处去开追罪推杯津真增正金金蛮盲井张干刚巾五唔声调

n-
l- → l-

f-
h- → f-
→ j-
kʰ- → h-

j-
ŋ- → j-
→ ŋ-
ø- ŋ- → ø-

k- kw-
k-

i
i ei

u
u ou

ua ou
iau uai → ua
ua

y y
øy

ɔi ɔi
ɔi/ui øy øy
ui iu/ɔi ui
ui

ua øn
ua ua ua
ua ɐ̃
ɐ̃ ɐ̃
aɐ̃ ɐm
iɐi ɐm

an an
aŋ ɐŋ
iaŋ → ɐŋ → ɐŋ
ŋɐi → œŋ œŋ → œŋ
ɔn ɔn
ɔŋ

uŋ → uŋ
uŋ ŋ → m̩
m̩

6个调 → 9声调

图 3-8 两百年来澳门话语音变化

第4章　澳门话与中山话、广州话语音的历史比较

4.1　19 世纪中叶澳门话、中山话①、广州话语音之异同

本节所用材料有 1840 年《伊索寓言》前言、1841 年《广东方言读本》前言及正文。限于材料，1841 年的澳门话用 1809 年马译《论语》来补充。

19 世纪中叶澳门话、中山话、广州话的语音一致的居多，笔者关注的是三地不一致的地方，详见表 4-1。

表 4-1　19 世纪中叶澳门话、中山话、广州话语音对比

序号	中古地位	例字	1841 年澳门《广东方言读本》（1809 年马译《论语》）	1840 年香山《伊索寓言》	1840 年广州《伊索寓言》 1841 年广州《广东方言读本》
1	生母	山	san[san]	san[san]	shan[ʃan]
2	书母	水	sui[sʋi]	suy[sʋi]	shuy[ʃʋi] shui[ʃʋi]
3	书母	识	—1)	sik[sɪk]	shik[ʃɪk]
4	禅母	城	sing[sɪŋ]	—	shing[ʃɪŋ]
5	生母	省	sáng[saŋ˩]	—	sháng[ʃaŋ˩]
6	日母	二	ngí[ŋi]	'gee[ŋi]	ee[ji] í[ji]
7	日母	热	ngít[ŋit]	—	ít[jit]
8	疑母	言	ngín/ngün[ŋin/ŋyn]	—	yeen[jin] ín[jin]

———

① 以下正文中多次提及香山话，中山话与香山话的区别在于：前者是其时的概念，指今天的中山石岐话，后者是历史性的，包含中山、珠海、澳门的方言。

续表

序号	中古地位	例字	1841年澳门《广东方言读本》（1809年马译《论语》）	1840年香山《伊索寓言》	1840年广州《伊索寓言》1841年广州《广东方言读本》
9	疑母	月	gnût[ŋyt]	'guet[ŋyt]	yuet[jyt]
10	非敷奉母	富	hoo[hu]	hoo[hu]	foo[fu]
11	非敷奉母	风	hoong[hʊŋ]	hung[hʊŋ]	fung[fʊŋ]
12	匣母细音	贤	hín[hin]	— （hin[hin]）2)	ín[in]
13	精组字	字	chí[tʃi]3)	chee[tʃi]	tszé[tsɿ]tsz'[tsɿ]
14	精组字	做	—	chou[tʃou]	tsou[ou]
15	梗摄开口细音	应	（英）-ang[-ɐŋ]	îng[ŋ]	yîng[jɪŋ]ing[ɪŋ]
16	深摄	锦	—	kame[kam]	kum[kɐm]
17	匣母合口	回	hooi[hui]	wei[wɐi]	ooy[ui]

注：1）"—"表示找不到对应的字。

2）1888年《英语不求人》，"现"音hin。

3）1841年《广东方言读本》里这个注音没有汉字，我们根据上下文对应推断为"字"。

4）带有框线的语音来自1890年马译《论语》，带有下划线的语音来自1841年广州《广东方言读本》。

从表4-1中的例字及其对应情况来看，1840年左右的澳门话与香山话极为相似，广州话的 ʃ-（山 shan[ʃan]）在香山话和澳门话中为 s-（山 san[san]），广州话中部分 j 声母（日疑母细音字，二 ee[i]）在澳门话和香山话中为 ŋ-（二 ngí/'gee[ŋi]），广州话中的 f-（富 foo[fu]）在澳门话和香山话中为 h-（富 hoo[hu]）。部分匣母细音字广州话中为零声母（贤 in[in]），澳门话和香山话中为 h-（贤 hín[hin]）。广州话中的 ts-（字 tszé[tsɿ]）对应澳门话和香山话的 tʃ-（字 chí/chee[tʃi]）。那时的澳门话和香山话除了"应"字韵母有差别（香山话 îng[ŋ]、澳门话 ang[ɐŋ]）之外，其余相同，可以视为同一种方言。

19世纪中叶三种方言主要区别梳理如下：

中古地位	例字	1841 年/1809 年澳门话	1840 年香山话	1840 年/1841 年广州话
日疑母细音	二月	ŋ-	ŋ-	j-
生书禅母	山水	s-	s-	ʃ-
非敷奉母	富风	h-	h-	f-
匣母细音	贤	h-	h-	-
从母	字	i	i	ɿ
影母	应	ɐŋ	ŋ	ŋ

4.2 19 世纪末澳门话、中山话、广州话语音之异同

本节所用材料是 1897 年的《香山或澳门方言》。19 世纪末三地语音对应之异同见表 4-2。

表 4-2 19 世纪末澳门话、中山话、广州话语音对比

序号	中古地位	例字	1897 年澳门话	1897 年香山石岐话	1897 年广州话
1	日疑母细音	二言	ng[ŋ]	ng[ŋ]	j
2	晓母	火		f[1)]	
3	非敷奉溪母合口	夫宽	h[h]		f
4	匣母合口以母	回页		h	w、j
5	见母开口	加江		k	k
6	见母合口	瓜	k[k]		kw
7		光		kw	
8	精庄组	子	ts	ts	ts
9	知章组	之	（ch）[2)]	（ch）	ch
10	假开三	写	se[sɛ]	sya[sia]	se[sɛ]
11	深摄见系	金	kyem[kiɛm] /kam[kɐm]	kam[kɐm]	kam[kɐm]
12	流摄见系	求	kʻyéú[kʰiɐu]	kʻyéú[kʰiɐu]	kʻaú[kɐu]
13	梗摄细音白读	井	tsíeng[tsiɛŋ]	tsíeng[tsiɛŋ]	tseng[tsɛŋ]
14	止开三精庄组	子	tsí[tsi]	tsí[tsi]	tsz[tsɿ]
15	止开三知章组	之	chí[tsi]	chí[tsi]	chʻí[tʃi]
16	止开三帮见系	几	kí[ki]	kí[ki]	kéí[kei]

序号	中古地位	例字	1897 年澳门话	1897 年香山石岐话	1897 年广州话
17	遇合一见系	姑	kú[ku]	kwú[kwu]	kwú[kwu]
18	遇合一端系	祖	tsú[tsu]	tsú[tsu]	tsò[tsou]
19	效开一	早	tsò[tsou]	tsò[tsou]	
20	遇合三知章组	朱	chü[tsy]	chü[tsy]	chü[tʃy]
21	遇合三端见系	居	kü[ky]	kü[ky]	köü[køy]
22	止蟹合三非帮见系	追 3)	tsúöü[tsoi]	tsúöü[tsoi]	chöü[tʃøy]
23	臻摄大部分	真	tsan[tsɐn]	tsan[tsɐn]	chan[tʃɐn]
24	臻开三精组	津			tsun[tsʊn]
25	臻合三知系	春	ts'an[tsʰɐn]	ts'un[tsʰʊn]	ch'un[tʃʰʊn]
26	曾开一	增	tsang[tsɐŋ]	tsang[tsɐŋ]	tsang[tsɐŋ]
27	梗开三部分	平	p'ang[pʰɐŋ]	p'ang[pʰɐŋ]	p'ing[pʰɪŋ]
28	梗开三部分	晶	tsang[tsɐŋ]	tsing[tsɪŋ]	tsing[tsɪŋ]
29	通摄	中	tsung[tsʊŋ]	tsung[tsʊŋ]	chung[tʃʊŋ]
30	遇合一疑母	五	ung[ʊŋ]	ung[ʊŋ]	ng[ŋ̍]
			6 个调	6 个调	10 个调

注：1）例外："玩"字声母读 f。

2）1897 年的澳门话和香山石岐话的 ch 可能是外来成分。

3）1897 年《香山或澳门方言》处理《分韵撮要》的 oi（栽）、ui（灰）、oi（虽）三韵时较特殊，把后两者合并了。我们根据该书前言和《主祷文》显示的证据，认为这三个韵母在 1897 年的香山话和澳门话中已经合流，跟今天的珠海话一样。

表 4-2 显示，当时香山话和澳门话仍然十分相似。澳门话有的特征，香山话大体上都有。比如：

（1）日疑母细音香山和澳门两地都念 ŋ-（二言）。

（2）非敷奉溪母合口现代广州话念 f-开头的字，香山话和澳门话一般念 h-（夫宽）。

（3）香山话和澳门话在假深流梗四摄的部分细音字里有 i 介音（金求井）。

（4）香山话和澳门话在止开三（i 子之儿）、遇合一（u 祖姑）、遇合三（y 朱居）里均保持自己的独立韵类，未与其他韵母合并。

中古地位	例字	1897年澳门话	1897年香山话	1897年广州话
日疑母细音	二言	ŋ-	ŋ-	j-
非敷奉溪母合口	夫宽	h-	h-/f-	f-
假深流梗摄细音	写金求井	ɛ、iɐm/ɐm、iɐu、iɐŋ	ia、ɐm、iɐu、iɐŋ	ɛ、ɐm、ɐu、ʒ
止开三	子儿	i	i	ʅ、ei
遇合一	祖姑	u	u	ou、u
遇合三	朱居	y	y	y、øy

香山话中有几个韵母的归字介乎于澳门话和广州话之间,不同于任何一方,广州话和澳门话都只有一种读法,香山话有两种读法:

（1）非敷奉晓母合口澳门话全读 h,广州话全读 f,香山话读 f、h 的都有。

（2）澳门话音系里见系没有 u 介音,广州话有,香山话部分有部分没有。

（3）臻摄三等（《分韵撮要》"津"韵字）澳门话全念 ɐn,广州话全念 ʊn,香山话部分念 ɐn 部分念 ʊn。

（4）曾梗摄细音文读澳门话全念 ɐŋ,广州话全念 ŋ,香山话部分念 ɐŋ 部分念 ŋ。

中古地位	例字	1897年澳门话	1897年香山话	1897年广州话
非敷奉溪母合口	火夫	h-	f-、h-	f-
见系合口u介音	瓜光	k-	k-、kw-	kw-
臻摄三等	津春	ɐn	ɐn、ʊn	ʊn
曾梗摄细音文读	晶平	ɐŋ	ŋ、ɐŋ	ŋ

香山处于澳门和广州的中间地带,香山话有些特征向广州话靠拢,但总体更接近澳门话。

1809 年马译《论语》、1897 年《香山或澳门方言》反映的澳门话与今天香山小片粤方言（以现在的珠海唐家湾话为典型）极为相似,其中臻曾梗的文读主元音相同且只有一个（ɐ "真津""增晶" 两两同音）、疑母细音字有鼻音声母（ŋ "二月"）、遇合一疑母字韵母读入通摄（"五中"声韵相同）等现象都相同。

1840 年《伊索寓言》、1841 年《广东方言读本》、1856 年《英华分韵撮要》三书反映的澳门话特征也跟今天的珠海唐家话没有两样。

只有在 1897 年的《香山或澳门方言》里才可以清楚地看到 19 世纪末的澳门话与香山粤方言有区别，区别在于是否有 u 介音（1897 年澳门话跟今天的珠海话相同，光=江 kɔŋ；1897 年香山话不同，光 kwɔŋ≠江 kɔŋ）、曾梗摄细音文读是否只有一个主元音（1897 年澳门话跟今天珠海话相同，增=晶 tsɐŋ；1897 年香山有区别，增 tsɐŋ≠晶 tsɪŋ）。

总体来说在 20 世纪以前，澳门话属于香山小片粤方言。

4.3 20 世纪中叶澳门话、中山话、广州话语音之异同

本节所用材料有 1941 年《粤葡辞典》、1948/1956 年《中山方言》、1941 年《粤音韵汇》。20 世纪中叶三地语音对应之异同见表 4-3。

表 4-3 20 世纪中叶澳门话、中山话、广州话语音对比

序号	中古地位	例字	1941 年澳门话	1939 年中山话	1941 年广州话
1	溪母合口	款	f	kʰ	f
2	非敷奉溪母合口	扶宽		h	
3	匣母细音	形	j		j
4	日疑母细音	二月		ŋ	
5	见母开口	家江	k	k	k
6	见母合口	光	kw		kw
7		瓜		kw	
8	止开三精组知系	子	tchi[tsi]	tsi[tsi]	dzi[tsi]
9	止开三帮见系	记	kêi[kei]	ki[ki]	gei[kei]
10	遇合一见系	姑	ku[ku]	ku[ku]	gu[ku]
11	遇合一端系	租	tchôu[tsou]	tsu[tsu]	dzou[tsou]
12	效开一	草	tch'ôu[tsʰou]	ts'ou[tsʰou]	tsou[tsʰou]
13	遇合三知系	主	tchü[tsy]	tsy[tsy]	dzy[tsy]
14	遇合三见系	去	hôi[hʊi]	hy[hy]	hœy[høy]
15	蟹合一精组	罪	tchôi[tsʊi]	tsui[pui]	dzœy[tsøy]
16	蟹合一端系	对	tui[tui]	tui[tui]	dœy[tøy]
17	蟹合一非端系	杯	pui[pui]	pui[pui]	bui[pui]

续表

序号	中古地位	例字	1941 年澳门话	1939 年中山话	1941 年广州话
18	臻摄大部分	真	tchân[tsɐn]	tsan[tsɐn]	dzɐn[tsɐn]
19	臻开三精组部分	信	sân[sɐn]	san[sɛn]	sœn[søn]
20	臻开三精组部分	津	tchân[tsɐn]	tsön[tsøn]	dzœn[tsøn]
21	假开三	写	sé[sɛ]	sia[sia]	sɛ[sɛ]
22	梗摄细音白读	请	tch'èang[tsʰiaŋ]	tsʻia:ŋ[tsʰiaŋ]	tsɛŋ[tsʰɛŋ]

　　表 4-3 显示，1941 年的澳门话已经比较像广州话了。声母方面澳门话与广州话已完全一致（日疑母细音读 j、非敷奉溪母合口读 f、见系合口有 u 介音），中山话还保持 1897 年的模样。韵母方面，澳门话的韵类分合也已经接近广州话（止摄二分，遇合一部分与效开一合流，蟹合一精组与遇合三见系合流），只存有少量的老香山话特征（臻摄韵母只有一个，"真津"同音）。

中古地位	例字	1941 年澳门话	1939 年中山话	1941 年广州话
日疑母细音	二月	j-	ŋ-	j-
非敷奉溪母合口	扶宽	f-	h-	f-
见系合口 u 介音	光瓜	kw-	k、kw	kw-
止开三	子记	i、ei	i	i、ei
遇合一	姑租	u、ou	u	u、ou
遇合三	主去	y、ʋi	y	y、øy
蟹合一	罪对	ʋi、ui	ui	øy
臻摄	信津	ɐn	ɐn、øn	øn

4.4　近 30 年澳门话、中山话、广州话语音之异同

　　本节所用材料主要是《珠江三角洲方言字音对照》。近 30 年三地语音对应之异同见表 4-4。

表 4-4　近 30 年澳门话、中山话、广州话语音对比（附珠海唐家湾话音系）

序号	中古地位	例字	1987年澳门话	1987年中山（石岐）话	1987年广州话	2010年珠海（唐家湾）话
1	日疑母细音和影组字	耳 以	ˌji i	ˌŋi i	ˌji i	ˌŋi i
2	非敷奉和溪母合口	父裤	fuˀ fuˀ	huˀ	fuˀ fuˀ	huˀ
3	见系合口 u 介音	江光	ˌkɔŋ ˌkwɔŋ	ˌkɔŋ	ˌkɔŋ ˌkwɔŋ	ˌkɔŋ
4	梗摄细音影日组字	英	ˌjɪŋ	ˌŋ	ˌjɪŋ	ˌɐŋ
5	i 介音	听	ˌthɛŋ	ˌthian	ˌthɛŋ	ˌthʒ
6	止摄开口知系精影组	知	ˌtsi	tsi	tsi	tsi
7	止摄开口非知系精影组	机	ˌkei	ki	ˌkei	ki
8	遇合一见系	姑	ˌku	ˌku	ˌku	ˌku
9	遇摄合口一等帮端系	租	ˌtsou	ˌtsu	ˌtsou	ˌtsu
10	效摄开口一等端系	遭		ˌtsou		ˌtsɐu
11	遇摄合口三等知系影组	处	tshyˀ	tshyˀ	tshyˀ	tshyˀ
12	遇摄合口三等端系见晓组	趋	ˌtshy	ˌtshy		ˌtshy
13	止蟹摄合口三四等	吹	ˌtshøy	ˌtshøy	ˌtshøy	ˌtshui
14	蟹摄合口一等端系	催		ˌtshui		
15	蟹合一非端系	杯	ˌpui	ˌpui	ˌpui	ˌpui
16	咸摄开口一等见系	甘	ˌkɐm	ˌkɔm	ˌkɐm	ˌkɐm
17	深摄	金		ˌkɐm		
18	臻摄开口三等精组部分	信	sønˀ	sɐnˀ	sønˀ	sɐnˀ
19	臻摄端系庄组部分	津	ˌtsøn	ˌtsøn	ˌtsøn	ˌtsɐn
20	臻摄非端系庄组部分	真	ˌtsɐn	ˌtsɐn	ˌtsɐn	
21	曾梗洪音文读	争	ˌtsɐŋ	ˌtsɐŋ	ˌtsɐŋ	ˌtsɐŋ
22	曾梗细音文读	精	ˌtsɪŋ	ˌtsɪŋ	ˌtsɪŋ	
23	遇摄合口一等疑母	吴	ˌm̩	ˌŋ̍	ˌŋ̍	ˌʋŋ
24	否定副词"不"	唔		ˌm̩	ˌm̩	ˌm̩
25	上声	市	ˊsi	ˊsi	ˊsi	ˊsi
26		史			ˊsi	
27	去声	试	siˀ	siˀ	siˀ	siˀ
28		事	siˀ	siˀ	siˀ	
29	声调数		8个调	6个调	9个调	6个调

表 4-4 显示，现代澳门话与中山话相去甚远，跟广州话相差无几。古香山话的特色音类在珠海话中保持得较好。澳门话、广州话的日疑母细音是 j（耳 ji），而中山话、珠海话中是 ŋ（耳 ŋi）。澳门话、广州话的非敷奉和溪母合口是 f（父 fu），中山话、珠海话中是 h（父 hu）。中山话保存了止（限开口，机 ki）、遇（租 tsu、趋 tsʰy）、效（ou、au、iu）、咸（甘 kɔm）、深（限见系，金 kɐm）五摄的区别，珠海话保存了前三摄的区别，咸深合并。珠海话曾梗摄文读不分洪细（只有一个主元音 ɐ，"争精"同音），也就是说，澳门话、中山话、广州话曾梗摄文白读加起来均有四个主元音[ɐ]、[a]、[ɪ]、[ɛ（ia）]，珠海话只有两个[ɐ]、[a]①。澳门话、中山话、广州话臻摄韵母有两个主元音（真 tsɐn≠津 tsøn），珠海话只有一个主元音（真=津 tsɐn）。澳门话、中山话、广州话里"五"是声化韵，珠海话读入通摄。澳门话除了声化韵比广州话少一个、上声不分阴阳以外，其他特征都跟广州话相同。

中古地位	例字	1987 年澳门话	1987 年中山话	1987 年广州话
日疑母细音和影组	耳以	j-	ŋ-、-	j-
非敷奉和溪母合口	父裤	f-	h-	f-
见系合口 u 介音	江光	kw、k	k	k、kw
止开三	知机	i、ei	i	i、ei
遇合一	姑租	u、ou	u	u、ou
遇合三	处趋	y、øy	y	y、øy
蟹合一	杯催	ui、øy	ui	ui、øy
臻摄	信津	øn	ɐn、øn	øn
曾梗摄文读	争精	ɐŋ、ɪŋ	ɐŋ、ɪŋ	ɐŋ、ɪŋ
声调数		8	6	9

1941 年澳门话唯一的本土（香山小片）特征是臻摄只有一个主元音，1987年的澳门话中这一特征已不复存在，臻摄有两个韵母（"真津"不同音）。总体而言，1987 年的澳门话与广州话高度一致而跟中山话、珠海话渐行渐远。

---

① 前山话三四等白读是 iaŋ/iak，是唐家湾话、北山话 ɐŋ/ɐk 的较早形式。

4.5　澳门话语音变化的关键时段

1897 年到 1941 年的约半世纪，澳门话语音的主要变化如表 4-5 所示。

表 4-5　澳门语音变化的关键时段（1897—1941）

序号	中古地位	例字	1897 年澳门话	1941 年澳门话
1	非敷奉母字	分	fan[fɐn]	fân[fɐn]
2	非敷奉母字（后接 u）	封	hung[hʊŋ]	fông[fʊŋ]
3	溪母字	巧	kʻáú[kʰau]	háu[hau]
4	疑母洪音字	牙	ngá[ŋa]	ngá[ŋa]
5	疑母细音字	月	ngüt[ŋyt]	üt[yt]
6	日母字	二	ngí[ŋi]	i[i]
7	见母开口字	江	kong[kɔŋ]	kóng[kɔŋ]
8	见母合口字	光	kong[kɔŋ]	kuóng[kwɔŋ]
9	止开三精组知系	子	tsí[tsi]	tchi[tsi]
10	止开三非精组知系	几	kí[ki]	kêi[kei]
11	遇合一见系	姑	kú[ku]	ku[ku]
12	遇合一非见系	粗	tsʻú[tsʰu]	tchʻôu[tsʰou]
13	遇合三知章组	书	sü[sy]	sü[sy]
14	遇合三端见系	佢	kʻü[kʰy]	kʻôi[kʋi]
15	止蟹合三端知系	追	tsúöü[tsoi]	tchôi[tsʋi]
16	蟹合一	杯	púöü[poi]	pui[pui]
17	臻摄章组	真	tsan[tsɐn]	tchân[tsɐn]
18	臻摄精组	津	tsan[tsɐn]	tchân[tsɐn]
19	曾开一	更	kang[kɐŋ]	kâng[kɐŋ]
20	梗开三	京	kang[kɐŋ]	kêng[kɪŋ]
21	通摄	中	tsung[tsʊŋ]	tchông[tsʊŋ]
22	遇合一疑母	五	ung[ʊŋ]	ung[ŋ̩]

表 4-5 显示，1897 年澳门话日疑母细音为 ŋ（二月）、没有 u 介音（"江光"同音）；止开三（i 子几）、遇合一（u 姑粗）、遇合三（y 书佢）三韵独立，不跟别的摄相混；蟹摄一等和止蟹合三端知系合流（oi 追杯）；曾梗摄文读不分

洪细（ɐŋ "更京" 同音），遇合一疑母读入通摄。这些特征均显示其与香山话非常接近。

1941 年澳门话日疑母细音为零声母①（二月）；溪母读音跟广州话相同（h 巧）；止开三（i 子、ei 几）、遇合一（u 姑、ou 粗）、遇合三（y 书、ʊi 佢）、曾梗摄文读洪细（ɐŋ 更、ɪŋ 京）各一分为二；蟹合一跟止蟹合三端知系分开（ui 杯、ʊi 追），遇合一疑母（ŋ 五）字韵母与通摄（ʊŋ 中）不同。这些特征跟广州话一样。

中古地位	例字	2010 年珠海话	1897 年澳门话	1941 年澳门话	1941 年广州话
日疑母细音	二月	ŋ-	ŋ-	-	j-
非敷奉母	分封	f-、h-	f-、h-	f-	f-
见系合口 u 介音	江光	k-	k-	k-、kw-	k-、kw
止开三	子几	i	i	i、ei	i、ei
遇合一	姑粗	u	u	u、ou	u、ou
遇合三	书佢	y	y	y、ʊi	y、øy
蟹合一、止蟹合三端知系	杯追	ui	oi	ui、ʊi	ui、øy
臻摄	真津	ɐn	ɐn	ɐn	ɐn、øn
梗摄文读	更京	ɐŋ	ɐŋ	ɐŋ、ɪŋ	ɐŋ、ɪŋ

1897 年到 1941 年仅隔了 44 年，语音变化却如此之大，以至于使澳门话从典型的香山型粤方言变成典型的广州型粤方言，其中很多变化显然不是自然演变，这就不得不使我们猜测短时间内音系发生剧烈变化的主要原因并不在音系内部，第 5 章将探讨这一动因。

另外，1897 年澳门话还有些不成系统的外来音类，比如多出的两个齿音声母 ʧ（遮）、ʧʰ（车），多出的三个韵母 ui（杯）、ʊn（顺）、ʊt（术），虽然零散，但依然能明显看出是来自广州话的影响。1941 年澳门话大量韵类与广州话相同（臻摄除外），则说明了外来影响之激烈以及演变已经接近完成。

---

① 这里也可以看作 j 声母，粤语的 j 和 - 是对立的，如：欧 ₐʊɐ ≠ 忧 jɐu，屋 ʊk ≠ 郁 jʊk，但没有 i 和 ji、u 和 wu、y 和 jy 的对立。

第5章 两百年来澳门话音系变迁成因

5.1 澳门话音系转变的时间

从 3.5 节和 4.5 节已知,两百年来澳门话的突变发生在 1897 年和 1941 年之间。这一时期的音类变化均需要通过外来接触才能解释得通,如 1897 年"君巾""处取""在罪""真津""增正"两两同音,到 1941 年变得不同音。从 1897 年到 1941 年,澳门话由典型的香山型粤方言变成了典型的广州型粤方言(见表 5-1)。

表 5-1 澳门话五个时期声韵调差异对比简表

序号	1809 年 1856 年	1897 年	1941 年	1987 年/ 2008 年老派	2008 年 新派
1	n 诺	n 你	n 你	l 你李	l 你李
2	l 乐	l 李	l 李		
3	kʰ 巧	kʰ 巧	h 巧	h 巧	h 巧
4	f 分	f 分	f 分父夫	f 分父	f 分父
5	h 父贤 h 现	h 夫苋			
6			j 现二	j 现二	j 现二
7	ŋ 二 ŋ 二	ŋ 二我			
8			ŋ 我	ŋ 我	- 我
9	kw 军	k 君巾	kw 军	kw 军	kw 军
10	k 近狂		k 巾	k 巾	k 巾
11	i 子儿	i 子儿	i 子	i 子	i 子
12			ei 儿	ei 儿	ei 儿
13	u 古土	u 姑粗	u 姑	u 姑	u 姑

续表

序号	1809 年 1856 年	1897 年	1941 年	1987 年/ 2008 年老派	2008 年 新派
14			ou 粗好	ou 粗好	ou 粗好
15	ɐu 好口	ou 好			
16		ɐu 口	ɐu 口	ɐu 口	ɐu 口
17	y 去处	y 处娶	y 处	y 处	y 处
18			øy 去娶	øy 去	øy 去
19	ɔi 在追		ɔi 开	ɔi 开	ɔi 开
20		iu/ui 开悔 /杯追 （在罪 [1]）	øy 罪追	øy 推罪追	øy 推罪追
21	ui 回罪衰				
22			ui 杯推		
23				ui 杯	ui 杯
24	ɐn 人进	ɐn 津真	ɐn 津＝真	øn 津	øn 津
25				ɐn 真	ɐn 真增
26	ɐŋ 兄幸 eŋ 兄京	ɐŋ 增正	ɐŋ 憎	ɐŋ 增	
27			ɪŋ 正	ɪŋ 正	ɪŋ 正
28	ʊŋ 忠五	ʊŋ 中五	ʊŋ 中	ʊŋ 中	ʊŋ 中
29			ŋ̍ 唔五	m̩ 唔五	m̩ 唔五
30	—	m̩ 唔			
31	ɐm 敢今	ɐm 凼金	ɐm 金	ɐm 金	ɐm 金
32	iɛm 今（又读）	iɛm 金（又读）			
33	iaŋ 井	iɛŋ 井	iaŋ 井	ɛŋ 井	ɛŋ 井
34	iɔŋ 张	œŋ 章	œŋ 张	œŋ 张	œŋ 张
35	an 颜	an 奸	an 班	an 蛮	an 蛮盲
36	aŋ 争	aŋ 争	aŋ 争	aŋ 盲	

续表

序号	1809 年 1856 年	1897 年	1941 年	1987 年/ 2008 年老派	2008 年 新派
37	ɔn 寒	ɔn 干	ɔn 干	ɔn 干	ɔn 干刚
38	ɔŋ 巷	ɔŋ 江	ɔŋ 刚	ɔŋ 刚	
39	—	去声 33 地	—	阴去 33 世	阴去 33 变
40	—		—	阳去 22 地	阳去 22 道
41	—	阴入 55 国	—	上阴入 55 一	上阴入 55 急
42	—		—	下阴入 33 八	下阴入 33 国
43	—	6 个调		8 个调	8 个调

注: 1) 引自《香山或澳门方言》序言"主祷文"。

2) 方框表示例字为 1856 年的澳门话发音。

3) 浅色阴影部分是香山型特点，深色阴影部分是广州型特点。没有任何标注的是自身演变。具体变化细节可参看 3.5 节。

林柏松（1988）认为：

> 据 1879 年的统计（按：内容来自《香山或澳门方言》502 页），当时澳门地区的华人有 63 532 人，而香山籍的居民约占四分之三。因此，当时澳门地区通行一种与今天珠海前山话相近的"香山话"是不难理解的。这种局面大致维持到本世纪四十年代初。由于日本军队相继攻陷广州和香港，穗、港及邻县难民大量涌到澳门，澳门人口于 1940 年激增至 40 万人[①]。广州话也以其"省城话"的优越地位而高踞于其他方言之上，一举成为当时的交际共同语和教学语言。

林文的观点是可信的，我们的材料可以佐证林文的推断。林没有看到 1941 年高美士的《粤葡辞典》里记有澳门话，1941 年的澳门话已经跟广州话很接近，只剩一个特点（臻摄主元音只有一个，"真津"同音）跟现在的珠海话相同[②]。由此可见 20 世纪初澳门话已开始脱离香山话，而且当时的对外汉语教科书，教授的就是标准广州话或带有作者乡音的广州话（如 1924 年刘雅阁编写的葡文教材《学习粤语读写讲之新方法》）。

---

① 此处原文有注释，见张卓夫《澳门人口问题的症结与出路》，澳门社会科学学会学报《濠镜》，1987 年第一期，第 55 页。

② 1941 年《粤葡词典》不标声调，所以不知道声调的情况。

语言变化一般不会在短短几年内完成，1941 年的澳门话已经跟广州话很接近，而转变的发生应该比 1941 年早得多。澳门话变化的加速大概始于 20 世纪 20 年代，1920 年澳门约 8.4 万人，1927 年约 15.7 万人，短短几年人口翻了一倍，说明人口流动非常大，笔者认为澳门话的突变始于 20 世纪 20 年代，完成于 20 世纪中叶。应该说明的是，1941 年不是澳门话转变的终结点，1941 年澳门话仍有珠海话的特色音类（"真津"同音）存在。

5.2　澳门话音系转变的主因

笔者认为，澳门话 20 世纪二三十年代的突变是人口的大量涌入造成的。我们来看看 1578 年到 2011 年澳门人口的情况（如表 5-2 所示）。

表 5-2　1578—2011 年澳门人口数

年份	居住人口	年份	居住人口
1578	10 000	1920	83 984
1621	10 800	1927	157 175
1640	40 000	1939	245 194
1700	19 300	1940	374 737
1745	13 000	1950	188 896
1788	30 000	1960	169 299
1830	34 049	1981	241 729
1860	85 471	1996	414 128
1878	68 086	2011	552 503

注：1878 年前的数字为约数，其中 1640 年、1788 年、1860 年为华人人数，1878 年是不分国籍的人口总数。

资料来源：古万年、戴敏丽（1998：82），最后一栏为笔者参考澳门官方出版物《2011 年人口普查详细结果》加上。

20 世纪前期，澳门人口流动非常激烈，特别在抗日战争期间（见图 5-1）。澳门人口在 1920 年时不到 8.4 万，1927 年已近 1920 年的两倍，1939 年时超过 24.5 万，是 1920 年的近三倍，1940 年激增为 37.4 万多，接近 1920 年的五倍。特别是 1939 年到 1940 年，一年间增加近 13 万，那是因为在抗日战争期间，葡萄牙对

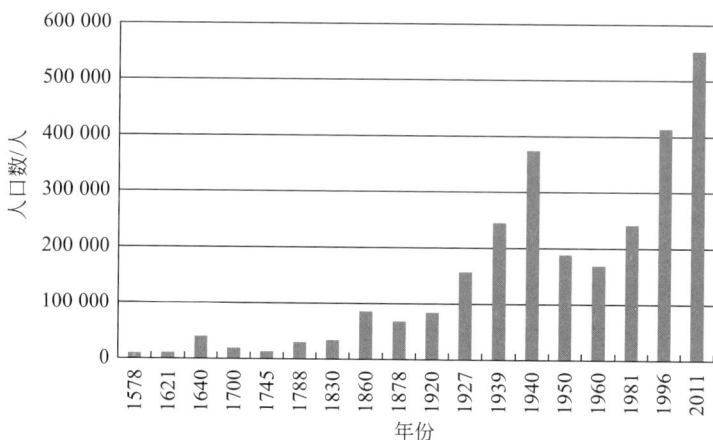

图 5-1　1578—2011 年澳门人口总数
资料来源：古万年、戴敏丽（1998：82）。

澳门实行"殖民式统治"，澳门作为附近唯一未被日军占领的地方，周边大量人口逃难到澳门，于是澳门人口飙升。1949 年以后新中国和平安定，百业待兴，澳门人口迅速回流，1950 年澳门人口减少到 18.9 万左右。人口的大量流入必定导致语言发生剧烈变化，直至 20 世纪中叶人口稳定后澳门话的发展才开始慢下来，系统相对稳定。

语言变迁的一个比较常见的现象是经济发达、外来人口大量迁入的地区，语言演变的速度快。如果周边有权威方言，一般会向权威方言贴近。外来人口涌入最剧烈的年代往往也是语言突变的起点，澳门话的变化遵循了这一规律。珠海和澳门两地地域相连，早期同属香山县，人口往来密切。19 世纪末 20 世纪初（清末民初），中国内地局势动荡，澳门在葡萄牙当局管制下，采取中立政策，局势相对平稳。随着周边战事加剧，避难者纷纷入澳，外来人口（以珠三角、粤西、潮汕居多）数量甚至超过原居民。本地居民和各方外来人口为了交际，自然倾向于使用几种方言中威信较高的广州话。结果使得本来跟珠海话相差无几的澳门话靠近广东的标准语——省城话（广州话）。反观珠海的前山、北山、唐家湾，乃至中山（石岐），这些 20 世纪 80 年代以前经济发展相对滞后的地方，方言演变较慢，较多地保存了两百年前的特色音类。

此外，移民城市的语言系统跟移民所操方言关系密切。表 5-3 是 1867 年至 2011 年澳门居民的出生地统计数据。

表 5-3　1867—2011 年澳门居民出生地统计

年份	出生地			
	中国内地	中国澳门	葡萄牙	其他
1867[1]	71 842	—	—	—
1871	66 267	—	—	5463
1878	63 532	3602	874	78
1896	74 568	3106	792	161
1910	71 021	2571	1030	244
1920	79 807	2330	1486	361
1927	152 738	—	—	4437
1950	183 105	3113	953	1725
1960	160 764	5119	2258	1158
1970	240 008	6636	820	1172
1981[2]	118 177	96 117	1461	25 974
1991	179 028	142 697	3625	30 343
1996	195 192	182 476	3852	32 608
2011	255 186	226 127	1835	69 355

注：1）1867 年的数据里没有非华人。

2）葡萄牙 1981 年颁布了新《国籍法》，规定只要 1981 年前在澳门出生的人士都可入葡萄牙籍，于是有大量澳门出生的中国人当时申请了葡国护照，使得 1981 年的统计数据中突然出现了很多"葡国人"。如果按祖籍来说，澳门华人还是占大多数，葡萄牙人占少数。

资料来源：古万年、戴敏丽（1998：121、122）。

澳门人口在 1950 年到 1981 年间相对较稳定，语言发展较慢，1981 年后随着改革开放的大潮，移居澳门的居民日渐增多，澳门人口呈稳定较快增长趋势，促使澳门话重新加速发展。

为了更深入、准确地了解澳门话的内在构成，笔者把来自内地的移民的祖籍也一并列出。移民本身所操的方言对移民城市的语言走向有重要影响，表 5-4 显示了 1988—1996 年间在澳门定居的内地人口的来源地情况。

表 5-4　来自内地的移民情况（1988—1996 年）

原居地	人口数/人	占比/%
广东	9757	67.9
福建	2626	18.3
海南	277	1.9
江西	77	0.5
广西	148	1.0
北京	104	0.7
上海	243	1.7
其他地方	1148	8.0
合计	14380	100

资料来源：古万年、戴敏丽（1998：82）。

大量移民的不断进入，是澳门话音系发生变迁的主要原因，大量广东人来到澳门，由于来自各乡各地，说家乡话显得有点"土"，于是，在日常交流中，标准的广州话（白话）就成为人们日常最重要的交流工具。来澳的福建人虽然不少，但他们在公开场合都讲粤方言。

20 世纪 20 年代是澳门地区人口迁入的第一个高峰，20 世纪 80 年代是人口迁入的第二个高峰。第一个高峰导致了以广州话为标准语的新澳门话代替了近似于香山话的旧澳门话。第二个高峰至今还没结束，澳门话变化走向大体跟香港话一致，以低元音作主元音的后鼻音韵母与前鼻音韵母合并为特点。

第6章 中山话音系的历史演变

与澳门话的历史音变一样，中山话和广州话也经历了同样的历史音变。三者互相影响，互相印证。

6.1 中山话的共时音系

6.1.1 中山石岐话音系

1. 老派中山石岐话音系（1987年）[①]声韵调系统

1）声母（20个）

p 巴布八	pʰ 爬批品	m 妈微门	f 花法方
t 打夺端	tʰ 他托团	n 拿你暖	l 力罗乱
ts 渣知尊	tsʰ 差迟村	s 沙思宣	y 也锐影
k 家捐<u>近</u>	kʰ 犬款近霍快可空	ŋ 牙逆儿月	h 贤裤阔风父福
kw 瓜君轰	kʰw 困训<u>梗</u>		w 蛙碗永
- 鸦衣英翼			

2）韵母（54个）

a 花沙野	ɛ 爹射姐	œ 靴螺茄	ɔ 和可左	i 衣尾几	u 污苏母	y 于取句
ai 挨皆大	ɐi 威规弟	øy 虽水吹	ɔi 哀菜孩		ui 煨退罪	
au 拗孝巢	ɐu 休走欧			ou 奥好告	iu 妖尿笑	

---

① 参见詹伯慧、张日升（1987），蔡燕华（2006），中山市地方志编撰委员会（1997）。笔者对本音系进行了验证，发音人为李佐维，70岁（2012年），祖籍广东中山石岐，澳门中学教师，大学本科教育程度，能说广东话、普通话和云南建水话。其发音字类基本一致，稍有不同之处是 iaŋ、iak 发音偏向 eŋ、ek；稍有介音 i，但很微弱；只有一个声化韵 m̩，没有 ŋ̩；当 i、u、y 前面没有声母时舌位稍低，是 ɪ、ʊ、ʏ。

am 监参衫	ɐm 金深针		ɔm 庵甘含	im 盐甜剑	
an 晏饭删	ɐn 邻真润	øn 春顺遵	ɔn 安旱干	in 烟便件	un 碗玩满	yn 村玄言
aŋ 彭盲冷	ɐŋ 莺冷孟	œŋ 香上两	ɔŋ 光邦阳	ɪŋ 英名圣	ʊŋ 翁痛梦
iaŋ 病饼名					
ap 鸭踏甲	ɐp 急恰汁		ɔp 盒鸽合	ip 叶碟协	
at 压筏八	ɐt 一窟膝	øt 卒术律	ɔt 割渴葛	it 热灭杰	ut 活括末	yt 月决曰
ak 百或窄	ɐk 刻握逆	œk 脚着削	ɔk 国镬药	ɪk 役逆席	ʊk 屋秃复
iak 石屐席					
m̩ 唔	ŋ̩ 吴五吾				

3）声调（6个）

序号	调类	调值	例字
1	阴平	55	分通三
2	阳平	51	焚龙年
3	上声	213	粉奋买
4	去声	33	粪份硬
5	阴入	55	忽竹色
6	阳入	33	法罚物

2. 新派中山石岐话音系①声韵调系统

1）声母（20个）

p 布别	pʰ 怕盘	m 门闻	f 飞灰父款霍
t 到夺	tʰ 太同	n 难怒	l 兰吕
ts 精招	tsʰ 初除	s 散扇	j 认休逆英
k 经结	kʰ 旗穷钦	ŋ 硬危言元月	h 红去胡犬
kw 贵怪刮	kʰw 葵群训		w 运话

- 案严贤二

___

① 发音人：高佩雯，女，23 岁（2012 年），三代以上均为当地人。

2）韵母（57 个）

a 爬花		ɛ 蛇姐	œ 靴锯	ɔ 河过	i 知地	u 故步	y 雨虚取
ai 介太	ɐi 第桂		øy 帅趣罪	ɔi 盖开		ui 倍灰
au 饱巢	ɐu 斗流			ou 桃保	iu 烧条
am 胆衔	ɐm 含心	ɛm □①		om 含甘	im 廉检
an 间难	ɐn 根新	ɛn 声镜	øn 邻国	ɔn 竿岸	in 连线	un 官门	yn 权船
aŋ 横生	ɐŋ 争生		œŋ 良昌	ɔŋ 桑讲	iŋ 声蒸	uŋ 胸翁
iaŋ 声饼
ap 夹答	ɐp 急合	ɛp 夹		op 蛤合	ip 接夹
at 辣刮	ɐt 日失	ɛt 剧笛	øt 出律	ɔt 割渴	it 铁舌	ut 活阔	yt 月缺
ak 百掴	ɐk 北得		œk 约若	ɔk 落若	ik 色直	uk 欲木
iak 踢剧
m 午五唔

i、u、y 前面没有声母时舌位较松，是[ɪ]、[ʊ]、[ʏ]。ɛm、ɛp 只限于口语，ɛn/ɛt 是新派的白读，发音介于后鼻音和前鼻音之间。斜体字 iaŋ、iak 是只限于中山本土老派的白读。

3）声调（6 个）

序号	调类	调值	例字
1	阴平	44	梯高婚
2	阳平	51	题穷鹅
3	上声	213	体五厚
4	去声	22	替害岸
5	阴入	44	识急黑
6	阳入	22	食歇局

3. 现代中山石岐话与现代广州话的主要差异

1）声母

（1）广州话疑母只在洪音前得以保留鼻音，细音前一律消失为零声母，中山话疑母字（部分日母字）无论洪细均读 ŋ 声母。

_____

① ~嘴：表示用舌头舔唇。

（2）溪母广州话有弱化的趋势。

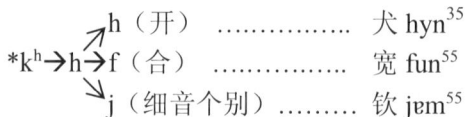

$$*k^h \rightarrow h \begin{cases} \nearrow h（开） & \text{.............} & 犬\ hyn^{35} \\ \rightarrow f（合） & \text{.............} & 宽\ fun^{55} \\ \searrow j（细音个别） & \text{........} & 钦\ j\epsilon m^{55} \end{cases}$$

中山话有些字如"犬款钦"声母读 k^h，也有一些弱化成擦音，如"裤宽阔"声母读 h。这种现象可能与中山境内闽客粤杂居有关。

（3）广州话轻唇音非敷奉一般读 f 声母，中山话轻唇音多数读 h 声母，如"夫风讽覆服"等字。

（4）广州话梗摄三四等影组字"英应婴亦易"一般前面有 j 声母，读作 jɪŋ/jɪk。中山话这些字大部分不读 j 声母，而读零声母 ɪŋ/ɪk。只有少数几个文读的字读如广州音，如"影映"。

2）韵母

（1）广州话止摄开口知系精影组疑母字韵母为 i，其他为 ei。中山话全部为 i（衣几 i）。

（2）广州话遇摄合口一等帮端系、合口三等明母字韵母读同效摄开口一等为 ou。中山话遇合一（疑母例外）、遇合三唇音字韵母为 u（故祖父 u）。

（3）广州话遇摄合口三等端系见晓组（疑母除外）字韵母读同止摄合口三等端知系 øy。中山话遇合三除了唇音字外，韵母均为 y（雨去 y）。

（4）广州话蟹摄合口一等端系（泥母除外）字韵母读同止摄合口三等端知系 øy。中山话蟹合一韵母均为 ui（退罪 ui），止摄合口三等非见系为 øy（水坠 øy）。

（5）广州话咸摄开口一等见系字读同深摄字。中山话咸开一见系字韵母 ɔm/ɔp 自成一类（甘 ɔm、金 ɐm）。

（6）广州话臻摄开口三等端系庄组、合口一等端组来母部分、合口三等端知系字韵母一般为 øn/øt，臻摄其他字韵母为 ɐn/ɐt。中山话韵母为 øn/øt 的字远没有广州话多，臻摄大部分字读 ɐn/ɐt（津 øn、润 ɐn）。

（7）广州话的梗摄三四等白读韵母为 ɛŋ/ɛk，中山话为 iaŋ/iak，对应整齐。

（8）广州话宕摄开口三等影喻日母字韵母为 iœŋ/iœk，中山话没有 iœ- 这种音节，韵母为 iɔŋ/iɔk（阳 iɔŋ）。①

---

① 中山话零声母后的 i、u、y 发音普遍偏低，摩擦偏弱，不发生像广州话 jɐn→jøn、jɔŋ→jœŋ 这样的变化。所以"润、阳"两字的读音分别是[iɐn]、[iɔŋ]。

（9）山摄细音见系字有少量开口读成合口（建健言 yn）。

3）声调

广州话四声按清浊分阴阳，阴入再按元音长短分为上阴入、下阴入，共有 9 个调类。中山话上去二声不分阴阳，相当于广州话下阴入的字归阳入，只有 6 个调类，调值也不同于广州话。

现代新老派中山石岐话与现代广州话对比，主要差异见表 6-1。

表 6-1　现代新老派中山石岐话与现代广州话对比

中古地位	例字	老派中山石岐话	新派中山石岐话	现代广州话
疑母细音、日母	儿、月	ŋ-	j-、ŋ-	j-
溪、晓母部分	犬、款霍	kʰ-	h-、f-	h-、f-
非敷奉、溪（合口）、匣	贤形、阔父	h-	j-、f-	j-、f-
见系合口	家、瓜	k、kw	k、kw	k、kw
影以日母	英翼	-	j-	j-
止开三精组知系	之	i	i	i
止开三帮泥见晓组	尾几	i	i	ei
遇合一见系	污	u	u	u
遇合一非见系	苏母	u	u	ou
遇合三知系影组	于	y	y	y
遇合三端见系	取句	y	y	øy
蟹合一非端系	煨	ui	ui	ui
蟹合一端系	退罪	ui	øy	øy
咸开　见系	甘/鸽	ɔm/ɔp	om/op	ɐm/ɐp
深摄	心/急	ɐm/ɐp	ɐm/ɐp	
臻摄大部分	真	ɐn	ɐn	ɐn
臻摄三等真谆（部分）	邻润	ɐn	øn	øn
宕开三影日组疑母	阳/药	jɔŋ/jɔk	jœŋ/jœk、jœŋ/jœk	jœŋ/jœk
梗摄洪细音文读	生/声	ɐŋ/ɐk、ɪŋ/ik	ɐŋ/ɐk、ɪŋ/ik	ɐŋ/ɐk、ɪŋ/ik

续表

中古地位	例字	老派中山石岐话	新派中山石岐话	现代广州话
梗三四等白读	病/石	iaŋ/iak	ɛŋ/ɛk	ɛŋ/ɛk
遇合一疑母	唔、五	m̩、ŋ̩	m̩	m̩、ŋ̩
下阴入的归派		归阴入	归阴入	独立
声调数		**6个调**	**6个调**	9个调

表 6-1 显示，新派中山石岐话进一步向广州话靠拢，香山话的特色减少，声母大部分已经没有香山话的特征。老派 ŋ 声母可拼 i-，新派已经不拼，但仍可拼 y-。韵母里止开三（i）、遇合三（y）、咸开一见系（om/op）独立，这个特点跟 18 世纪的《分韵撮要》一致，遇合一（u）独立比《分韵撮要》中的要早。

6.1.2　珠海前山话音系①

1. 声韵调系统

1）声母（18 个）②

p 悲爸不	pʰ 披怕彭	m 妈微蚊	f 花夫宽胡	w 蛙芋
t 打地独	tʰ 他睇徒	n 拿你农		l 来李洛
ts 渣知再	tsʰ 差词川		s 沙思船	j 锐休欣
k 家几瓜	kʰ 奇夸巧	ŋ 牙鱼儿研误	h 贤欺灰福犬可	
- 鸦月言疑				

该音系不设 j 声母，因为主元音前的 j 在香山地区总的来说摩擦比较弱，而且所拼元音舌位偏低，如广州话"休"[jɐu]在前山话中为[iɐu]；i、u、y 作主元音时，j 更趋于消失，例如广州话的"言"[jin]在前山话中读作[ɪn]。为了便于前后对比，本书把前者归入 j 声母，后者归入零声母。

---

① 参见詹伯慧、张日升，1987。

② 和现代广州话一样，前山话 i 介音一般只出现在零声母后，所以增加一个声母 j，减少了 16 个韵母。但 iaŋ、iak 两个韵母是例外，能拼其他声母，所以予以保留。

2）韵母（48 个）

a 鸦也瓜	ɛ 爹野舍	œ 靴茄螺	ɔ 柯果左	i 衣地几	u 污补醋	y 于居徐
ai 挨快柴	ɐi 矮曳世	øy 虽锐罪	ɔi 哀菜灰		ui 回悔退	
au 拗交抄	ɐu 欧休凑			iu 妖笑朝	ou 澳号草	
am 监站咸	ɐm 金音陷			im 刱添严		
an 晏奸山	ɐn 枙因春信		ɔn 安寒赶	in 烟先缘	un 碗官门	yn 怨全犬
aŋ 硬盲<u>生</u>	ɐŋ 莺孟胜经	œŋ 香央窗	ɔŋ 光爽邦		ʊŋ 公戎误悟	
iaŋ 城赢镜						
ap 鸭塔闸	ɐp 急揖恰			ip 叶劫帖		
at 八刮押	ɐt 不一出卒		ɔt 割渴葛	it 热结劣	ut 活阔勃	yt 悦绝血
ak 划客册	ɐk 握克积疫	œk 脚药啄	ɔk 恶索觉		ʊk 屋玉叔	
iak 笛吃剧						
m̩ 唔	ŋ̩ 午五吴					

3）声调（6 个）

序号	调类	调值	例字
1	阴平	55	猪伤分
2	阳平	21	唐难焚
3	上声	13	粉奋社
4	去声	33	粪份父
5	阴入	55	福黑忽
6	阳入	33	白法罚

2. 与现代广州话的主要差异

珠海前山话与现代广州话对比，主要差异见表 6-2。

表 6-2　珠海前山话和现代广州话对比

例字	1987 年前山话	现代广州话
花夫宽、胡	f-	f-、w-
牙、鱼儿研、误	ŋ-	ŋ-、j-、ŋ̊
贤欺、灰福	h-	j-、h-、f-
家儿、瓜	k-	k-、kw-
衣、地儿	i	i、ei
污、补醋	u	u、ou
于、居徐	y	y、øy
回悔、退	ui	ui、øy
夹不、春出	ɐn/ɐt	ɐn/ɐt、øn/øt
孟克、胜积	ɐŋ/ɐk	ɐŋ/ɐk、ɪŋ/ɪk
先热、缘劣	in/it	in/it、yn/yt
公戎、误悟	ʊŋ	ʊŋ、ŋ̊
	6 个调	9 个调

前山话跟现代广州话相比，上去声不分阴阳，阴入只有一个；疑母 ŋ 可以拼细音；没有 kw、kʰw 两个声母，也就是珠海前山音系没有 u 介音。iaŋ（城）、iak（笛）两个韵母正好对应广州话 ɛŋ、ɛk 韵母（梗摄开口三四等的白读），也就是珠海前山音系的 i 介音只在梗摄白读里出现，如果把 ia 看作一个整体的话，则本音系既无 u 介音亦无 i 介音；无广州话中的 øn/øt 及 ɪŋ/ɪk 四个韵母，所辖字归入同韵尾的 ɐn/ɐt 及 ɐŋ/ɐk 中；少量山摄合口见系字读成开口（缘 in）。

6.1.3　珠海唐家湾音系①

1. 声韵调系统

1）声母（18 个）

p 布步饱	p^h 怕盘漂	m 门闻妹	f 飞方化快	w 话围屈
t 到道夺	t^h 太同铁	n 年怒难		l 路吕连
ts 精招庄	ts^h 仓昌虫		s 散扇书	j 影丘阴
k 经贵家瓜	k^h 权葵却犬	ŋ 岸严言耳月	h 灰胡阔父贤	
- 安英活粤				

2）韵母（45 个）

a 爬架花		ɛ 姐蛇爷	œ 靴茄腘	ɔ 过河初	i 资几飞	u 故布祖	y 猪去趣
ai 介柴败	ɐi 第桂世					ui 台妹帅	
au 饱教炒	ɐu 桃斗流				iu 条烧朝		
am 胆减三	ɐm 甘心林				im 廉严检		
an 关间散	ɐn 新邻准	ɛn 勋		ɔn 竿看安	in 连然扇	un 欢盘碗	yn 端船言
aŋ 横耕生	ɐŋ 庚星琼	ɛŋ 病颈命	œŋ 良羊双	ɔŋ 党桑光		ʊŋ 午冯胸	
ap 夹鸭插	ɐp 急合入				ip 接劫业		
at 刮辣杀	ɐt 日出不			ɔt 割喝渴	it 饮舌杰	ut 阔括活	yt 缺月雪
ak 百麦责	ɐk 直北色	ɛk 踢剧石	œk 药却着	ɔk 落各国		ʊk 鹿绿欲	
m 唔							

说明：i、u、y 拼零声母时舌位偏低，分别是[ɪ]、[ʊ]、[ʏ]。ui 的实际发音在 oi 和 ui 之间，是[ʊi]。而 ɐu 的读音在 ɐu 和 ou 之间，是[əu]。

① 发音人：唐观挺，67 岁（2011 年），广东珠海市唐家湾当地人，退休公务员，大专学历。

3）声调（6个）

序号	调类	调值	例字
1	阴平	55	诗些
2	阳平	51	时蛇
3	上声	21	使社
4	去声	22	是舍
5	阴入	55	识答
6	阳入	22	石沓

2. 与现代广州话的主要差异

珠海唐家湾话与现代广州话，主要差异见表6-3。

表6-3　珠海唐家湾话和现代广州话对比

例字	2011年唐家湾话	现代广州话
岸、严言耳月	ŋ-	ŋ-、j-
胡、灰阔父	h-	w-、f-
加、瓜	k-	k-、kw-
资、飞几	i	i、ei
故、布祖	u	u、ou
猪、去趣	y	y、øy
台、妹、帅	ui	ɔi、ui、øy
桃、斗流	ɐu	ou、ɐu
端船、言	yn	yn、in
新日、准出	ɐn/ɐt	ɵn/ɵt、ɐn/ɐt
庚北、琼直	ɐŋ/ɐk	ɐŋ/ɐk、ɪŋ/ɪk
午、冯胸	ʊŋ	n̩、ʊŋ
	6个调	9个调

表 6-3 显示，珠海唐家湾话日疑母细音字读 ŋ（二月），部分非敷奉母字和溪匣母字读 h（父阔），系统中没有 u 介音（加=瓜）；止开三（i 资几）、遇合一（u 故祖）、遇合三（y 猪去）独立；蟹合一（妹）、蟹开一（台）、止蟹合口三等

非见系字（帅）合流读 ui；效开一（桃）、流摄（斗）合流读 ɐu；臻摄只有一个主元音（真=津₌tsɐn）；山摄少部分字开口读成合口（言₌ŋyn），但没有合口读成开口的例子；曾梗摄文读只有一个主元音（增=精₌tsɐŋ）；遇合一疑母与通摄同韵读 ʊŋ（午胸）。

6.1.4　珠海南屏北山音系①

1. 声韵调系统

1）声母（18 个）

p 布别	pʰ 怕盘	m 门闻	f 飞胡	w 运围
t 到道	tʰ 太铁	n 难怒		l 兰路
ts 精招	tsʰ 秋齐		s 修税	j 闰若影
k 经结瓜	kʰ 旗权可赌	ŋ 岸认言热二	h 灰冯贤阔犬	
- 案远英				

2）韵母（46 个）

a 架花 瓜查		ɛ 姐蛇 爷爹	œ 茄锯 螺胴	ɔ 河过 初傻	i 资地 师二	u 故赌 武富	y 雨虚 数儿
ai 介怪 柴歪	ɐi 第桂 为龟					ui 盖灰 岁帅	
au 饱巢 看考	ɐu 保早 斗周				iu 条烧 骄丢		
am 胆男 斩岩	ɐm 含林 甘吟	ɛm □咳声			im 检廉 音嫌		
an 间关 单顽	ɐn 根邻 坤分			ɔn 竿岸 安汉	in 坚献 厮叺	un 官腕 搬门	yn 酸权 元言
aŋ 生硬 耕横	ɐŋ 肯兴 更灵	ɛŋ 声赢 命颈	œŋ 良昌 向阳	ɔŋ 党光 讲仰		ʊŋ 冬恭 五误	
ap 甲答 腊插	ɐp 急合 恰吸	ɛʒ 夹			ip 接页 协腌		

---

① 发音人：杨有根，57 岁（2010 年），原籍广东珠海南屏北山村，杨家大宗祠管理人员，初中受教育程度，除北山话外还能说广州腔普通话。

at 辣刮 八杀	ɐt 出吉 橘色		ɔt 割喝 渴葛	it 铁节 蝎热	ut 活阔 括	yt 缺月 阅掘
ak 百隔 逆吃	ɐk 北直 益激	ɛk 踢剧 屐	œk 药约 脚虐	ɔk 各郭 鄂觉	ʊk 鹿欲 沃畜
m̩ 唔吾					

说明：效开一和流摄的读音在 ɐu 和 ou 之间，跟广州话的 ɐu 有差别。

3）声调（6个）

序号	调类	调值	例字	前字变调
1	阴平	21	梯衣	55（非升调）/33（升调）
2	阳平	13	题移	21
3	上声	35	体市	21（全浊可不变）
4	去声	33	第意	33
5	阴入	22	识百	33/55（清去、浊入）
6	阳入	33	食日	33

2. 与现代广州话的主要差异

珠海南屏北山话和现代广州话对比，主要差异见表6-4。

表6-4 珠海南屏北山话和现代广州话对比

例字	2010年珠海南屏北山话	现代广州话
飞、胡	f-	f-、w-
岸、认	ŋ-	ŋ-、j-
灰冯	h-	f-
架、瓜	k-	k-、kw-
资二师、地	i	i、ei
故富、赌武	u	u、ou
雨、虚、数、儿	y	y、øy、ou、i
盖、灰、岁帅	ui	ɔi、ui、øy
保早、斗周	ɐu	ou、ɐu
坚献厕、劝	in	in、yn

例字	2010 年珠海南屏北山话	现代广州话
根吉、邻出	ɐn/ɐt	ɐn/ɐt、øn/øt
肯兴、北激	ɐŋ/ɐk	ɐŋ/ɐk、ɪŋ/ɪk
冬恭、五误	ʊŋ	ʊŋ、ŋ̍
	6 个调	9 个调

表 6-4 显示，珠海南屏北山话部分匣母字跟非敷奉母字读 f，部分读 h；日疑母细音字读 ŋ；没有 u 介音；止开三、遇合一、遇合三独立；蟹合一、蟹开一、蟹止合三非帮见系合流；效开一与流摄合流；臻摄、梗摄文读只有一个主元音；山摄少数合口字读成开口；遇合一疑母与通摄同韵。

6.1.5 中山话、珠海话音系的共时比较

因中山和珠海以前同属香山县，语音关系密切，我们以广州话作为参照对比两者异同。中山话、珠海话与广州话的对比见表 6-5。

表 6-5 中山话、珠海话与广州话音系的共时比较

序号	例字	1987 年中山石岐话	1987 年珠海前山话	2011 年珠海唐家湾话	2010 年珠海南屏北山话	现代广州话
1	月	ŋ-	-（ŋ-二）	ŋ-	ŋ-	j-
2	贤	h-	h-	h-	h-	j-
3	胡	h-	f-	h-	f-	w-
4	犬	kʰ-	h-	kʰ-	h-	h-
5	加	k-（光）	k-	k-	k-	k-
6	瓜	kw-		kw-		kw-
7	衣	i	i	i	i	i
8	几					ei
9	故	u	u	u	u	u
10	祖					ou
11	雨	y	y	y	y	y
12	去					øy

续表

序号	例字	1987年中山石岐话	1987年珠海前山话	2011年珠海唐家湾话	2010年珠海南屏北山话	现代广州话
13	在	ɔi	ɔi			ɔi
14	回	iu	ui	ui	ui	ui
15	罪退	iu	ui	ui	ui	ui
16	水	øy	œy			øy
17	甘	ɔm	ɐm	ɐm	ɐm	ɐm
18	金	ɐm	ɐm	ɐm	ɐm	ɐm
19	草	ou	ou	ɐu	ɐu	ou
20	丑	ɐu	ɐu	ɐu	ɐu	ɐu
21	真	ɐn	ɐn	ɐn	ɐn	ɐn
22	润	ɐn	ɐn	ɐn	ɐn	øn
23	津	øn	ɐn	ɐn	ɐn	øn
24	庚	ɐŋ	ɐŋ	ɐŋ	ɐŋ	ɐŋ
25	京	ɪŋ	ɐŋ	ɐŋ	ɐŋ	ɪŋ
26	瓮	ʊŋ	ʊŋ	ʊŋ	ʊŋ	ʊŋ
27	误	ŋ̩	ʊŋ	ʊŋ	ʊŋ	ŋ̩
下阴入归派		归阳入	归阳入	归阴入	归阴入	独立
声调数		6个调	6个调	6个调	6个调	9个调

表 6-5 显示，老香山话的特色音类在珠海话中保存得较好，如止开三（衣几 i）、遇合一（故祖 u）、遇合三（雨去 y）均独立，不与其他摄发生交叉；臻摄只有一个主元音（"真津"同音）、梗摄文读不论洪细主元音只有一个（"庚京"同音）；遇合一疑母字与通摄同韵（"瓮误"同音）。中山石岐话比珠海话更接近广州话。值得注意的是，广州话下阴入的字在中山石岐话和珠海前山话归入阳入，珠海唐家湾话和北山话归入阴入。

6.2　中山话音系的历时演变

6.2.1　中山话研究综述

1948 年赵元任先生所著《中山方言》一书，是用现代语言学的方法对中山石岐话所作的最早的系统的描写。

1980 年陈洁雯的硕士论文 *ZHONG-SHAN PHONOLOGY：A Synchronic and Diachronic Analysis of a Yue（Cantonese）Dialect* 利用《方言调查字表》进行田野调查，并结合历史文献（分别是赵元任的《中山方言》和波乃耶的《香山或澳门方言》）对中山石岐话作了分析研究。

1997 年林柏松的《中山市志·方言志》对香山各方言作了充分的描写，并附有石岐话同音字表，超越了前人。

2006 年蔡燕华的硕士论文《中山粤方言的地理语言学研究》用方言地理学方法绘制了 33 张中山市 19 个方言点的语音和词汇特征图。

以下对赵元任先生所著《中山方言》及传教士记音文献反映的中山话音系演变进行梳理。

6.2.2　1948 年赵元任的《中山方言》

该书第一版于 1948 年由商务印书馆出版，第二版于 1956 年由科学出版社出版。内容提要里说记录的是广东中山县东石岐市的方言。第一条小注的说明很重要："本书的材料，大部分是根据 1929 年冬在中山县（发音人程伟任），跟 1939 年在檀香山（发音人刘振光），两次记录所得。"笔者根据其最后的记录年代认定其为 1939 年的中山石岐话。

1. 声韵调系统

1）声母（21 个）

p[p]巴保	p'[pʰ]爬抱	m[m]马晚	f[f]花科快
t[t]打地	t'[tʰ]他谈	n[n]拿尿	l[l]罅乱
ts[ts]诈祭	ts'[tsʰ]茶粗	s[s]沙小	i-[i]有入
k[k]街鹅过	k'[kʰ]卡桥款犬	ŋ[ŋ]牙月热二业	h[h]霞欢贤嫌贿虎阔
ku-[kw]瓜乖	k'u-[kʰw]挂规	ŋu-[ŋw]顽	u-[w]华环
- 亚暗			

说明：左边为赵元任所记音标，方括号中里为现代通用的国际音标。

2）韵母（54 个）

| a(:)[a]
亚家瓜 | | œ(:)[œ]
茄靴 | o(:)[ɔ]
多初哥 | i(:)[i]
衣记子 | u(:)[u]
乌母粗 | y(:)[y]
于趋去 |

ia(:)[ia]
爹蛇也

| a:i[ai]
挨街派 | ai[ɐi]
妻矮溪 | öi[øi]
累锐锥 | o:i[ɔi]
爱来再 | | u(:)i[ui]
会对罪 | |

| a:u[au]
拗包交 | au[ɐu]①
求口走 | | ou[ou]
祆高好 | i(:)u[iu]
摇苗招 | | |

| a:m[am]
三南咸 | am[ɐm]
林金针 | | o(:)m[ɔm]
暗甘含 | i(:)m[im]
淹染钳 | | |

| a:n[an]
晏山晚 | an[ɐn]
真晋闰 | ön[øn]
津顺顿 | o:n[ɔn]
安岸干 | i(:)n[in]
演电千 | u(:)n[un]
碗满款 | y(:)n[yn]
远嫩存 |

| a:ŋ[aŋ]
罂生猛 | aŋ[ɐŋ]
莺生孟 | œ:ŋ[œŋ]
张想香 | o:ŋ[ɔŋ]
江望庄 | iŋ[ɪŋ]
英请经 | oŋ[oŋ]
瓮公重 | |

ia:ŋ[iaŋ]
赢请病

| a:p[ap]
鸭答杂 | ap[ɐp]
集十急 | | o(:)p[ɔp]
磕蛤 | i(:)p[ip]
叶接劫 | | |

| a:t[at]
压察八 | at[ɐt]
骨七窟 | öt[øn]
出栗卒 | o:t[ɔt]
割渴 | i(:)t[it]
噎秩舌 | u(:)t[ut]
活阔豁 | y(:)t[yt]
悦雪夺 |

| a:k[ak]
鈪格责 | ak[ɐk]
厄贼北 | œ(:)k[œk]
却卓琢 | o:k[ɔk]
恶确捉 | ik[ɪk]
翼食僻 | ok[ok]
屋足木 | |

ia:k[iak]
笛石劈

| 零(:)[m̩]
唔 | 零(:)[ŋ̩]
吴五误 |

---

① 有"襃"字 pau[pɐu]算例外，但现代珠海北山话、唐家湾话效开一和流摄合流，不知二者是否有联系。

3）声调（6个）

序号	调类	调值	例字
1	阴平	55	松趋阉
2	阳平	51	崇徐求
3	上声	13	怂柱舅
4	去声	22	送处扣
5	阴入	55	宿湿捉
6	阳入	22	熟十作

1939 年中山话的语音特点有：介音有 i、u 两种；元音有 a、o、œ、u、y、i 六种；韵尾除了开韵尾外，有八种，包括两个半元音-i、-u，三个鼻音-m、-n、-ŋ，三个不爆发的塞音-p、-t、-k；声调有四调六声（参见赵元任，1956）。

2. 与现代中山话、现代广州话的主要差异

1939 年中山话与现代中山话、现代广州话对比，主要差异见表 6-6。

表 6-6　1939 年中山话与现代中山话、现代广州话对比

例字	1939 年中山话	1987 现代中山话	现代广州话
牙、月热二业	ŋ-	ŋ-	ŋ-、j-
顽	ŋw-	ŋ-	w-
霞、贤嫌、虎欢阔、贿	h	h	h、j、f、kʰ
街、乖	k、kw	k、kw	k、kw
英、影	ŋ、jŋ	ŋ、jŋ	jŋ
写、也	ia	ɛ、ia	ɛ、ja
请、石	iaŋ、iak	iaŋ、iak	ɛŋ、ɛk
子、记	i	i	i、ei
乌、粗	u	u	u、ou
于、女	y	y	y、øy
会、罪	ui	ui	ui、øy
真	ɐŋ	ɐŋ	ɐŋ
晋			øŋ
津	øŋ	øŋ	

续表

例字	1939 年中山话	1987 现代中山话	现代广州话
莺英	ɐŋ、ıŋ	ɐŋ、ıŋ	ɐŋ、ıŋ
瓮误	ʊŋ、ŋ̀	ʊŋ、ŋ̀	ʊŋ、ŋ̀
下阴入归派	归阳入	归阴入	独立
声调数	6 个调	6 个调	9 个调

表 6-6 显示，中山话中的日疑母细音字读 ŋ（二月），非敷奉、溪晓匣部分字读 h（贤虎阔贿）；系统有 i 介音；止开三（i 子记）、遇合一（u 乌粗）、遇合三（y 于女）、蟹合一（ui 会罪）不发生分化；臻摄有两个主元音（ɐ、ø），读主元音 ø 的字范围比广州话小（津 tsøn、晋 tsɐn）。

6.2.3　1897 年《香山或澳门方言》所记录的香山话[①]音系

1. 声韵调系统

《香山或澳门方言》正文记录的是澳门音，而香山石岐话跟澳门话不同的地方均加小注以说明，以下是根据正文和小注所得出的 1897 年的香山石岐话音系。

　　1）声母（22 个）

p[p]把白边	p'[pʰ]怕皮倍	m[m]孖满无	f[f]花魁玩
t[t]打大夺	t'[tʰ]他头铁	n[n]你嬲娘	l[l]拉廉劣
ts[ts]揸子竹	ts'[tsʰ]茶此册	s[s]撒尸山	
ch[tʃ]之朱折	ch'[tʃʰ]始取设		
k[k]加街洁	k'[kʰ]桥揭巧刻况霍可	ng[ŋ]牙二如姚业言热月	h[h]下回夫宽页　y[i]有影欲
kw[ku]姑乖刮	k'w[kʰu]夸规隙		w[u]话为弘

- 呀乌婴

说明：左边为《香山或澳门方言》所记音标，方括号里为现代通用的国际音标。

值得注意的是 ch、ch'可能受广州话影响而来。

---

　　① 关于香山话与中山话的关系，前文已有注释，此处遵照《香山或澳门方言》原文，沿用"香山话"的用法。

2）韵母（55 个）

á[a]	e[ɛ]	ö[œ]	o[ɔ]	í[i]		ú[u]	ü[y]
加呀茶	蛇骑也	螺茄朵	助疴哥	子儿皮		夫无粗	如取居

ya[ia]
写

áí[ai]	aí[ɐi]		ôí[oi]	*úöü/úuí*① *[ui]*
怀挨斋	归翳妻		哀灾外	*推谁/妹*

áú[au]	aú[ɐu]		ò[ou]	íú[iu]
交拗找	修殴谋		高澳早	娇夭朝

yéú[iɐu]求铑

ám[am]	am[ɐm]		ím[im]
南监三	金庵沉		占盐欠

án[an]	an[ɐn]		on[ɔn]	ín[in]	un[ʊn]		ún[un]	ün[yn]
班产关	君润信		干安岸	善烟片	春准顺		宽援门	孙冤短

áng[aŋ]	ang[ɐŋ]	eng[ɛŋ]	öng[œŋ]	ong[ɔŋ]	ing[ɪŋ]	ung[ʊŋ]
争罂盲	生婴丁	钉镜声②	章香娘	爽洋方	正莺径	中公五

íeng/eëng[iɛŋ]
精青/命

áp[ap]	ap[ɐp]		òp③[op]	íp[ip]
立鸭习	级洽蛤		急	折叶帖

át[at]	at[ɐt]		ot[ɔt]	ít[it]	ut[ʊt]		út[ut]	üt[yt]
捺压杀	不一出		割喝	热灭切	讷术		阔活末	说月劣

ák[ak]	ak[ɐk]	ek[ɛk]	ök[œk]	ok[ɔk]	ik[ɪk]	uk[ʊk]
额鈪册	塞墨亿	尺屐石	脚约雀	国恶作	积力域	六屋曲

íek[iɛk]
脊瘌

m[m]
唔

---

①ôí 和 úöü/úuí 应该合并，因为《香山或澳门方言》的论述部分说："总结来说，这个 ôí 似乎是介于 ôí 和 òí 之间，前面夹入一点带 u 的色彩的这么一个音，或者说发这个音的时候想着将其发在 oi 和 úí 之间就是了。很难用英文的拼写去表示这个音；其他一些字母组合，如 uúí 或 uòi 可能已经用来表示这个音了，但是这样标写的话是有可能歪曲了准确的语音的。"而且，1897 年香山石岐话音节表里"盖绘""开悔""哀贿"两两声韵相同，说明蟹摄一等开合口相混。

②从声韵配合表看，eng/ek、íeng/íek 没有音位对立，但如果贸然合并，再取消可能的外来声母 ch、ch'，则会导致原来的 ch'ek"尺"和 ts'íek"瘌"两个音节（原文一个字代表一个音节）的两组对立特征均（声母和介音）消失。这样做过于冒险，所以我们不将其合并。

③根据阳入相配的关系，有 òp 的音系一般也会有 òm，这个猜测的韵母笔者放在附录 7 中显示。

3）声调（6个）①

序号	调类	调值
1	阴平	13
2	阳平	53
3	上声	212
4	去声	33
5	阴入	55
6	阳入	33

2. 与现代广州话的主要差异

1897年的香山石岐话、澳门话、广州话和现代广州话对比，异同见表6-7。

表6-7　1897年香山话、澳门话、广州话和现代广州话对比

例字	1897年澳门话	1897年香山石岐话	1897年广州话	现代广州话
二言	ng[ŋ]	ng[ŋ]	j	j
火	h[h]	f②	f	f
夫宽		h		
回页			w、j	w、j
加江	k[k]	k	k	k
瓜		kw	kw	kw
光				
子之	ts（ch）	ts（ch）	ts、ch	ts
写	se[sɛ]	sya[sia]	se[sɛ]	ˏsɛ
金	kyem[kiɛm]/kam[kɐm]	kam[kɐm]	kam[kɐm]	ˏkɐm
求	k'yéú[kʰiɛu]	k'yéú[kʰiɛu]	k'aú[kɐu]	ˏkʰɐu
井	tsíeng[tsiɛŋ]	tsíeng[tsiɛŋ]	tseng[tsɛŋ]	ˏtsɛŋ
子	tsí[tsi]	tsí[tsi]	tsz[tsɿ]	ˏtsi
之	chí[tsi]	chí[tsi]	ch'í[tʃi]	ˏtsi
几	kí[ki]	kí[ki]	kéí[kei]	ˏkei
姑	kú[ku]	kwú[kwu]	kwú[kwu]	ˏku
祖	tsú[tsu]	tsú[tsu]	tsò[tsou]	ˏtsou
早	tsò[tsou]	tsò[tsou]		

---

① 前言只有声调说明，没有例字。

② 有例外："玩"字声母读f。

续表

例字	1897 年澳门话	1897 年香山石岐话	1897 年广州话	现代广州话
朱	chü[tsy]	chü[tsy]	chü[tʃy]	₌tʃy
居	kü[ky]	kü[ky]	köü[køy]	₌køy
追	tsúöü[tsoi]	tsúöü[tsoi]	chöü[tʃøy]	₌tsøy
真	tsan[tsɐn]	tsan[tsɐn]	chan[tʃɐn]	₌tsɐn
津			tsun[tsun]	₌tsøn
春	ts'an[tsʰɐn]	ts'un[tsʰun]	ch'un[tʃʰun]	₌tsʰøn
增	tsang[tsɐŋ]	tsang[tsɐŋ]	tsang[tsɐŋ]	₌tsɐŋ
晶		tsing[tsɪŋ]	tsing[tsɪŋ]	₌tsɪŋ
平	p'ang[pʰɐŋ]	p'ang[pʰɐŋ]	p'ing[pʰɪŋ]	₌pʰɪŋ
中	tsung[tsʊŋ]	tsung[tsʊŋ]	chung[tʃʊŋ]	₌tsʊŋ
五	ung[ʊŋ]	ung[ʊŋ]	ng[ŋ]	₌ŋ
	6 个调	6 个调	10 个调	9 个调

四种方言的差异说明，详见 4.2 节。

6.2.4　1888 年《英语不求人》所反映的具有香山话典型特征的音系

A Chinese and English Phrase Book in the Canton Dialect（《英语不求人》）1888 年在纽约出版（其封面见图 6-1）。作者为 T. L. Stedam 和 K. P. Lee（李桂攀）。

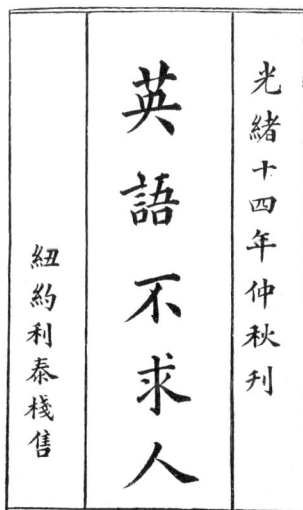

图 6-1　1888 年《英语不求人》封面

该书前言中说："本书记录的语言不是'官话'，而是大部分身在美国的中国人所说的语言，即广州及其周边地区的方言……标音系统大体上沿用裨治文（Bridgeman）和威廉姆斯（Williams）的……这里的注音、元音和辅音，均摘自在纽约的广东人的词汇。"（按：笔者据英文翻译）由此我们知道书里标的是粤方言，张洪年（2006）认为该书反映的是当时的中山话，我们认为其理据可靠，因为音系符合中山话特点，作者身份也确定为中山人①。不过从书里的陈述可知该书的发音人不止一个，中间或夹杂有香山县的乡音。

李桂攀的序（标点为笔者所加）为：

> 五方不同文。当今天下一家，轮艘铁路，万里外若帷闼，而贸易交涉每苦于语言文字迥不相通。义未明而翻译多讹，口欲宣则辞不达意，留难挟制犹其后也。然语言文字无不由浅而入深，自可举一反二，神而明之存乎其人，天下岂有扞格之事哉。尝见旅美华人，每以不通英语，时形室碍。居异域而欲口其语言，手其文字，非所以言外交。其或有涉猎英文，而所读之书半非日用称名之字，则见过辄忘，非急则治标之意也。余肄业英文有年矣，近将英语之关于日用者编而成书，类别分门，既免纷繁之弊，引伸触类何难层出不穷。且也翻以粤音，了如口授，印成小本，拾袭而藏，即西人欲习华言亦可开卷而得也。子夏曰："虽小道，必有可观者焉。"漫云乎哉。
>
> 光绪十四年仲秋　　步云李桂攀识

该书的体例是用粤方言字标写英语发音，再用罗马字标注汉字的读音（见图 6-2）。例如：

Good morning, sir; how do you do?
姑 地 么 宁、沙、拷 都 腰 都。

早晨，先生好嚩。
'chò .san ,sin ,sang 'hò la'

---

① 根据张洪年（2006）（《一语两制：1888 年两本粤语教科书的语音研究》），作者之一李桂攀是中山人。

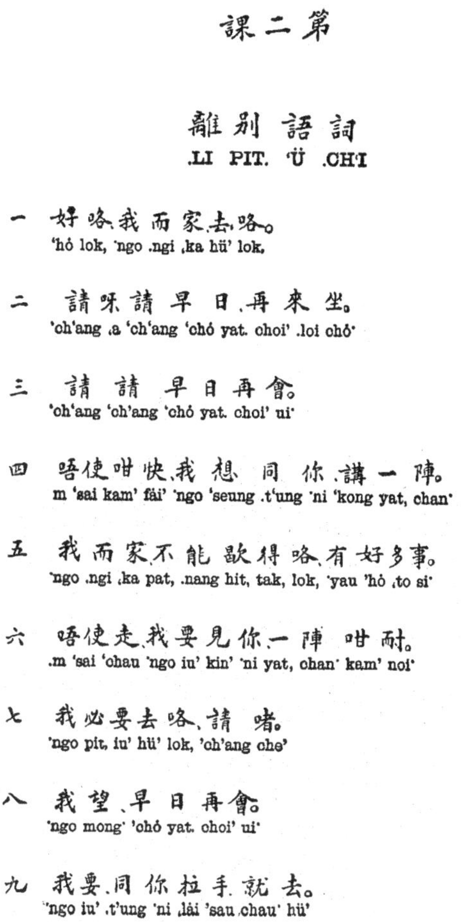

課二第

離別語詞
.LI PIT. Ü .CHI

一 好咯我而家去咯。
'hó lok, 'ngo .ngi .ka hü' lok,

二 請咪請早日，再來坐。
'ch'ang ,a 'ch'ang 'chó yat. choi' .loi chó'

三 請請早日再會。
'ch'ang 'ch'ang 'chó yat. choi' ui'

四 唔使咁快，我想同你,講一陣'
m 'sai kam' fái' 'ngo 'seung .t'ung 'ni 'kong yat, chan'

五 我而家不能歇得咯,有好多事。
'ngo .ngi .ka pat, .nang hit, tak, lok, 'yau 'hó .to si'

六 唔使走我要見你一陣 咁耐。
.m 'sai 'chau 'ngo iu' kin' 'ni yat, chan' kam' noi'

七 我必要去咯,請 嗜。
'ngo pit, iu' hü' lok, 'ch'ang che'

八 我望,早日再會。
'ngo mong' 'chó yat. choi' ui'

九 我要同你拉手就去。
'ngo iu' .t'ung 'ni .lái 'sau .chau' hü'

图 6-2　1888 年《英语不求人》正文第 9 页

1. 声韵调系统

笔者整理该书音系的方法是，逐字摘录声韵调，按汉字声母相同则同行、韵母相同则同列的方法排列声韵调配合表，最后得出声韵调系统。

1888 年《英语不求人》声韵调系统如下。

1）声母（20 个）

p[p]边别被斧　　p'[pʰ]朋跑怕票　　m[m]晚面望每　　f[f]快欢夫护
t[t]都得点大　　t'[tʰ]体同停台　　n[n]你耐能拈　　　　　　　l[l]梁来令两

ch[ts]早朝自昨　　ch'[tsʰ]曾处从请　　s[s]晨先生少

k[k]见过光国广　　k'[kʰ]佢及概桥　　ng[ŋ]我热月二　　h[h]好喜口现　　y[i]日有夜因

kw[ku]季挂关军　　k'w[kʰu]邝裙　　　　　　　　　　　　　　　　　　　　w[u]为禾坏话

- 然会雨晏

2）韵母（51 个）

à[a]		e[ε]		o[ɔ]	i[i]	u[u]	ü[y]
怕夏揸		夜舍茄		我过初	几被自	做母估	去除树
		ye[iε]					
		写些					

ài[ai]	ai[ɐi]					ui/oi[ui]	
快大街	系世批					杯罪吹/水再代	

àu[au]	au[ɐu]	eu[εu]		ó[ou]	iu[iu]		
教包闹	走手就	咻		好到报	要朝条		

àm[am]	am[ɐm]			óm[om]	im[im]		
三探监	深音禁			咁暗	尖甜欠		

àn[an]	an[ɐn]			on[ɔn]	in[in]	un[ʊn]	ün[yn]
晚餐拣	信鳟身			看肝案	见边钱	春顿伦	权嫩船
						官半满	

àng[aŋ]	ang[ɐŋ]	eng[εŋ]	eung[œŋ]	ong[ɔŋ]	ing[ɪŋ]	ung[ʊŋ]	
冷横硬	请生等	听声镜	窗缰香	光房爽	兄盛明	风共重	

àp[ap]	ap[ɐp]			óp[op]	ip[ip]		
搭夹鸭	十入及			合盒	叶劫接		

àt[at]	at[ɐt]			ot[ɔt]	it[it]	ut[ʊt]	üt[yt]
八法札	出不七			割	歇必舌	律	雪月说

àk[ak]	ak[ɐk]	ek[εk]	euk[œk]	ok[ɔk]	ik[ɪk]	uk/ók[ʊk]	
百或贼	食力得	尺隻石	脚着药	作学国	极色亦	熟读幅/熟读六	

m[m̩]	ng[ŋ̩]
唔	五

3）声调（8 个）

序号	调类	标记	例字
1	阴平	ˌ□	先欢生
2	阳平	ˏ□	晨来成
3	阴上	'□	好体点

4	阳上	·□	我有市
5	阴去	□'	见过对
6	阳去	□·	耐自卖
7	阴入	□,	一国割
8	阳入	□.	日直石

1888 年《英语不求人》语音说明如下。

元音:

à 读如 fun 中的 **u**, á 读如 father 中的 **a**; 韵母 a 总是读如 father 中的 **a**。

e 读如 men 中的 **e**; 韵母 e 读如 gale 中的 **a**。

i 读如 pin 中的 **i**, 或者 marine 中的 **i**; 韵母 i 几乎总是读成后者。

o 读如 for 中的 **o**; ò 读如 no 中的 **o**。

u 读如 pull 中的 **u**, 或者 pool 中的 **oo**; ü 读如法语 une 中的 **u**, 或德语中 früh 中的 **ü**。

ai 读如 aisle 中的 **ai**; ài 的发音口型更大, 可以通过快速读这两个词 ah、ill 来模仿其发音。

au 读如 bough 中的 **ou**; àu 的发音口型更大, 和意大利语 causa 中的这个音相似。

eu 发音像 person 中元音的组合, 但是第一个元音上不带重音, 并且发音很快, 让那两个元音几乎合在一起那样发出来。

oi 读如 oil 中的 **oi**。

ui 按照下面的规则发音。

iu 同样的规则适用于 iu。在两种情况下每个元音都要清晰发出来, 但是发得要快, 几乎是合在一起的。元音中的 ò 和 u 以及复元音 oi 和 **ui** 经常可以互换: 一个村子中读 ò 的音在另一个村子中读 **u**, 一个村子中读 **oi** 的音在另一个村子中读 **ui**。**i** 和 **e** 也是这种情况。[①]

---

① 原文为: iu, the same is true of iu. In both cases each vowel is pronounced distinctly, yet rapidly, so as almost to blend. The vowels ò and u and the diphthongs oi and ui, are often interchangeable: a word having the ò sound in one village being pronounced u in another village, and one in with the diphthongal sound oi being heard as ui. The same is true of i and e.

辅音：

ch 不送气的时候发得比英语中的这个音更柔和，比较接近 joint 中的 **j** 音。

s 一些广东人将写成 s 声母的很多字读成送气音，而不像 so 中的 s 音那么重，所以他们读出来不是 **so**，而是更像 **sh**ow。（按：笔者据英文翻译）

以上说明文字提到 ò 和 u、oi 和 ui、i 和 e 读音两可或因村而异的现象在今天的珠海北山话和唐家湾话里均得到印证，见表 6-8。

表 6-8　1888 年《英语不求人》所录香山话与现代珠海唐家湾话、现代中山石岐话、现代广州话对比

中古地位	例字	1888 年《英语不求人》	珠海唐家湾话	现代中山石岐话	现代广州话
遇合一非见系	做	chu[tsu²]	tsu²	tsu²	tsou²
遇合一见系	估	'ku[ˈku]	ˈku	ˈku	ˈku
蟹开一	开	ˌhoi[ˌhui]¹⁾	ˌhui	ˌhɔi	ˌhɔi
蟹合三非见系	水	'soi[ˈsui]	ˈsui	ˈsøy	ˈsøy
蟹合一端系	罪	chui[tsui²]	tsui²	tsui²	tsøy²
蟹合一非端系	杯	ˌpui[ˌpui]	ˌpui	ˌpui	ˌpui
止开三知系精影组	自	chi[tsi²]	tsi²	tsi²	tsi₂
止开三非知系精影组	几	'ki[ˈki]	ˈki	ˈki	ˈkei

注：1）根据语音描述，把 oi 和 ui 合并。

2. 1888 年《英语不求人》所录香山话音系特点

1888 年《英语不求人》所反映的音系及注音特点有三个方面值得注意。

第一，少量韵母交叉。

韵母里某字标某音一般泾渭分明，只有四个（两组）韵母有少量交叉，它们是 ong/ok 和 ung/uk（òk）。特别是 ok/uk，相混的情况较多。如"钟中"既有标 chong 也有标 chung 的；"六恶"既有标 lok、ok，也有标 lòk、òk 的。现代中山石岐话这两个主元音也很近，一个是[ɔ]，另一个是[ʊ]。导致这种情况的原因有两种可能，一是宕江摄和通摄确实存在两读，二是记音人记音时的疏漏。我们倾向于后者，西方人区分[ɔ]和[ʊ]似乎比较困难，1828 年马礼逊的《广东话

土话字汇》和 1840 年的《伊索寓言》就有[ɔk]、[ʊk]交叉的这种情况。《英语不求人》在纽约出版，而且没有经过同音字表的校对，难免有纰漏。

第二，蟹开一（oi）和蟹合一（ui）是否可以合并。

根据该书描述，有些村子读 oi，有些村子读 ui，应该只有一类。文中有两种标法（oi 和 ui），而且主体蟹开一（代）和蟹合一（杯）基本没有交叉，交叉的都在止蟹合口三等端知系（吹水），笔者认为合并然后加小注说明问题的处理方法比较合适。

第三，un[un]韵母是否包含《分韵撮要》的"官管贯括"和"津赆进卒"两类，也就是说山合一非端系字是否跟臻合三端知系字（含臻开三端系）合并了。

在 1856 年的《英华分韵撮要》乃至现代广州话里，ún[un]（官）和 un[ʊn]（春）两个韵都是互补的，不对立，可以归为同一个音位。1888 年《英语不求人》把这两类合为同一个韵母符合音位学原理，这种合并恐怕跟语音变化无关。

3. 1888 年《英语不求人》香山话与现代广州话的异同

1888 年《英语不求人》所记录的香山话与现代广州话的对比情况如表 6-9 所示。

表 6-9 1888 年《英语不求人》香山话与现代广州话对比

例字	1888 年《英语不求人》	现代广州话
见、过光国广	k	k、kw
我、热月二	ŋ	ŋ、j
喜口、现	h	h、j
写些	iɛ	ɛ
自、几被	i	i、ei
估、做母	u	u、ou
树、去除	y	y、øy
再开、水辈、杯灰	ɔi（ui）	ɔi、øy、ui
深音禁	ɐm	ɐm
咁暗	om	ɐm
身、信罇	ɐn	ɐn、øn
生等、请	ɐŋ	ɐŋ、ɪŋ
共、五	ʊŋ、ŋ̩	ʊŋ、ŋ̩
	下阴入归阴入，8 个调	9 个调

1888 年《英语不求人》所反映的香山话在声、韵、调方面与广州话均有所不同。

1）声母

（1）日疑母细音字读 ŋ（如：二月），跟广州话日疑母细音读 j 不同。

（2）部分合口字没有 u 介音（如：国广）。

（3）少量匣母合口字读 f（如：护）。

（4）少量匣母细音字读 h（如：现）。

2）韵母

（1）少量假摄三等齿音字有 i 介音（些写）。

（2）止开三全读 i（自几），遇合一全读 u①（估做），遇合三全读 y②（树去）。

（3）止合三和蟹合三的非见系字不独立，与蟹开一蟹合一相混读 ui（吹开杯水）

（4）咸开一见系字读 om（咁[kom²]暗），跟深摄见系对立读 ɐm（禁音）。

（5）广州话臻摄三等部分字呈现圆唇化现象，1888 年《英语不求人》香山话也有部分字圆唇化，不过所包含的字比广州话少许多。

（6）广州话曾梗摄的细音跟洪音截然分开，1888 年《英语不求人》香山话部分相混（"请生等"同韵）。

（7）广州话的完成体组词"咗"，1888 年《英语不求人》香山话对应的是"咻[ₔhɐu]"。

3）声调

声调只有 8 个，广州话的上阴入和下阴入在这里合而不分。这与现代中山话明显不同，现代中山话是把广州话的下阴入归到阳入里去了。

1856 年卫三畏的《英华分韵撮要》也提到过香山话，从所引述的内容看，卫三畏把香山话和澳门话看作同一种方言。具体特点可参看 3.3.1。

6.2.5　1840 年《伊索寓言》中反映的香山话语音特点

Esop's Fables 又名《意拾喻言》（即《伊索寓言》），1840 年在广州出版，该书作者是英国人罗伯聃（Robert Thom，1807—1846）和他的中文老师蒙昧先生，书里总体记录的是广州话③，对香山话有一段专门陈述。该陈述是笔者发现

---

① 疑母除外。

② 帮庄两组除外。

③《伊索寓言》记录的应该是广州话，该书没有标出送气和不送气的区别，难解之处在于其臻摄的两类韵母较混乱，跟 19 世纪的其他传教士记录的广州话不符。

的关于香山话语音的最早记录。*Esop's Fables* 的前言 xxi 页有以下一段话：

> 一个人在学习广东话时——如果老师是香山县（澳门所在的地区）本地人，那他就会把山 shan 发成 *san*；水 shuy 发成 *suy*；识 shik 发成 *sik*；锦 kum 发成 *kame*；二 ee 发成 *'gee*；月 yuet 发成 *'guet*；字 tszé发成 *chee*；富 foo 发成 *hoo*；风 fung 发成 *hung*；回 ooy 发成 *wei*；做 tsou发成 *chou*；应 yîng 发成 *îng*！还有好多其他字也是如此。单靠*不断地练习*就可以让读者将其区分开来。（按：笔者据英文翻译）

从以上文字可以看出 1840 年香山话的一些特点：只有一套齿音声母 ch（此音系不标送气不送气）、s；疑（日）母细音为'g[ⁿg]，不存在 z[ʮ]一类的韵母，此类韵母读 ee[i]；非敷奉一类的声母不读唇齿擦音 f，而读喉擦音 h；蟹合一是 wei[wɐi]。当然，现实情况无法完全知晓，只能通过只言片语来看当时的中山话跟广州话的异同。

《伊索寓言》反映的 1840 年的香山话与同时期广州话以及现代中山石岐话、广州话对比见表 6-10。

表 6-10　1840 年《伊索寓言》香山话与同时期广州话、现代中山话、现代广州话对比

例字	1840 年香山话	现代中山石岐话（1987 年）	1840 年广州话	现代广州话
山	san[san]	san	shan[ʃan]	san
水	suy[sʊi]	søy	shuy[ʃʊi]	søy
识	sik[sɪk]	sɪk	shik[ʃɪk]	sɪk
锦	kame[kam]	kɐm	kum[kɐm]	kɐm
二	'gee[ⁿgi]	ŋi	ee[i]	i
月	'guet[ⁿgyt]	ŋyt	yuet[jyt]	jyt
字	chee[tʃi]	tsi	tszé[tsʮ]	tsi
富	hoo[hu]	hu	foo[fu]	fu
风	hung[hʊŋ]	hʊŋ	fung[fʊŋ]	fʊŋ
回	wei[wɐi]	hui	ooy[ui]	ui
做	chou[tʃou]	tsu	tsou[tsou]	tsou
应	îng[ɪŋ]	ɪŋ	yîng[jɪŋ]	jɪŋ

与同时期广州话以及现代中山石岐话、现代广州话对比，《伊索寓言》反映的 1840 年的香山话特点如下。

1. 声母

（1）没有 s、sh[ʃ] 的对立（山水识）。

（2）很可能也没有 ch[ʧ] 和 ts 的对立，1840 年广州话的 ts 在香山话里对应 ch[ʧ]（做字）。

2. 韵母

（1）没有 ɿ 一类的韵母（字）①。

（2）日母和疑母细音读 ŋ（二月）。

（3）f 不能出现在后元音 u、ʊ 前，只能对应 h（富风）。

（4）曾梗开三四等有些零声母字前缺少舌面中半元音 j（应）。

（5）深摄部分广州话读短 a[ɐ] 的字，香山话读长 a[a]（锦）。

6.2.6 中山话语音的历史发展

表 6-11 总结了中山话五个时期的语音情况。由于文献材料中出现的字不可能完全一致，所以表中的例字多数无法统一。同一个特征笔者尽量找同一个汉字作代表，如找不到则找中古地位和现代语音均相同或相近的字来阐述同一特征的变化。

表 6-11 中山话五个时期的语音情况

中古地位	1840 年《伊索寓言》*1856* [1)]	1888 年《英语不求人》	1897 年石岐话	1939 年石岐话	1987 年石岐话	现代广州话
日疑母细音	ŋg 二月	ŋ 二月	ŋ 二月	ŋ 二月 [2)]	ŋ（ŋg）二月	j 二月
溪母开口	—	—	kʰ 犬	kʰ 犬	kʰ 犬	h 犬
非敷奉母	h 富	f 夫	h 夫 [3)]	h 虎	h 父	f 父虎

---

① 1840 年广州话的 tszé[tsɿ] 香山话读 chi[ʧi]，消失的特征有两项：第一，香山话没有 ɿ 韵母；第二，香山话没有 ts[ts] 和 ʧ[ch] 的对立。虽然 1897 年的香山话声韵配合表里有 tsí"子"、chí"之"的对立，但 1840 年的香山话"字"却读 chi，"子字"在珠三角 25 个方言点完全同音（声调除外），这说明 1897 年的"子"字的声母标错的可能较高，其实际发音很可能跟"之"字同音（声调除外）。

续表

中古地位	1840年《伊索寓言》1856 1)	1888年《英语不求人》	1897年石岐话	1939年石岐话	1987年石岐话	现代广州话
匣以母细音字	*h 现*	—	h 页	h 贤	h 贤	j 贤页
见系开口	—	k 见光	k 街瓜	k 加过	k 加过	k 加
见系合口	—	kw 季关	kw 乖光	kw 瓜	kw 瓜	kw 瓜
假摄三等	—	iɛ 写	ia 写	ia 写	ɛ 写	ɛ 写
流摄见系三等	—	—	iɐu 求	ɐu 求	ɐu 求	ɐu 求
梗摄细音白读	—	ɐŋ 正	iɐŋ 精	iaŋ 请	iaŋ 请	ɐŋ 请
止开三精组知系	i 字二	i 自几	i 子几	i 子记	i 子几	i 子
止开三帮见系						ei 几
遇合一见系	—	u 估做	u 夫粗	u 乌粗	u 污苏	u 乌
遇合一非见系						ou 粗
遇合三知系影组	—	y 树取	y 如取	y 于趋	y 雨取	y 雨
遇合三端见系						øy 取
蟹开一	—			ɔi 来	ɔi 来	ɔi 来
蟹合一非端系		ui 杯罪灾谁	ui 杯推水来	ui 杯罪	ui 杯罪	ui 杯
蟹合一端系						øy 罪水
止蟹合三端知系				ui ø 水	øy 水	
深摄	—	ɐm 禁	ɐm 金	ɐm 金	ɐm 金	ɐm 金
咸摄见系	—	ɔm 咁	ɔp 4)	ɔm 甘	ɔm 甘	ɐm 甘
臻摄大部分	—	ɐn 身信	ɐn 真津	ɐn 真晋	ɐn 真晋	ɐn 真
臻开三端系部分				øn 春津	øn 春津	øn 津顿
臻摄合口端知系	—	øn 春顿	øn 春准			øn 津春顿
梗摄二等文读	*ɐŋ 见*	ɐŋ 生请	ɐŋ 生请	ɐŋ 生	ɐŋ 生	ɐŋ 生
梗摄细音文读				ɪŋ 正请	ɪŋ 正请	ɪŋ 正请

续表

中古地位	1840 年《伊索寓言》*1856*[1]	1888 年《英语不求人》	1897 年石岐话	1939 年石岐话	1987 年石岐话	现代广州话
梗摄细音文读	ŋ 应	ŋ 盛	ŋ 正			
通摄	—	ʋŋ 中	ʋŋ 中五	ʋŋ 钟	ʋŋ 中	ʋŋ 中
遇合一疑母	—	ŋ̍ 五		ŋ̍ 五	ŋ̍ 五	ŋ̍ 五
下阴入的归派	—	归阴入	—	归阳入	归阳入	独立
声调数	—	8 个调	6 个调	6 个调	6 个调	9 个调

注：1）此列斜体来自《英华分韵撮要》。

2）把"顽"ŋw 视作例外。

3）有例外，1897 年的石岐话"回"字读 húöü[hui]，"玩"字读 fán[fan]，如今澳门老人依然有这个读法。

4）1897 年第 167 个音节"急"有小注："Excepiton.—*Kòp* in Shek-k'éí"。这说明当时石岐话区分 ɐm/ɐp 和 òm/òp。

1888 年"夫风"读 f、1897 年"金甘"同音、"中五"同韵，可能带有珠海话的成分。

中山话只在 1897 年到 1939 年间变化稍大。下面将中山话近 150 年来的声韵调演变总结如下。

1. 声母

（1）疑母日母全读 ŋ，如"牙二月"，始终无变化。

（2）溪晓母字读 kʰ 的比广州话要多，如"犬巧霍"，始终无变化。

（3）部分云匣溪母字和非敷奉母字读 h，如"父阔贤"，始终无变化。

（4）早期中山话部分合口字没有 u 介音，如 1888 年的"见光 k"。1897 年"乖光 kw"均带上 u 介音。说明中山话的 u 介音的范围越来越大。

2. 韵母

（1）早期（1897 年）的韵母系统 i 介音明显，基本只出现在几个特定的三等韵里。分别是假摄三等（如：写）、流摄三等（如：求）、梗摄三四等（如：精）。到 1987 年时就只剩下梗摄三四等的白读音有 i 介音了。

（2）止开三（《分韵撮要》"几纪记"韵）始终没有分化，基本只有一个韵母，如"子几皮"韵母均是 i。

（3）遇合一（《分韵撮要》"孤古故"韵，含遇合三非组、流摄部分唇音）独立，不跟效开一（如：造抱）合流。"估做母"韵母均是 u，始终无分化（《分韵撮要》遇合一已与效开一合流，"补保"同音）。

（4）遇合三（帮庄组除外，《分韵撮要》"诸主注"韵）独立，不跟蟹止摄的合口字合流。"如取居"韵母均是 y，始终无分化。

（5）蟹合一（《分韵撮要》"魁贿诲"韵）、蟹开一（《分韵撮要》"栽宰载"韵）、止蟹合三非帮见系字（《分韵撮要》"虽髓岁"韵）在 1888 年和 1897 年应已合并，亦即"罪在坠"同音，实际发音和今天的珠海话一样，在 oi 和 ui 之间，可标为[oi]。可 1939 年蟹合一、蟹开一、止蟹合口三等非帮见系字三分，笔者认为三分是接触的结果。

（6）咸开一见系（《分韵撮要》"甘"韵）与深摄（《分韵撮要》"今"韵）不同，前者是 om（如：甘），后者是 em（如：金），始终无合并。

（7）臻开三读成圆唇 un 的越来越多，但数量一直都没有广州话（《分韵撮要》"津赆进"韵）多。"身信"韵母是 en，"春准"是 un。此韵母 1897 年时只拼 ts、tsʰ、s（准春顺）三个声母。1939 年拼 ts、tsʰ、s、t、tʰ、l（津秦纯顿盾卵）6 个声母。1987 年拼 tsʰ、ts、s、t、tʰ、l（秦臻纯顿盾栗），也是 6 个声母。但广州话从 1782 年的《分韵撮要》就已经拼 7 个声母，比 1987 年的中山话都要多出一个声母 j（如：润）。

（8）20 世纪以前曾梗细音文读大部分读 eŋ，跟一二等读法一样，后来读 ıŋ（等于《分韵撮要》的"英"韵）的越来越多。1888 年、1897 年"生请"的韵母是 eŋ，"兄盛"的韵母是 ıŋ。1897 年 ıŋ 只拼 ts、tsʰ、s、l、k、kw、kʰw、-、w（正称锡力迳扃隙莺荣）9 个声母，1939 年已可拼 p、pʰ、m、t、tʰ、n、l、ts、tsʰ、s、k、kʰ、ŋ、h、-、kw、w、j（病拼明丁听宁岭精清升经倾迎形英虢永影）18 个声母。而且虽然 1987 年中山话在这个类别的归字上已经跟广州话基本一样，但仍有一些字白读音读成 eŋ/ek 的，如"逆"的白读是 ŋek，文读是 ŋık，足以证明中山话的 ıŋ/ık 是外来接触的结果。

3. 声调

除了 1888 年记录的是 8 个调外，1897 年开始均是 6 个调。二者相距只有十年，1888 年的 8 个调有可能是参考广州话而来。

中山话的语音发展较慢，一个半世纪以来典型的中山话的特点不变。受广州话影响导致一些韵母发生变化，主要发生在 i 介音消失、u 介音增加、蟹一及止蟹合三的三分、臻摄二分、曾梗摄文读洪细二分这几个方面。特别是蟹开一、蟹合一、止蟹合三端知系这几个韵从 1897 年的合并到 1939 年的三分，受外来接触较大。臻摄读 øn/øt 的字越来越多，曾三等、梗三四等文读读 ɪŋ/ɪk 的字增多。

中山话语音的主要变化为：声母方面，ŋ、kʰ、h 无变化；k→kw 无条件分化；韵母方面，i、u、y、om 无变化；i 介音消失；oi 无条件分出 ɔi、øi、ui；ɐn→ʊn、ɐŋ→ɪŋ 无条件分化。无条件分化这里均是向广州话靠拢的结果，这些变化均发生在 1897 年到 1939 年间（见图 6-3）。

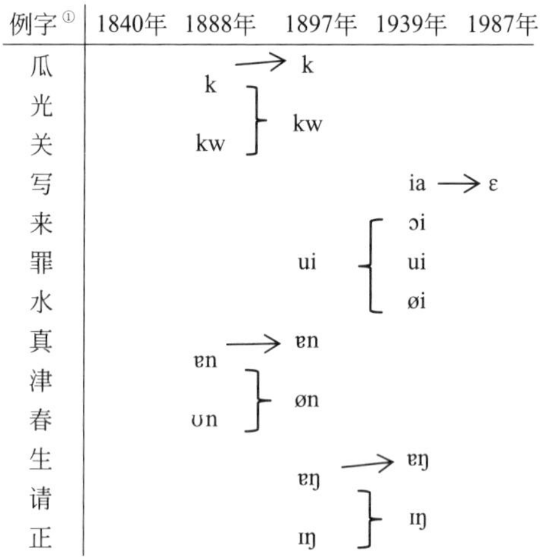

例字①	1840年	1888年	1897年	1939年	1987年
瓜			k		
光		k			
关		kw	kw		
写				ia	ɛ
来				ɔi	
罪			ui	ui	
水				øi	
真		ɐn	ɐn		
津			øn		
春		ʊn			
生			ɐŋ		
请		ɐŋ			
正		ɪŋ	ɪŋ		

图 6-3　中山话语音的历史变化

---

① 说明：例字一般只对应变化年代，具体可参看表 6-11。

第7章 广州话音系的历史演变

研究广州话历史语音的学者很多，著作汗牛充栋，如李新魁先生（1990）利用方言材料把近代粤方言韵母的整个音变链条都构拟了出来（估计时间跨度 500 年以上），笔者再这样做的出发点需要说明。本书的目标是研究澳门话的变化。第 6 章和第 7 章是为第 4 章服务的，为了更好地与澳门话的材料衔接，笔者追求尽可能将三地同年代的著作放在一起比较。这就要求中山和广州两地最起码要有四个时期的材料（年代各相隔四五十年）可供使用，李先生研究中的音变链条跨度大，其利用的材料不涉及传教士材料，与本章的写作不矛盾。

本章并非首次使用传教士的记音文献构建广州话历史语音，也并不是要提出新的结论或方法，只是对比材料得出结论，最终解释近代澳门话的变化缘由。其他各家的贡献随文注出，不再赘述。

现代澳门话与现代广州话很接近（参见第 2 章），要了解两百年来各阶段的澳门话跟同时期广州话的异同则需要对广州话的历史进行深入研究。

笔者广泛搜集了一批 1782 年到 1941 年间的历史文献（特别是传教士文献），尽量使用初版材料，剔除那些沿袭性材料，然后归纳各书音系，据此分析广州话音系至今两百多年间的发展变化。

本章所用的材料如表 7-1 所示。

表 7-1　本章所用广州话相关的历史文献材料

序号	年份	书名	作者
1	1782	《江湖尺牍分韵撮要合集》	虞学圃、温岐石（仝辑）
2	1841	*A Chinese Chrestomathy in the Canton Dialect*（《广东方言读本》）	Bridgman, E. C.（裨治文）
3	1855	*Cantonese Phonetic Vocabulary*（《初学粤音切要》）	John Chalmers, M. A.（湛约翰）

序号	年份	书名	作者
4	1856	*A Tonic Dictionary of the Chinese Language in the Canton Dialect*（《英华分韵撮要》）	Williams, S. W.（卫三畏）
5	1859	*An English and Cantonese Pocket Dictionary*（《英粤字典》）	John Chalmers, M. A.（湛约翰）
6	1877	*A Chinese Dictionary in the Cantonese Dialect*（《粤语中文字典》）	Ernest John Eitel（欧德理）
7	1883	*Cantonese Made Easy*（《简明粤语》）	James Dyer Ball（波乃耶）
8	1912	*A Cantonese Phonetic Reader*（《粤语语音学读物》）	Daniel Jones & Kwing Tong woo（琼斯和胡绚堂）
9	1941	《粤音韵汇》	黄锡凌

选用文献的原则是此材料必须能归纳出清晰的语音系统，音系有特点。

前述材料各自特点如下。

《分韵撮要》是目前所见到的记录广东话权威标准语的最早韵书，在 18 世纪到 20 世纪颇为流行。现存最早版本为 1782 年《江湖尺牍分韵撮要合集》（见图 7-1）。至于《分韵撮要》确切成书于何时，作者是谁，无从考证。刘镇发、张群显（2003）根据韵书经常比口语保守的经验，把《分韵撮要》的年代确立为 1700 年前后。

1841 年《广东方言读本》跟《分韵撮要》很接近，书中明确指出 ing、ik 会读成 eng、ek，而且白读全部可以读成文读，较早展示了 m̩、œ、ou 三个新韵母，其中 ou 韵的辖字跟现代广州话基本一致，止开三帮系有独立成 ei 的端倪。

1855 年《初学粤音切要》中，首次给出日疑母细音的大概音值"j"[ʒ]，遇合三端系见晓组独立成一个新韵母 yi（疑母除外），止开三帮系端泥组独立成一个新韵母 ei。

1856 年《英华分韵撮要》首次全面记录了广州话的文白系统，ɛŋ、ɛk 韵母辖字第一次完整出现。现代方言学的音节表、声韵调配合表、同音字表均可以

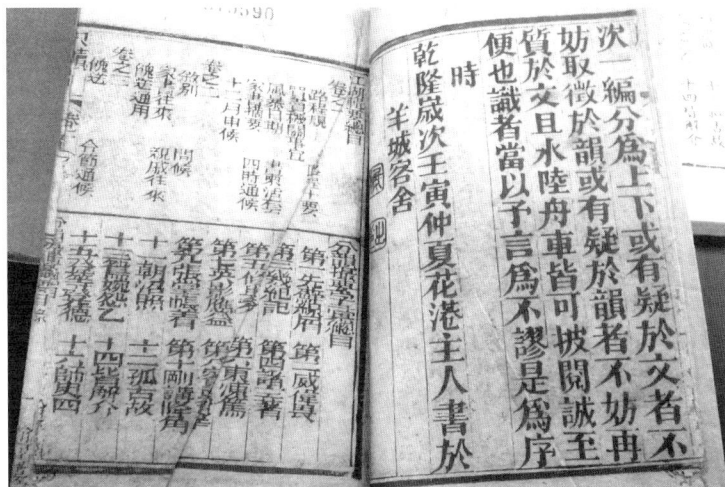

图 7-1 1782 年刊刻《江湖尺牍分韵撮要合集》字汇总目

通过归纳全书获得。该书首次完整记录了广州话的方言词，只要这个音节有意义，无论有无汉字均标音，并详细列明其语义。

1859 年首版的《英粤字典》，在其第 2 版（1862 年）前言中对连读变调作了描写，热头的"头"从平声变成上声，和尚的"尚"从去声变成上声。例字有阳平"头"、阳上"近"、阴去"意"、阳去"地"等。第 6 版（1891 年）前言部分指出阴平与阴入（星析）同调值，阴去与阴入（线薛）同调值。

1877 年《粤语中文字典》首次完整记录了广州话的 9 个声调而不是 8 个声调，第一次提出下阴入，其记录的声调分布跟现代广州话一致。

《简明粤语》首次出版于 1883 年，在其 1888 年的再版中，首次出现三个平声，共 10 个声调及 1 个变音。止开三帮端泥见晓组（疑母除外）首次全面独立读 ei，分布跟现代广州话相同。首次记录遇合三端见系（影组疑母除外）与遇合三知系分离，并与止蟹合三非帮见系合流读 ʊi。首次记录蟹合一端系与非端系分离，也与止蟹合三非帮见系合流读 ʊi。

1912 年《粤语语音学读物》中，齿音只有一套，tʃ（精组）和 ʧ（知章庄组）的对立已消失。首次记录 ɿ（《分韵撮要》师史四韵）和 i（《分韵撮要》几纪记韵）正在发生合流。首次出现 œy（《分韵撮要》虽髓岁韵）、œn、œt（《分韵撮要》津赈进卒韵）三个韵母的新标音。传教士文献里 ɔm、ɔp（《分韵撮要》甘敢绀蛤韵）两个韵母消失。

1941 年的《粤音韵汇》收字近万，是记录现代广州话的权威著作。其反映的广州话特征跟 1912 年的基本一致，ɿ 韵母已经没有痕迹。

7.1 《分韵撮要》系列韵书反映的广州话语音问题

7.1.1 《分韵撮要》的性质问题

罗伟豪（2008）参考黄锡凌（广州标准音之研究，1941）的观点，论证了《分韵撮要》不能代表 20 世纪广州最通行的语音，并通过对比次方言材料，认为《分韵撮要》所代表的只是比广州话范围更大的"广府话"，具有综合性（非单一音系）。清代《分韵撮要》齿音分两套可能来自"京话"。

引用如下：

> 综上所述：……《分韵撮要》不能代表当代最通行的广州音，但也不全是南海顺德音，它很可能是 20 世纪前以广州话为主，兼顾传统读书音以及南海顺德等次方言的一部粤语韵书。黄锡凌说"这书大概根据南海顺德的方音而写的"不够准确。《分韵撮要》把现今广州话声母 tʃ、tʃʰ、ʃ 分为 ts、tsʻ、s 与 tʂ、tʂʻ、ʂ，增加师 ɿ、甘 ɐm、蛤 ɐp 韵母（兼顾传统读书音）。但缺少现今广州话的 œ、m̩ 二韵（字数极少），而把 i、ou 并入 ei、u（顺应次方言），把 εŋ、εk 并入 iŋ、ik（减少文白异读）……从声韵的大格局看，它可以算是清代的"广府话"的代表。
>
> ……[œy]（按：虽髓岁）与[y]（按：诸主著）混，[ui]（按：魁贿诲）与[œy]（按：虽髓岁）混……这也可以说明《分韵撮要》所代表的是含有次方言因素而比广州话范围更大的"广府话"……《分韵撮要》也可能具有综合的特点。《分韵》把"晶、青、星"，"贞、称、声"六个小韵分为不同的两套声母……清一代舌尖塞擦音之所以分两套，也可能是读书人"趋骛京话"的传统读音。

本书认为，从共时来看，罗的看法问题不大。从历时来看，《分韵撮要》代表大范围的"广府话"（现代的广府片）、具有综合性质以及齿音分两套是"趋骛官话"这三点存疑。

　　罗的证据只能说明《粤音韵汇》代表 20 世纪 30 年代的广州标准音，却无法否定《分韵撮要》是 20 世纪以前的广州音。语言不停地演变，如果从历史语言学的角度看，把《分韵撮要》视为《粤音韵汇》的前身并无困难。两套齿音 [ts][tʃ] 合一、金锦禁急韵 [em] 和甘敢绀蛤韵 [ɔm] 合一、师史四韵 [ɿ] 与几纪记韵 [i] 合一都是音类合并现象。几纪记韵 [i] 二分为 i、ei，孤古故韵 [u] 二分为 u、ou 是因声母发音部位不同导致韵母发生分化。两者都是音系内部的自然演变。

　　《分韵撮要》的版本很多，最初版本见不到，目前知道的有《江湖尺牍分韵撮要合集》（1782 年初版，1838 年重刻，见图 7-2、图 7-3）、《增辑字音分韵撮要》（1885）、《新辑写信必读分韵撮要合璧》（1915），后出的版本都有跟前一版本不一样的地方，这是因为韵书、韵图有累积性，后出韵书、韵图常常继承前代音系并依时音加以修改。罗的参考文献中没有注明《分韵撮要》的版本，笔者怀疑他未曾看到齿音分两套的早期版本，所用的是 1915 年只有一套齿音的

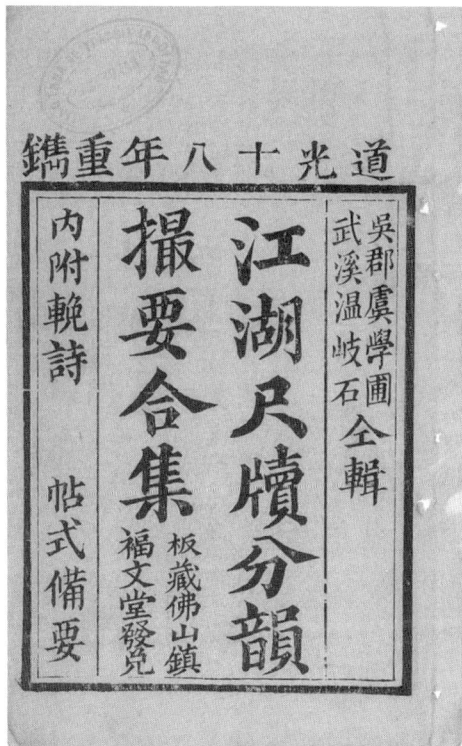

图 7-2　1838 年刊刻《江湖尺牍分韵撮要合集》封面

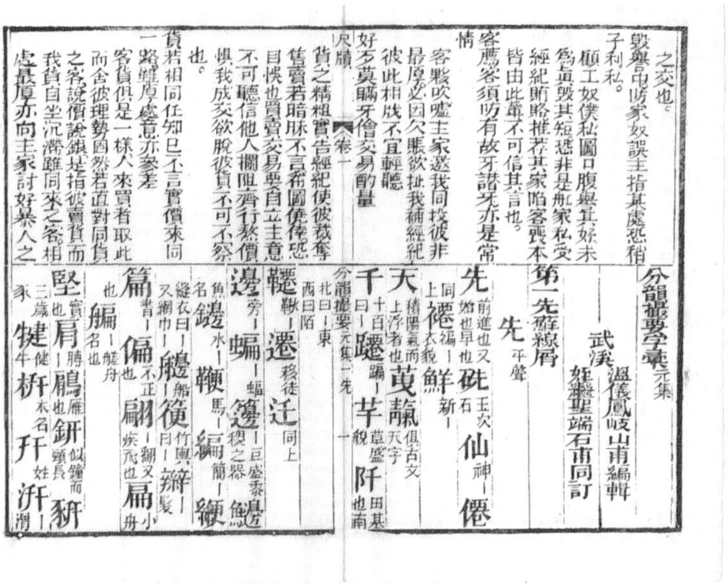

图 7-3　1838 年刊刻《江湖尺牍分韵撮要合集》正文第 1 页

《新辑写信必读分韵撮要合璧》。细查此版本的正文，可以发现该版本其实已经很接近 1941 年的《粤音韵汇》了。《新辑写信必读分韵撮要合璧》的音节表基本来自 1782 年的《江湖尺牍分韵撮要合集》。1782 年齿音分两套有确凿证据：音节表第七韵（英影应益）中"精"小韵和"贞"小韵并存，表明二者声母对立。同样的对立还有"青"小韵和"称"小韵、"星"小韵和"升"小韵。笔者之前的研究表明，在《新辑写信必读分韵撮要合璧》的正文里，齿音就已经只有一套了（罗言发，2009）。而且第三十一韵甘敢绀蛤韵上声"[上宀下留]"小韵：廷凛切。反切下字"凛"却在第十七金锦禁急韵中，被切字与反切下字分列在两个韵中，表明早期版本并无反切，后出版本增加了反切，此时"甘、金"两韵已经合流了。

　　综上所述，《分韵撮要》代表 18 世纪的广州音，是现代广州话的前身。

7.1.2　《江湖尺牍分韵撮要合集》的语音系统

1. 声母

　　彭小川（1990）最早归纳《江湖尺牍分韵撮要合集》的声母系统，其利用的是 19 世纪末的《拼音字谱》①（1896）和《字音通晓》（1896）两份材料。

彭（1990）归纳的声母表（23 个）为：

p 边	pʰ 篇	m 眠	f 辉	w 威
t 颠	tʰ 天	n 年	l 连	
ts 笺	tsʰ 千		s 先	
tʃ 毡	tʃʰ 缠		ʃ 扇	j 烟
k 坚	kʰ 乾	ŋ 危	h 牵	
kw 归	kʰw 葵			

- 区（姓）

彭文认为该书有 23 个声母，其主要特点是：塞擦音分成 ts、ts'、s 与 tʃ、tʃ'、ʃ 两套；大部分云以母字声母为 h-；有圆唇舌根声母 kw、k'w。

笔者总结的《江湖尺牍分韵撮要合集》的声母系统（24 个）②为：

p 卑便薄	pʰ 披旁撇	m 弥蒙未	f 非训快	
t 地突等	tʰ 偷脱唐	n 尼能念		l 离律罗
ts 邹在子	tsʰ 秋错似		s 修心事	
tʃ 周争知	tʃʰ 抽昌痴		ʃ 收叔是	ȵ 鱼肉人
k 鸡居共	kʰ 溪倾强	ŋ 牛银危	h 希去喉	j 有英钦
kw 归君光	kʰw 规狂裙			w 伟永云

- 矮屋莺衣

笔者增加了声母 ȵ，方案吸取了以下几家的意见：

第一，刘镇发、张群显（2003）的修订意见。彭小川（1990）认为《江湖

---

① 其实根据 1896 年的《拼音字谱》构拟 100 年前的广州话音系是不合适的，因为《拼音字谱》本身不光标写粤方言，也标写官话、闽方言和客家方言。最关键的是该书把几种方言放在一起描述，例子稀少而且更多是举例性质，缺少可验证性。即使书内标音最清楚的《要道拼读》和《圣谕拼读》也非广州话，"非"读 fi，"希"读 hi 在当时的广州话中是不可能的，i→ei 在 1883 年的 *Cantonese Made Easy* 里已经完成，而且书前说广州话有 ŭi[øy]、ui[ui] 两个韵母，但在《要道拼读》和《圣谕拼读》里这两个韵母又合并为一个韵母，这证明其所标注的不是广州音。

② 声韵调系统参考彭小川（1990/2004：15），用刘镇发、张群显（2003），赵彤（2007）来补充。

尺牍分韵撮要合集》"日、疑母字声母定为 j-应是没多大疑问",把日、疑母细音字归为 j 一类。但刘、张的研究指出在"宾"和"修"两韵里中古喻(如:寅)、匣(痕)、日(人)、疑(银)四母仍有对立。下面是刘、张原表(括号内数字为一个音节所包含的字总数):

	云、以	匣	日	疑
拟音	0	h	ʒ	ŋ
ɐn	寅(2)	痕(1)	人(2)	银(7)
ɐt	逸(10)	辖(6)	日(1)	兀(9)
ɐu	由(23)	侯(8)	柔(1)	牛(1)

由此,刘、张认为"清初的广州话中,部分日母字甚至少数的疑母三四等字,应该带舌叶浊声母[ʒ]",并把《江湖尺牍分韵撮要合集》的声母增为 24 个,多出一个"日类"[ʒ]。至此,《江湖尺牍分韵撮要合集》的声母个数和拟音基本确定。

第二,赵彤(2007)赞同刘、张分出日母、疑母细音的做法,但认为拟音不应该是[ʒ],而应是[ȵ]。赵认为"粤西的南丰、平台、德庆、罗定、信宜等方言中日、疑、云、以几个声母的格局与《分韵撮要》类似,这些方言中的日母和疑母细音字读[ȵ]或[n],而疑母洪音字读[ŋ]",并论证了广东粤方言里跟刘、张构拟的[ʒ]相近的东莞话的[z]是后起的,由此更可见日类应该读为[ȵ]或[n]而不是[ʒ]。本书认为,刘、张用汉语史里日母的演变及东南诸方言日母字的音值来论证《江湖尺牍分韵撮要合集》的日母(加上疑母细音)为[ʒ],与赵彤用粤语次方言作例证来证明日母读音是[ȵ]或[n]相比,赵彤的做法来得更直接①。

1855 年的《初学粤音切要》声母代表字里有"言 j""岸 ng""明 m""尼 n""下 h""由 y""喻-"等类。根据反切可知"言 j"类声母代表的就是《江湖尺牍分韵撮要合集》的日类声母(由,喻由切;柔,言由切),给"言 j"类声母拟音是一个难题,"j"不像鼻音,更像擦音。最大的难点还在于"言 j""由

---

① 赵彤(2007)的贡献还在于,彻底分清了日类[ȵ]、匣类[h]、疑类[ŋ]的界限,刘震发、张群显(2003)在这三类上的归字多与 1856 年《英华分韵撮要》不符。

y"两类的对立。处理方案有二：一是把"言 j"拟成摩擦较大的[j]，"由 y"拟成零声母（后接纯[i]），这样的好处是不需要增加新的声母。缺点是 j 和纯 i 的对立在珠三角方言中找不到印证。二是把"言 j"拟成 ʒ，"由 y"拟成 j，优点是较好地解释了中古到现代的演变，缺点也是在珠三角方言中找不到印证。从声母的系统性看，拟成 ʒ 就可以了。不过无论 1855 年《初学粤音切要》中的声母是哪个，其与《江湖尺牍分韵撮要合集》成书相去近百年，笔者还是沿用赵彤的结论，暂定《江湖尺牍分韵撮要合集》的日类是[n]。

2. 韵母

1782 年《江湖尺牍分韵撮要合集》33 韵如下：

第一 先薛线屑	第十 刚讲降角	第十九 栽宰载	第二十八 魁贿海
第二 威伟畏	第十一 朝沼照	第二十 兼检剑劫	第二十九 遮者蔗
第三 几纪记	第十二 孤古故	第二十一 津赆进卒	第三十 干赶幹割
第四 诸主著	第十三 鸳婉怨乙	第二十二 虽髓岁	第三十一 甘敢绀蛤
第五 修叟秀	第十四 皆解	第二十三 科火货	第三十二 彭棒硬额
第六 东董冻笃	第十五 登等凳德	第二十四 针减鉴甲	第三十三 吾五悟
第七 英影应益	第十六 师史四	第二十五 翻反泛发	
第八 宾禀嫔毕	第十七 金锦禁急	第二十六 家贾嫁	
第九 张掌帐着	第十八 交绞教	第二十七 官管贯括	

最早研究《江湖尺牍分韵撮要合集》韵母系统的依然是彭小川[①]。

彭（1992）的韵母表（50 个）为：

a 家茶		ɛ 遮蛇		ɔ 科初	ʮ 师紫	i 机诗	u 孤高	y 诸需
ai 皆柴	ɐi 威题		øy 虽随	ɔi 栽台			ui 魁雷	
au 交茅	ɐu 修牛					iu 朝苗		
am 缄南	ɐm 金林					om 甘含	im 兼甜	

[①] 参见彭小川（2004:26），为了方便上下文对比，调整了韵母的排列方法。

an	ɐn		øn	ɔn		in	un	yn
翻难	宾人		津纯	干安		先田	官盘	鸳全

aŋ	ɐŋ	eŋ	œŋ	ɔŋ	oŋ
彭横	登层	英平	张强	刚床	东逢

ap	ɐp			op	ip
甲鸭	粒			蛤鸽	劫接

at	ɐt		øt	ɔt		it	ut	yt
发察	毕七		卒恤	割葛		屑必	括抹	乙决

ak	ɐk	ek	œk	ɔk	ok
额白	德握	益激	着桌	角恶	笃竹

ŋ̩
吾吴

彭总结的广州话韵母的特点有：

（1）止摄开口三等字除精庄组外，全是"机"韵，韵母为[i]；

（2）"诸"（按：遇合三非唇音）韵韵母为[y]，所含的字比现代广州话 y 多；

（3）"师"（按：止开三精庄组）韵韵母为[ʮ]；

（4）"孤"（按：遇合一、效开一）韵韵母为[u]，所含的字也比现代广州话 u 多；

（5）"魁"（按：蟹合一）韵韵母为[ui]；"甘"（按：咸开一见系）韵韵母分别为[om]、[op]。

笔者总结的韵母系统方案（51 个①）是：

a	ɿ	i	ɛ		ɔ	u		y
家沙怕	师此子	机非知	遮爹茄		科朵初	孤草高		诸居女

a:i	ɐi				ɔ:i	u:i	ʊi②	
皆斋排	威归齐				栽台孩	魁雷罪	虽推税	

a:u	ɐu	i:u
交爪包	修斗旧	朝表叫

---

① 关于《江湖尺牍分韵撮要合集》的叙述还参考过中国人民大学冯翼（2007）的本科毕业论文《〈分韵撮要〉音系研究》。

② 学者们均把虽、津、卒三韵拟成跟现代音一样的 ɵy、ɵn、ɵt，笔者根据 1841 年元音之间分布排列且考虑到长短音对立的情况，认为当时此三韵的元音跟通摄的一致，均为短元音 ʊ。元音的长短情况还结合过《汉语方言概要》（第二版）里的粤方言音系。

a:m	ɐm	i:m		ɔ:m		
缄三胆	金针饮	兼渐点		甘含暗		

a:n	ɐn	i:n		ɔ:n	u:n	ʊn	y:n
翻山间	宾真棍	先田千		干汉岸	官闷款	津盾闰	驾全短

a:ŋ	ɐŋ	ɪŋ		œ:ŋ	ɔ:ŋ		ʊŋ
彭硬橙	登曾肯	英精病		张娘央	刚床榜		东虫孔

a:p	ɐp	i:p		ɔ:p		
甲闸塔	急十立	劫接业		蛤合		

a:t	ɐt	i:t		ɔ:t	u:t	ʊt	y:t
发察刮	毕失日	屑别热		割褐曷	括末活	卒术律	乙说夺

a:k	ɐk	ɪk	ɛ:k	œ:k	ɔ:k		ʊk
额策或	得北塞	益赤息	隻尺石	着脚琢	角作莫		笃局竹

ŋ̩
吾五梧

笔者增加了一个韵母 ɛ:k，改了几个拟音并参考了以下两家的意见：

其一，刘镇发、张群显（2003）对《江湖尺牍分韵撮要合集》韵母的拟音所做修订。

（1）"孤古故"韵的韵母为[o]，不作[u]；

（2）"师史四"韵的韵母为[ɻ̩]，不作[ʮ]；

（3）"虽""津""卒"韵主要元音为[θ]，不作[ø]。

刘、张的证据来源于两份早期的传教士材料。其一是裨治文（Bridgeman）的《中文选集》①（*Chinese Chrestomathy*，1841）中对《江湖尺牍分韵撮要合集》做的语音描写，其二是罗存德（Wilhelm Lobschied）的《英话文法小引》（1846）中的粤方言注音。裨治文的书里把《江湖尺牍分韵撮要合集》各韵的音值和欧洲诸国语言进行了相当细致的对比，其注音的可信度高。刘、张使用跟《分韵撮要》早期版本更近的新材料来改进构拟，这是刘、张能在彭的基础上更进一步的原因。

冯翼（2007）所做两个修订，一是认为孤古故韵的音值不必改，仍然是 u，因冯认为粤方言有 k、kʰ 和 kw、kʰw 的区别；二是在英影应益中增加了 ɛ:k 韵，引述如下：

我们发现，"英影应益"的最后排列的是"踖""尺""石"三个小

---

① 即《广东方言读本》。

韵，"跖""尺"在中古和现代广州话中声调都为阴入，《分韵》中却将其排在阳调类之中。而且从声母来看，此三者不能显示与"勒""陟""食"小韵的区别，如下[①]：

[益]勒勒敕_徹斥叱鶒赤_昌/尺赤剌_昌

[益]陟_知/跖蹠拓隻炙_章

[益]食蝕_船/石碩鼫_禪

我们认为将"跖""尺""石"三个小韵排在最后，并不是声母或声调的区别。"跖""尺""石"小韵所收的字在现代广州话中都读ɛk，因此我们猜测这三个小韵所收字在《分韵》时代韵母读为ɛk，因为收字太少，故将其列入"英影应益"韵之中。

冯翼（2007）认为第七韵英影应益的入声里必须构拟出两个韵母[ɪk]和[ɛk]，理由之一是《江湖尺牍分韵撮要合集》把"隻尺"两个中古清声母的小韵置于阳调类（《分韵》的小韵排列一般是先清后浊[②]）。理由之二是表7-2同一列中菱形框和正方形框里的字应该有对立，但同一个韵内声母相同的字不应分立两个小韵，而"隻（跖）[③]"和"职（陟）"、"尺"和"斥（勒）"却分别是相同的清声母字（大部分传教士文献记录中的"隻（跖）尺"均是清声母）。发现上述矛盾是冯翼的贡献，对进一步的研究具有启发性。

表7-2　冯翼（2007）把《江湖尺牍分韵撮要合集》"益"韵分出两类韵母

益韵	小韵	拟音	小韵	拟音	小韵	拟音
清声母	即	tsɪk₃	戚	tsʰɪk₃	息	sɪk₃
	◇陟	tʃɪk₃	◇勒	tʃʰɪk₃	色	ʃɪk₃
浊声母	席	tsɪk₂				
	直	tʃɪk₂			◇食	ʃɪk₂
	□跖	tʃɛk₃	□尺	tʃʰɛk₃	□石	ʃɛk₂

注：同一列中，◇和□中的小韵形成最小对立。

---

① 所引例字部分，因研究需要保留繁体字形式，后文中此类情况不再单独说明。

② "先排列清声母再排列浊声母"这条规律会有例外（特别在入声）。比如在"彭棒硬额"这个韵里，其整个韵均是先阳后阴的，入声的排列是"额白或泽格策百擘客鈪吃"，就肯定不是"先排列清声母再排列浊声母"。

③ 刘镇发、张群显（2003）的声韵调配合表中，"益韵"里漏了"跖（隻）"小韵，不知何故。

　　值得深究的是《江湖尺牍分韵撮要合集》为什么会出现这样的矛盾。该书作者显然很清楚"隻（跖）"和"职（陟）"、"尺"和"斥（勒）"两两并不同音，在韵书中必须有所区别。但囿于既定的音系框架，只能采取变通的办法将"隻（跖）"和"尺"跟浊声母字排在一起。出现"陟即直席跖"排列的局面，"隻（跖）"字清声母但排在浊声母之中，看起来很奇怪。

　　参看表 7-3，冯翼依据广州话今读分立韵母的做法的确可以消除"隻（跖）"和"尺"与浊声母字排在一起的不规则现象，但断言这"并不是声母或声调的区别"则过于绝对。笔者认为，若将阴入分为上下两调则无需分立韵母。19 世纪末以前的传教士文献中只标调类不标调值，这是时代的局限。若依照广州今音，韵母差异也不是最小对立，而是与上下阴入共现的伴随现象。《江湖尺牍分韵撮要合集》的作者以及早期西方传教士大都未能突破四声八调的传统框架，传统韵书囿于崇古的传统习惯，不顾时音而以祖辈的语言为正宗。若笔者使用晚出而且崇古的书籍上推下联说明语言变化，必然导致语言变化的确定年代被推迟，晚半个世纪到一个世纪亦属常有的事。比如 1915 年《新辑写信必读分韵撮要合璧》体例上依然可以只设 8 个声调，但 9 个声调（阴入分为上阴入和下阴入）在 1877 年《粤语中文字典》中就已明确记录。

表 7-3　《江湖尺牍分韵撮要合集》《英华分韵撮要》和现代广州话"隻"字读音对比

声调	《江湖尺牍分韵撮要合集》小韵		现代广州话读音	1856 年《英华分韵撮要》	
	（声母拟音）tʃ-	（声母拟音）ts-	ts-	ch-	ts-
阴入	陟职织	即唧碛绩迹迹绩稷积谞脊蹐瘠鹬叕喷帻垒	tsɪk₃职＝即	chik₃职 ≠tsik₃即	
阳入	直值殖植稙混埴	席席籍藉夕寂汐汐	tsɪk₂直＝席	chik₂直 ≠tsik₂席	
	跖跖拓隻炙		tsɛk₂隻	chek₂隻①	

　　笔者认为《江湖尺牍分韵撮要合集》可能已经出现第 9 调（下阴入），因为 1856 年《英华分韵撮要》的下阴入（现代广州话调值为 <u>33</u> 的字）和阳入（现代广州话调值为 <u>22</u> 的字）有混淆的地方（文读"隻直"同音，白读"隻"字归

---

　　①《英华分韵撮要》的"隻尺"为阳入的原因，下文介绍该书时会解释。

阳入，参看 7.2.5）。而且这种情况主要出现在长元音的入声中。结合 1912 年《粤语语音学读物》和现代广州话下阴入（调值均为 33）和阳入（调值均为 22）调值相近的事实，笔者认为最好的解释是 1856 年《英华分韵撮要》的阴入已经分出两个，上阴入是高平调，下阴入是中平调，阳入是低平调。正如广州话 ei 韵的出现那样，ei 韵最早在 1841 年《广东方言读本》里已显端倪，止开三帮组最先分出，1855 年扩展到止开三端组，1883 年扩展到止开三的见晓组，整个变化过程将近半个世纪才完成。如若 1856 年的《英华分韵撮要》已经有下阴入的话，则半个多世纪以前的《江湖尺牍分韵撮要合集》出现下阴入也就不奇怪了。

本书为《江湖尺牍分韵撮要合集》修改了两处拟音。

（1）第二十一韵津赆进卒的拟音。

前人的构拟把第二十一韵津赆进卒拟成跟现代广州话相同的读音[ən/øt]（有些标[øn/øt]），是偏前、偏中央的元音。笔者对比《英华分韵撮要》（卫三畏，1856）发现，第二十一韵津赆进卒（注音：un/ut）的主元音跟第六韵东董冻笃（ung/uk）的主元音符号相同。笔者根据书前的音标说明，认为这不是因韵尾没有对立而归并为同一音位（经济原则）的结果。而且"音位"的提出始于 19 世纪末，19 世纪中叶还没有音位学理论，传教士通常根据听到的音值标音：

> *u* as in *bull*, prassing into *rule*; *tsun, sut, tung, yuk.*（u 的发音跟英语 bull[bʊl]中的元音相同，接近 rule[ruːl]，如粤方言的 tsun、sut、tung、yuk 音节。）

把 tsun（津）、sut（恤）、tung（东）、yuk（肉）放在一起举例，说明这四个韵母的主元音一致。tung（东）、yuk（肉）的主元音现代广州话是[ʊ]，而且在 18 到 20 世纪记录广州话的传教士文献里其拼写的符号没有改变，说明在《江湖尺牍分韵撮要合集》时代第六韵东董冻笃的拟音跟现代一样是[ʊŋ/ʊk]，从而证明《江湖尺牍分韵撮要合集》的第二十一韵津赆进卒的拟音也是[ʊn/ʊt]。

（2）第二十二韵虽髓岁的拟音。

前人一般把第二十二韵虽髓岁拟成跟现代广州话相同的[θy/θy]（[øy/øy]），笔者发现 19 世纪末以前的传教士文献里此韵的标音是 ui，而且较早的文献《广东方言读本》（裨治文，1841）里有以下描述：

ui pronounced nearly as in *fluid*, *ruined*, but more open.（ui 虽髓岁的发音接近于英语 fluid ['flu:ɪd]、ruined ['ruɪnd]的发音，但偏低。）

úi pronounced like the preceding, with *u* long.（úi 魁贿诲的发音像上一个音 ui，但元音是长的 u。）

从以上描述可知 ui 和 úi 的差别在于长短。魁贿诲（úi）的记音符号在两百多年来的传教士文献里没有改变，可以认定跟现代的[u:i]相同。短元音的舌位通常比相应的长元音偏向中央①，与虽髓岁（ui）相应的短元音为[ʊi]。而且虽髓岁（ui）与津赆进卒（un/ut）和东董冻笃（ung/uk）主元音相同，也支持把虽髓岁韵拟成[ʊi]。再者，广州话的韵母系统有很强的系统性，纵观两百年来的传教士文献，øy、øn、øt，ɔi、ɔn、ɔt，ui、un、ut 这三组韵母往往一起变化，所拼声母也大致相当。从系统性考虑，øy、øn、øt 来自 ʊi、ʊn、ʊt 也很合理。

从拟音看，20 世纪以前的广州话没有-y 韵尾，只有-i、-u、-m、-n、-ŋ、-p、-t、-k 八种韵尾，跟《广韵》一致。

3. 声调（8 个）

前人一般把《江湖尺牍分韵撮要合集》的声调定为 8 个，因为在前面的音节表中大部分的韵均是先排清声母，再列浊声母，脉络较为清晰。

序号	声调	例字
1	阴平	温赊舒夫
2	阳平	云蛇薯符
3	阴上	稳舍鼠苦
4	阳上	尹社绪妇
5	阴去	愠卸庶库
6	阳去	运射树父
7	阴入	郁湿壳发
8	阳入	鹤十学罚

上一节已讲到，《江湖尺牍分韵撮要合集》"跓、尺"两韵不按声母先清后浊的规则排列同时反映出韵母的差别和声调的差别。因此，阴入分上下两类的

---

① 如广州话中长 a 是 a，短 a 是 ɐ；长 i 是 i，短 i 是 ɪ；长 u 是 u，短 u 是 ʊ。

现象至少在那时已显端倪，若突破传统的四声八调框架，或许也可以给《江湖尺牍分韵撮要合集》构拟 9 个调类。那样可能更符合当时的语音实际。

4.《江湖尺牍分韵撮要合集》与现代广州话的对比（见表 7-4）

表 7-4 《江湖尺牍分韵撮要合集》与现代广州话对比

中古地位	例字	《江湖尺牍分韵撮要合集》	现代广州话
精组 1)	在秋事	ts、tsʰ、s	ts、tsʰ、s
知章庄组	知昌是	tʃ、tʃʰ、ʃ	
日母疑母细音	鱼肉人	n̩	j
止开三精庄组	师子	ɿ	i
止开三知章影组	知二	i	
止开三帮端泥见晓组	机非		ei
遇合一见系遇合三唇音	孤乌	u	u
遇合一非见系、效开一	布草		ou
遇合三知章组日影组	诸于	y	y
遇合三端系见晓组	居女		øy
蟹合一端系	雷罪	u:i	
蟹合一非端系	魁倍		ui
咸开一见系	甘/合	ɔːm/ɔːp	ɐm/ɐp
深摄	金/急	ɐm/ɐp	
		8 个调	9 个调

注：1）止摄例外，止摄精庄组一类，知章组一类。

根据表 7-4，其音系特点可总结如下。

1）声母

（1）精组与知章庄组分开①（精 ₌tsɪŋ、蒸 ₌tʃɪŋ）。

（2）疑母细音与日母合并，并与影组对立（柔 ₌n̩ɐu、由 ₌jɐu）。

2）韵母

（1）止开三精庄组字与非精庄组字韵母有别，非精庄组字韵母只有一类（资 ₌tsɿ、知 ₌tʃi、机 ₌ki）。

---

① 止摄除外，精庄与知章对立。

（2）蟹合一（罪 tsu:i²、魁 fu:i）基本独立，不与其他摄的韵母相混。

（3）遇合三（居 ky、诸 ʧy）基本独立，不与其他摄的韵母相混。

（4）效开一、蟹合一同韵（孤 kwu、高 ku）。

（5）咸开一与深摄见系对立（甘 kɔ:m、金 kɐm）。

3）声调

8 个，平上去入按中古清浊各分阴阳。

7.1.3　1885 年《增辑字音分韵撮要》

1. 体例

该书现藏广东省立中山图书馆，版本是光绪乙酉镌右镜斋藏版（见图 7-4），共四卷，缺卷二①。作者为伍殿纶。

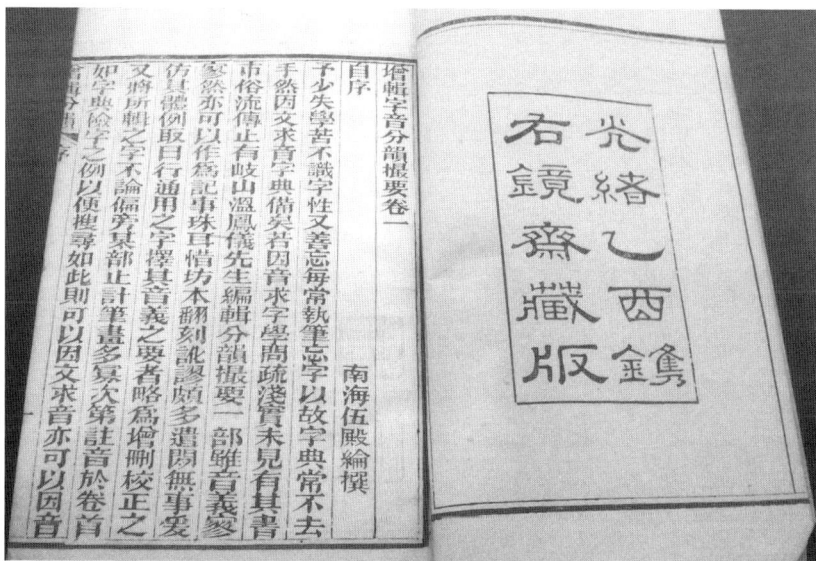

图 7-4　1885 年刊《增辑字音分韵撮要》自序

该书是学习《广韵》的工具，音系带有综合性质。每字下均注《广韵》反切，即使粤方言今音相同，但只要《广韵》反切不同就分立小韵。据此整理出

---

① 该书或带有方言成分，"窗疮""双爽"同韵，它们在 1782 年《江湖尺牍分韵撮要合集》和现代广州话中均不同音。

来的音节表并不是纯粹的粤方言，而是《广韵》小韵在粤方言韵母系统上的投射。又因该书不标音，给判别音节带来了重重困难。比如"第四之止志韵"平声小韵就是"之支脂知痴嫦衣伊时儿沂疑夷圯"，乍看之下似乎是中古"之支脂三分"的方言，后经仔细分析才发现实际上是将粤方言同音而《广韵》不同音的小韵全都作了区分，于是出现了下面的五分格局：之支脂知/痴嫦/衣伊/时/儿沂疑夷圯，这使笔者难以判断"儿沂疑"和"夷圯"是否为同一个声母。利用该书需要十分小心。

1885 年《增辑字音分韵撮要》的 33 韵目如下：

第一 先藓线屑	第十 张长帐著	第十九 金锦禁急	第二十八 家贾嫁
第二 威委畏	第十一 江讲降角	第二十 交绞教	第二十九 官管贯括
第三 姬纪寄	第十二 招沼照	第二十一 裁宰载	第三十 灰贿诲
第四 之止志	第十三 孤古故	第二十二 占飑占誉	第三十一 遮者蔗
第五 诸主注	第十四 高缟诰	第二十三 津侭进圣	第三十二 干赶幹割
第六 修潇秀	第十五 宣选选雪	第二十四 骨谐絮	第三十三 盲猛孟陌
第七 东董冻毂	第十六 佳解懈	第二十五 科颗课	
第八 惊警敬戟	第十七 登等凳德	第二十六 缄减鉴甲	
第九 宾膑摈毕	第十八 师史驶	第二十七 藩反贩发	

该书旨在教人分清广韵的每个小韵，所以无法归纳出声母和声调的类别。

2. 韵母系统

韵母共 54 个（此音系未能显示白读韵母，没有例字的韵母只是推测）。

a	ŋ	i	ɛ	œ	ɔ	u	y
家贾嫁	师四赐	之时衣	遮者蔗		科朵靴	孤夫胡	诸如除

ai	ɐi	ei		øy	ɔi	ui	
佳解懈	威委畏	姬悲利		胥堆追	裁宰载	灰贿回	

au	ɐu	iu			ou		
交绞教	修潇秀	招沼照			高曹肚		

am	ɐm	im					
缄减鉴	金锦暗	占飑占					

an	ɐn	in		øn	ɔn	un	yn
藩反贩	宾膑摈	先藓线		津侳进	干赶幹	官管贯	宣选选

aŋ	ɐŋ	ing	ɛŋ	œŋ	ɔŋ	uŋ	
盲猛孟	登等凳	惊警敬		张长帐	江讲降	东董冻	

ap	ɐp	ip					
甲塔集	急合十	耷叶摄					

at	ɐt	it		øt	ɔt	ut	yt
发杀刮	毕吉失	薛铁热		聖出述	割渴曷	括活没	雪血月

ak	ɐk	ik	ɛk	œk	ɔk	uk	
陌责黑	德则北	戟食石		著脚若	角昨雹	縠六熟	

m̩	ŋ̩						
	吾五悟						

3. 与现代广州话的差异（见表 7-5）

表 7-5　1885 年《增辑字音分韵撮要》与现代广州话差异

中古地位	例字	1885 年《增辑字音分韵撮要》	现代广州话
止摄精庄组	师四赐	ɿ	i（ei）
止摄知章影组	之时衣	i	i

从表 7-5 可见，《增辑字音分韵撮要》的格局跟现代广州话已经非常接近，只是 ɿ 韵仍然还没跟 i 韵合并。

7.1.4　1915 年《新辑写信必读分韵撮要合璧》

1915 年《新辑写信必读分韵撮要合璧》（见图 7-5）大部分沿袭了《江湖尺牍分韵撮要合集》的主要内容，正文里有少量修改，可以从中看出一些语音变化的端倪。

该书齿音已经合为一套。书前面的音节表跟《江湖尺牍分韵撮要合集》的一样，音节表"第七英影应益"平声：英、精、兄、清、贞、星、升、青、兵、丁、称……（此处每一字代表一个音节）。正文"精"小韵下"精晴菁晶贞侦祯桢烝蒸征征钲症"等字同音，"星"小韵下"星惺猩腥骍旌升胜声"等字同音，"青"小韵下"青清蜻称称秤"等字同音，可见"精贞""清称""星升"已经同音，反映了《新辑写信必读分韵撮要合璧》精庄章知组不分的现象。

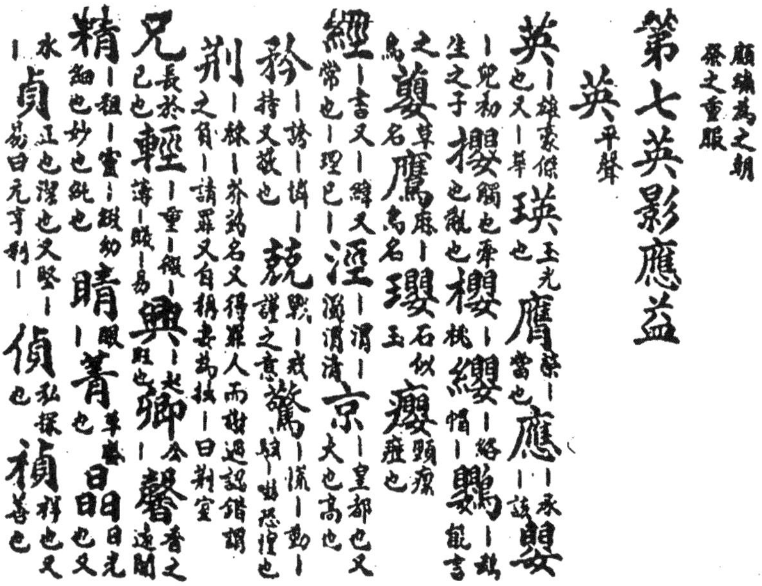

图 7-5　1915 年版《新辑写信必读分韵撮要合璧》

7.1.5　《分韵撮要》系列韵书反映的广州话语音变化

1782 年《江湖尺牍分韵撮要》、1885 年《增辑字音分韵撮要》、1915 年《新辑写信必读分韵撮要合璧》和现代广州话的对比如表 7-6 所示。

表 7-6　《分韵撮要》系列韵书反映的广州话语音变化

中古地位	例字	1782 年《江湖尺牍分韵撮要》	1885 年《增辑字音分韵撮要》	1915 年《新辑写信必读分韵撮要合璧》	现代广州话
精组[1]	精	ts、tsʰ、s	——	ts、tsʰ、s	ts、tsʰ、s
知章庄组	正	tʃ、tʃʰ、ʃ	——		
日母疑母细音	言	n̠	——	——	j
止开三精庄组	师	师史四 ɿ	ɿ	——	i
止开三知章影组	之	几纪记 i	i	——	
止开三帮端泥见晓组	姬		ei	——	ei

续表

遇合一见系遇合三非组	孤	孤古故 u	u	——	u
效开一	高		ou	——	ou
遇合三知章组日影组	诸	诸主著 y	y	——	y
遇合三端系见晓组	胥		øy	——	øy
蟹合一端系	堆	魁贿诲 ui	ui	——	ui
蟹合一非端系	灰		ui	——	ui
咸开一见系	甘	甘敢绀蛤 ɔm	ɐm	——	ɐm
深摄	金	金锦禁急 ɐm			

注：1）止摄例外，止摄精庄组一类，知章组一类。

表 7-6 显示出以下几种音类变化。

（1）精知庄章合为一组，"精正"同音。

精组[①]　　ts

知章庄组　tʃ　　　　} ts

（2）日母（疑母细音）n̠脱落，"言热"等字已经变成 j，与影以云等母合流。

日母：n̠→j/#[②]

（3）师史四 ɿ 韵（1782）不再独立，跟"之止志 i 韵"（1885）合并。止开三精庄组不再独立，跟止开三知章日影组合并。

师史四韵：ɿ→i/#

（4）从几纪记 i 韵分出"姬纪寄 ei 韵"（1885）。大部分止开三非齿音字裂化成 ei。

几纪记韵：i→i/{tʃ、tʃʰ、ʃ、n̠、j}___[③]

ei/{其他}___

① 含止摄庄组。
② 表示 n̠ 在任何韵母前都会变成 j。
③ A→B{C}___，是一种语音历史演变的术语，表示 A 在 C 的环境下会变成 B。

（5）从**孤古故** u 韵分出"高缟诰 ou 韵"（1885），"都刀"同音。大部分遇合一和效开一裂化成 ou。

孤古故韵：u➔u/{kw、f、w}＿＿

          ➔ou/{其他}＿＿

（6）**诸住著** y 韵和**魁贿诲** ui 韵都有部分字分到虽髓岁 øy 韵，"居罪追"等字同韵母。遇合三（裂化）和蟹合一部分字与止蟹合三非帮见系的字合流。

诸住著韵：y➔y/{tʃ、tʃʰ、ʃ、ȵ、j}＿＿

         ➔yi[①]➔ɵi➔ɵy（øy）/{其他}＿＿

魁贿诲韵：ui➔ui/{p、pʰ、m、f、w}＿＿

         ➔ʋi➔ɵi➔ɵy/{其他}＿＿

（7）**甘敢绀蛤** ɔm/ɔp 韵消失，合并到金锦禁急 ɐm/ɐp 中。咸开一见系字与深摄字合流。

甘敢绀蛤韵：ɔm➔om➔ɐm/#

7.2　传教士文献反映的广州话语音问题

翻查了大量传教士文献后发现，如果不把声韵配合关系搞清楚，仅梳理出声母和韵母并没有多大意义。

由于粤方言韵母多有互补现象，粤方言的拼音方案有多种选择。

粤方言的 u 介音可拼的声母只出现在舌根音 k、kʰ 和零声母后面，很多方案都把 u 介音归声母，如"关"不标成[kuan]而标成[kwan]。这种方案是符合经济原则的，因为增加 kw、kʰw、w 三个声母，却可减少二三十个以 u 为介音的韵母，声韵总数减少了。但"副作用"是 k、kʰ 碰到以 u 为主元音的韵母时有两种标写选择，如"姑"既可标成 ku，也可以标成 kwu。两种方案都有人使用，如 1856 年《英华分韵撮要》把"官"字标作 kún，1883 年《简明粤语》则标作 kwun。表面看只是标写法不同，实际却牵涉两个韵母是否可以合并的问题，比如 1897 年《香山或澳门方言》里用作参照的广州话音系，"居"和"杯"韵母相同，等于把现代广州音的[øy]和[ui]合并了，好像广州话经历过[øy]和[ui]先分

---

① 1840 年《伊索寓言》里"书"的韵母是 ü[y]，"句"的韵母是 üy[yi]，"水"的韵母是 uy[ʋi]，"背"的韵母是 ooy[ui]，"在"的韵母是 oy[ɔi]。

再合再分的变化过程。其实这只是音系处理的不同。

同样的例子还有 1888 年的《英语不求人》里"春"和"官"韵母变得相同了，乍看好像少了一个韵母，其实是因粤方言[øn]和[un]互补而合为一韵。

以 öü 类为比较对象，1897 年《香山或澳门方言》的广州音、1856 年《英华分韵撮要》、现代广州话的对比见表 7-7。

表 7-7　1856 年《英华分韵撮要》、1897 年《香山或澳门方言》广州音、现代广州话 öü 类的特殊处理

时间	杯	倍	妹	魁	堆	推	女	吕	疸	脆	碎
1856 年《英华分韵撮要》	púi	p'úi	múi	fúi	túi	t'úi	nü	lü	tsü	ts'ui	sui
1897 年《香山或澳门方言》	pöü	p'öü	möü	föü	töü	t'öü	nöü	löü	tsöü	ts'öü	söü
现代广州话	pui	p'ui	mui	fui	tøy	t'øy	nøy	løy	tsøy	ts'øy	søy
时间	追	吹	谁	居	拘	瘡	佮	虚	蕊	哙	
1856 年英华分韵撮要》	chui	ch'ui	shui	kü	k'ü	kúi	kúi	hü	yui	úi	
1897 年《香山或澳门方言》	chöü	ch'öü	shöü	köü	k'öü	kwöü	k'wöü	höü	yöü	wuí	
现代广州话	tsøy	ts'øy	søy	køy	k'øy	kui	k'ui	høy	jøy	wui	

注：1）"佮"字 1856 年不送气，与"瘡"的区别在于声调。

现代广州话的 ui 韵母一般只拼 p、pʰ、m、f、k、kʰ、w 等声母，øy 韵母只拼 t、tʰ、n、l、ts、tsʰ、s、k、kʰ、h、j 等声母。这两个韵母都可以拼的声母是 k、kʰ，如果分设舌根音和圆唇舌根音两套声母，规定[ui]只拼 kw、kʰw 声母，[øy]只拼 k、kʰ 声母，声韵拼合就完全没有重叠，这两个韵母实际上是互补的，1897 年的音系就是这样处理的。如果不管声韵配合关系而只看韵母，则 1856 年到 1897 年再到现代，广州话百多年间就好像反复发生过分分合合的演变：1856 年 úi[ui]、ü[y]、ui[ʊi]三个韵母到 1897 年时合为一个 öü[øy]，1897 年的 öü

到现代广州话分化出两个韵母[øy]、[ui]。这种难以让人信服的解释显然是由不考虑声韵配合关系的简单化分析造成的。

7.2.1 1912 年 *A Cantonese Phonetic Reader*（《粤语语音学读物》）

该书作者是 Daniel Jones（1881—1967）和 Kwing Tong woo（胡绚堂），全书分两部分，第一部分 *A Cantonese Phonetic Reader* 用英语编写，1912 年由伦敦大学出版社出版，第二部分 *Supplement to the Cantonese Phonetic Reader: the texts in Chinese writing* 是第一部分的中文配套，1916 年由伦敦大学出版社出版。（见图 7-6 至图 7-8）

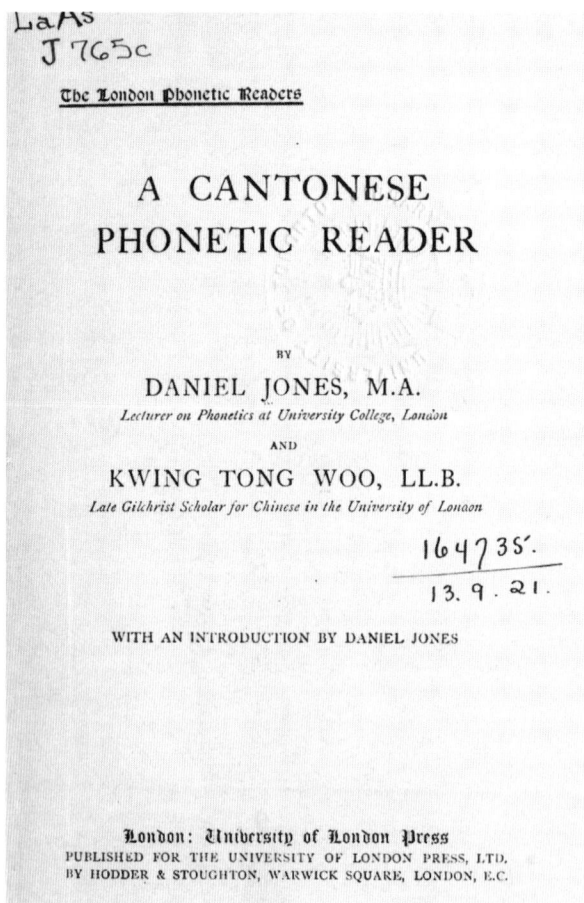

图 7-6 1912 年版《粤语语音学读物》封面

TABLE OF CANTONESE VOWELS AND CONSONANTS

THE Cantonese vowels and consonants may be arranged in a table according to their mode of formation as follows:

		Labial. Bi-labial.	Labial. Labio-dental.	Dental.	Palatal.	Velar.	Glottal.
CONSONANTS.	Plosive	pʻ p		tʻ t tsʻ ts		kʻ k	
	Nasal	m		n		ŋ	
	Lateral			l			
	Fricative	w	f	s	j		h
VOWELS.					Front. Mixed.	Back.	
	Close				i i̯ y	u	
	Half-close				e ə	o	
	Half open				ɛ œ	ɔ	
	Open				a	ɑ	

xix

图 7-7 1912 年版《粤语语音学读物》元音辅音表

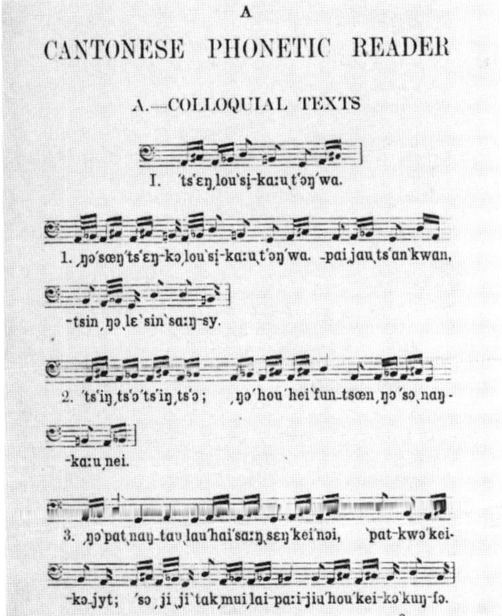

图 7-8 1912 年版《粤语语音学读物》正文

该书内容可参看《历史语言研究所集刊》第二本第四分册刘学浚的文章《D. Jones & Kwing Tong Woo 胡（绚堂）共作的 *Supplement to the Cantonese Phonetic Reader* 的勘误》①。刘文称"这本 Reader 在语音学上很有地位的。著者 D. Jones 是一位很精细的语音学者"。刘的说法中肯，该书对当时的粤方言音系（实际语音层面）做了极为细致的描写。

该书的序言里有这样的话："Mr. Woo speaks typical good Cantonese, and his pronunciation may be relied on as an excellent standard.（Woo 先生的广东话说得特别好，他的发音很可靠，可以当作很好的标准。）"据此可以确定该书记录的是粤方言标准音，黄锡凌的《粤音韵汇》（1941）对该书评价也很高。

1. 声韵调系统

笔者对该书标音逐字归纳，得出 20 个声母和 54 个韵母。

1）声母（20 个）

p[p]比不必	p'[pʰ]皮怕烹	m[m]文母每	f[f]荒父苦	
t[t]读冬等	t'[tʰ]天滕停	n[n]乃难你		l[l]列来六
ts[ts]章字将	ts'[tsʰ]秋称楚		s[s]书小事	j[j]有日月
k[k]教巨冈	k'[kʰ]勤穷曲	ŋ[ŋ]牛艺我	h[h]下可嫌	
kw[kw]光过君	k'w[kʰw]昆亏逛			w[w]黄云为
- 欧案				

2）韵母（54 个，"[ ]"表示实际发音，未标"[ ]"的表示已是实际发音）

a	ɨ②	i	ε		ɔ	u	y
花马话	*字之住*	时儿之	且者野		河我坐	夫古	与住处
a:i	ai		ei③	œy	ɔi	ui	
皆拜买	为贵第		你奇四	水去对	来海耐	回杯会	
a:u	au	iu	[ɛu]④		ou		
教孝	斗酒友	小消要			高做步		

① 根据刘学浚描述的书中一些汉字的书写勘误，如"才便 ⇒ 随便（随读若才） 唔俱 ⇒ 唔拘 咪住茶 ⇒ 咪自查 买 ⇒ 卖 盛惠亚 ⇒ 承惠呀"等现象看，后来编写中文配套的人不像是胡绚堂本人。不过这篇文章只提到汉字书写的问题，并没有对语音做出任何评价。

② 此韵字乱串，多数字有两读情况，大部分读入 i 韵，但 y 韵字也有少量读入此韵。

③ 有"四"字读 sei，看似例外，但前身应该是从 sɿ 变来，否则随着两套齿音声母的合并必跟"试 ʃi"同音。19 世纪末广州话此两字发音应该经历过三个阶段，先是 sɿ、ʃi，后是 sɿ、si，再到今天的 sei、si。

④ 正文里没有出现，只在前言说明里提到过。

a:m	am	im				
男三谈	金咁音	点嫌添				

a:n	an	in[i:n]		œn	ɔn	un	yn
万散难	人君陈	千宴荐		尽顺罅	案	换欢般	愿船专

a:ŋ	aŋ	iŋ[ɪŋ]	ɛŋ	œ:ŋ	ɔŋ	uŋ[oŋ]
烹行省	生等曾	清成<u>平</u>	镜听<u>平</u>	将上想	黄堂讲	用同洪

a:p	ap	[ip]				
搭杂	十入立					

a:t	at	it[i:t]		œt	ɔt	ut	yt
八杀	不日一	必		出	葛	没	月雪阙

a:k	ak	ik[ɪk]	ɛk	œ:k	ɔk	uk[ok]
白<u>或</u>逆	得北<u>或</u>	寂昔抑	隻	酌谑琢	乐莫学	曲足独

m̩	ŋ̍
唔	五

该书没有提到 œ 韵。该书句子不多，例字有限，有些韵如 ip 没有例字。不过笔者根据粤方言阳入相配整齐的特点，认为一般有阳声韵也会有入声韵，因此把 ip 韵也算进去。

以上拟音依据该书的以下发音描述得出。

　　i　像英语 it 中的 i，但是舌头明显地收缩到"混合"（mixed）位置。在 k 和 ŋ 前面几乎成了 e。

　　在音节 si、tsi、tsʻi 中，元音伴随着很强的摩擦，因此很像饱满发音的 z。

　　y　和 i 加上圆唇动作一样。和德语 fünf 中的 ü 很相似。

　　ɨ　介于 i 和 y 中间的一个元音，即加上轻微圆唇的 i。

　　e　主要出现在复元音 ei 中。这个复元音和南部英语发音 day 中的 ei 音差不多一样。一些不重要的字当读得很快时偶尔会用单独的 e 替换其中的 ei；其他情况下 e 不单独出现。

　　ɛ　法语 même 中的 ê。英语中最接近的音是 man 中的 a。

　　œ　法语 neuf 中的 eu。

　　a　法语 patte 中的 a。在广东话中这个音有时会有些模糊，接近 much 中的 u。广东话中 a 音只在助词中出现。

　　ɑ　和 calm 中的 a 相似。有时是长音（如在 ˋsɑːm "三" 中），有时是短音（如在 ˋsɑm "心" 中）。

ɔ 和 not 中的 o 相似。

o 主要出现在复元音 ou 中。这个复元音和南部英语 go 中那个复元音大致一样。一些不重要的字读得很短时偶尔会用单独的 o 来代替 ou；其他情况下 o 不单独出现。

u 和英语 put 中的 u 相似。在 k 和 ŋ 之前则比较接近 o。（按：笔者据英文翻译）

3）声调（10个，不算变调9个，见图7-9）

序号	舒声	例字	序号	促声	例字	调型	符号	调值
1	阴平	天书专	7	阴入	仄不得	高降	ˋa	55/52
2	阳平	黄文如				低降	ˎa	11/21
3	阴上	暑可想	8	变调	学话	高升	´a	24
4	阳上	宇满你				低升	ˌa	23
5	阴去	岁贵譬	9	下阴入	结缺作	高平	ˉa	33
6	阳去	地尽做	10	阳入	日读学	低平	ˍa	22

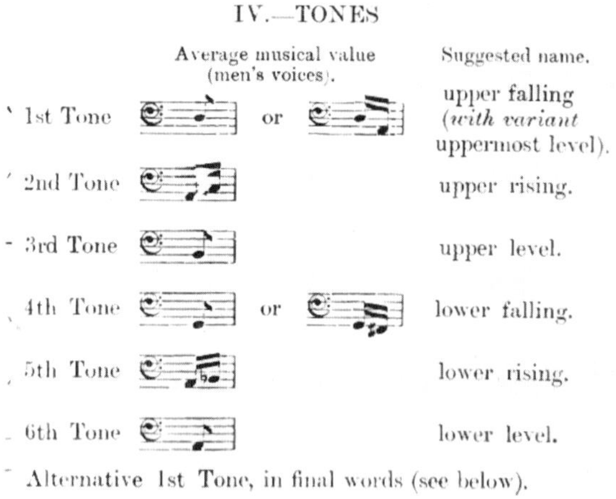

图 7-9　1912 年《粤语语音学读物》xiv 页"声调"

2. 与现代广州话的主要差异

1912 年《粤语语音学读物》与现代广州话的主要差异见表 7-8。

表 7-8　1912 年《粤语语音学读物》与现代广州话对比

例字	1782 年《江湖尺牍分韵撮要合集》	1912 年《粤语语音学读物》	现代广州话
章、字	ʧ、ts	ts	ts
日月	n̩	j	j
师字、(之知)、(住处)	ɿ、(i)、(y)	ɨ	i、(y)
时儿之知、事子	i、ɿ	i①	i
你奇四	i	ei	ei
高做步	u	ou	ou
与住处	y	y	y
去、水、对	y、ʊi、ui	œy	øy
咁金	ɔm、ɐm	ɐm	ɐm
声调数	8 个调	9 个调	9 个调

由表 7-8 可见，1912 年《粤语语音学读物》中两套齿音声母已合成一套，与现代广州话完全一致。韵母与现代广州话只有一项不同，就是现代广州话 i、y 韵母有几个字有两读，既读 ɨ，又读 y，如："住处"，既读 tsy、ts'y，又读 tsɨ、ts'ɨ；"之知"既读 tsi，又读 tsɨ。除此以外，1912 年《粤语语音学读物》整个音系的其他所有特征跟现代广州话相同。

3. 该书在广州话语音发展史上的地位与特点

第一，首次记录齿音只有一套，ts（精组）和 ʧ（知章庄组）的对立已消失。

第二，首次记录 ɿ（《分韵撮要》师史四韵）和 i（《分韵撮要》几纪记韵）发生合流。

第三，首次出现 œy（《分韵撮要》虽髓岁韵）、œn、œt（《分韵撮要》津贤进卒韵）三个韵母的新的标音。

第四，在传教士文献里首次取消 ɔm、ɔp（《分韵撮要》甘敢绀蛤韵）两个韵母。

---

① 从书中正文里以及小注里可以发现 i 和 ɨ 在很多场合下是混读的，如第 9 页的正文里"知"`tsɨ，有小注"In careful speech `tsi"。证明这两个韵母在合并中。

7.2.2　1883年 *Cantonese Made Easy*（《简明粤语》）

《简明粤语》的作者是波乃耶（J. Dyer Ball，1847—1919），他著作颇丰，本书中经常提到的《香山或澳门方言》也是他的著作。《简明粤语》版本很多，1883年在香港出版的是第一版（见图7-10）。

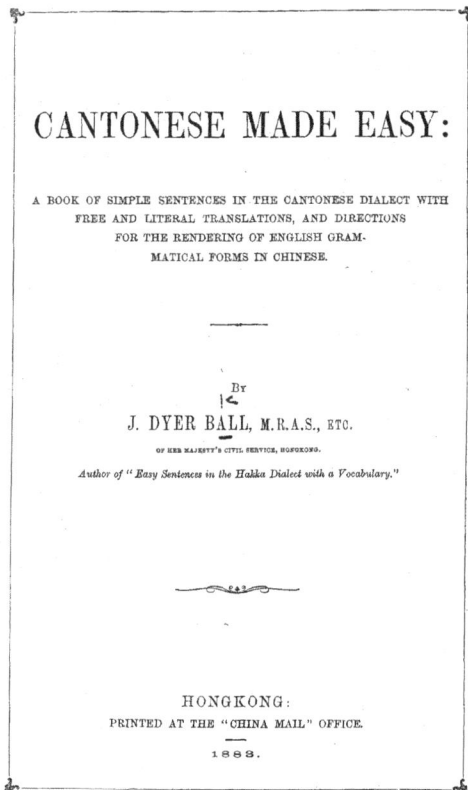

图 7-10　1883年《简明粤语》封面

全书正文共86页，书前有《分韵撮要》韵目的注音，并开拓性地在每个粤方言音节旁边附上与它最接近的英语单词（如 Sik *as* sick）。正文前半部是句子，教学设计较有新意。版面被分成四列，第一列是英语句子，第二列是汉语句子，第三列是粤方言标音，第四列是每个汉字对应的英语单词。

Bring a cup of tea. | 拧杯茶嚟 | ₌Ning ₌pui ₌ch'á ₌lai | Bring cup tea come.

第36页以后是粤方言语法，涉及名词、量词、形容词、序数词、代词、形容词性代词、动词、副词、介词、连词和叹词等①（如图 7-11）。每个大类下面还细分小类，如代词下分人称代词、疑问代词、关系代词。

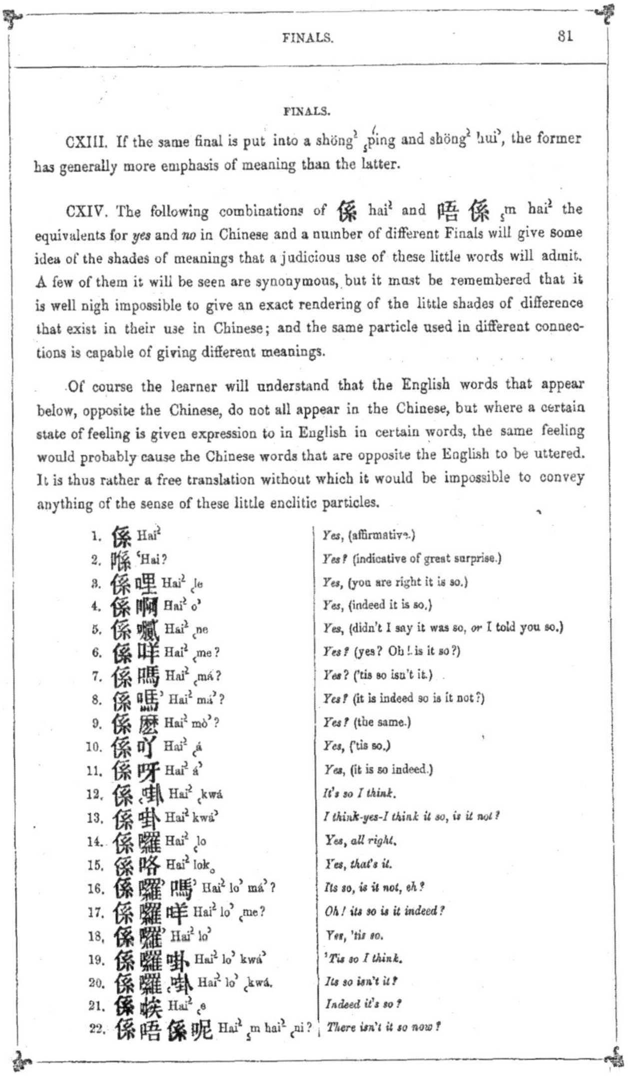

图 7-11　1883 年《简明粤语》第 81 页语气词

---

① 原文是 Nouns、Classifiers、Adjectives、Numeral Adjective、Pronouns、Adjective Pronouns、Verbs、Adverbs、Preposition、Conjuctions 和 Finals。Finals 包括 Interjections、Exclamatory particles 和它们的 Tonal variants。

1. 声韵调系统

该书前言部分说明音系参考卫三畏（1856）的音系，稍有修改：

> 拼写法是按照卫三畏的系统来的，但是在必要的地方做了一些轻微的变动。变体的种类已在下面列出，所以学者们可以毫无难度地使用卫三畏的《英华分韵撮要》）或 Eitel（欧德理）的《粤语中文字典》。（按：笔者据英文翻译）

卫三畏《英华分韵撮要》：　í（or i in Eitel's.）　eu　ú　ui　í　ü

波乃耶《简明粤语》：　　　éi　　　　　　　　ö　wú　wui　yí　yü

可以看出，该书标音体系与卫三畏和欧德理的有细微不同，用 éi 替代了卫三畏部分的 í（欧德理的 i），用 ö 代替 eu，把卫三畏归入零声母的部分字（[i]、[u]、[y] 为主元音）归入 w、y 声母之下。

1）声母（23 个）

p[p]把班必	p'[pʰ]爬攀棒	m[m]蚊猫盲	f[f]房快花
t[t]低度衆	t'[tʰ]他藤同	n[n]农男难	l[l]林栏郎
ts[ts]将子疾	ts'[tsʰ]寻慈七	s[s]三散写	
ch[tʃ]张渣针	ch'[tʃʰ]车差床	sh[ʃ]诗生失	
k[k]假高金	k'[kʰ]企溪楷	ng[ŋ]岩眼额	h[h]乡蚝闲　y[j]形叶染
kw[kw]古官归	k'w[kʰw]夸规裙		w[w]云还滑

- 殴握莺

2）韵母（55 个）

á[a]	z[ʅ]	í[i]	e[ɛ]		o[ɔ]	ú[u]	ü[y]
嫁雅渣	史似四	二议知	蔗社车		货卧初	故府裤	猪语书
ái[aːi]	ai[ɐi]	éi[ei]			oi[ɔːi]	úi[uːi]	ui[ʊi]①
介蟹街	畏米鸡	几记皮			载改盖	每会杯	去罪水

---

① 此韵 ui 还有"举句佢去水嘴对"等字。另，úi 韵有两个例外字"居渠"。

áu[a:u]	au[ɐu]	íu[i:u]		ò[ou]			
教貌炒	秀陋州	照料朝		务铺高			

ám[a:m]	am[ɐm]	ím[i:m]		òm[om]			
鉴缆斩	禁任针	剑染占		敢含咁			

án[a:n]	an[ɐn]	ín[i:n]		òn[on]	ún[u:n]	un[ʊn]	ün[yn]
泛烂产	嫔问真	线笺坚		干旱岸	贯闷盘	进论春	怨川捐

áng[a:ŋ]	ang[ɐŋ]	ing[ɪŋ]	eng[ɛŋ]	öng[œ:ŋ]	ong[ɔ:ŋ]	ung[ʊŋ]	
孟硬撑	凳羹朋	英领猩	星听艇	帐样姜	降往刚	冻勇中	

áp[a:p]	ap[ɐp]	íp[i:p]		òp[op]			
甲蜡闸	急入吸	劫业		蛤合			

át[a:t]	at[ɐt]	ít[i:t]		òt[ot]	út[u:t]	ut[ʊt]	üt[yt]
发辣察	毕勿吉	屑列设		割渴	括末泼	卒律出	乙缺绝

ák[a:k]	ak[ɐk]	ik[ɪk]	ek[ɛk]	ök[œ:k]	ok[ɔ:k]	uk[ʊk]	
额责册	德墨测	益力极	尺隻石	着药脚	角镬确	笃欲竹	

'm[m̩]	'ng[ŋ̍]
唔	吾五悟

3）声调（10 个，不包括变音，此表出现在 1888 年的版本中）

序号	声调	符号	例字
1	阴平	ˎ□	乡空高躝尸听猩枪清英
2	中平	°□	香燶膏栏诗厅星铨青鹰
3	阳平	ˏ□	扬农蚝拦匙亭形墙刑迎
4	阴上	ˋ□	隐揾婉虎粉保蔼纪举点
5	阳上	ˏ□	引尹远妇忿抱殆企佢敛
	（变音）	ˊ□*	人韵院壶银部台狸计轿牌房
6	阴去	□ˋ	线贯记著秀冻降故凳四
7	阳去	□²	谇原一寓俪用忘岽孟白
8	阴入	□。	职急骨乜北必失恤的则
9	下阴入	□。	隻甲刮抹百鳖杀雪踢册
10	阳入	□ˎ	直及掘袜白别实月敌贼

2. 与现代广州话的主要差异（见表 7-9）

表 7-9　1883 年《简明粤语》与现代广州话对比

例字	1782 年《江湖尺牍分韵撮要合集》	1883 年《简明粤语》	现代广州话
将子疾	ts	ts[ts]	ts
张渣针	tʃ	ch[tʃ]	
史似四	ɻ	z[ɿ]	i
二议知	i	í[i]	
几记皮		éi[ei]	ei
故府裤	u	ú[u]	u
做铺高		ò[ou]	ou
猪语书	y	ü[y]	y
取去			
追水	øy	ui[ʊi]	øy
堆罪	ui		
每会杯		úi[uːi]	ui
敢含咁/蛤合	ɔm/ɔp	òm[om]/òp[op]	ɐm/ ɐp
禁任针/急入吸	ɐm/ɐp	am[ɐm]/ap[ɐp]	
乡空高	阴平	上阴平	阴平
诗厅星		下阴平	
职急骨	阴入	上阴入	上阴入
隻甲刮		下阴入	下阴入
	8 个调	10 个调	9 个调

　　波乃耶 1897 年列作对比（对比《香山或澳门方言》的澳门话和香山话）的广州话音系跟 1883 年这套系统有两处不同。其一是有"ö螺[ø]"韵母，其二是把 úi[uːi] 和 ui[ʊi] 合成一个。波乃耶对 uːi、ʊi、ɔːi 三者关系的处理很微妙，《分韵撮要》的"魁韵 uːi"和"虽韵 ʊi"有对立，但只限于端系（有 4 个对立声母[①]，

---

① 参看《英华分韵撮要》声韵配合表。

t、l、ts、tsʰ)，在现代广州话里已经没有对立，而本来不对立的见组却因为遇摄三等见系的加入产生了新的对立（有 2 个对立声母[1]：k、kʰ）。若将粤方言的见系声母分设为两套（一套是舌根音，另一套是圆唇舌根音[2]），上述两个韵母便因恰好分别与这两套声母相拼而不发生对立，因而可以归并。1897 年《香山或澳门方言》就是这样处理的。两种不同处理方法的例子见表 7-10。

表 7-10 1897 年《香山或澳门方言》广州话 öü 的特殊处理（简略）

一套舌根音声母	两套舌根音声母	《香山或澳门方言》的广州话
kui 膪、kʰui 绘	kwui 膪、kʰwui 绘	kwöü[kwøy]瘡、k'wöü[kʰwøy]侩
køy 居、kʰøy 距	kui 居、kʰui 距	köü[køy]居、k'öü[kʰøy]拘

3. 1883 年《简明粤语》在广州话语音发展史上的地位与特点

第一，在 1888 年版本中首次指出广州话平声有三个，不光有下阴入，还有变音，共 10 个声调 1 个变音。

第二，止开三非知系精组（含影组疑母）首次全面独立读 ei，与现代广州话相同。

第三，首次记录遇合三端见系（影组疑母除外）与遇合三知系分离，与止蟹合口三等非帮见系合流读 ʋi。

第四，首次记录蟹合一端系与非端系分离，与止蟹合口三等非帮见系合流读 ʋi。

7.2.3 1877 年 *A Chinese Dictionary in the Cantonese Dialect*（《粤语中文字典》）

该书 1877 年在香港出版（见图 7-12），作者是港英时代的政府中文秘书，德国人欧德理（Ernest John Eitel，1838—1908）。该书扩展了 1856 年卫三畏的《英华分韵撮要》一书，卫三畏书里没能做到每个词条中英对译，而此书中都有

---

① 参看《广东方言研究》附页声韵配合表（高华年，1980）；《广州方言词典》单字音表（白宛如，2003）。

② 其实就是把 u 介音归入声母处理的办法。

体现。全书正文 1018 页，书前有音标描写、声韵配合表（中文）、《分韵撮要》
韵目注音等，书后有《康熙字典》214 个部首和全部字头的注音、《百家姓》官
话和粤方言的注音。该书所反映的音系与《英华分韵撮要》不尽相同，特别
是入声分出三类，在它之前没有人提过，这是本书的一大特点（见图 7-13、
图 7-14）。

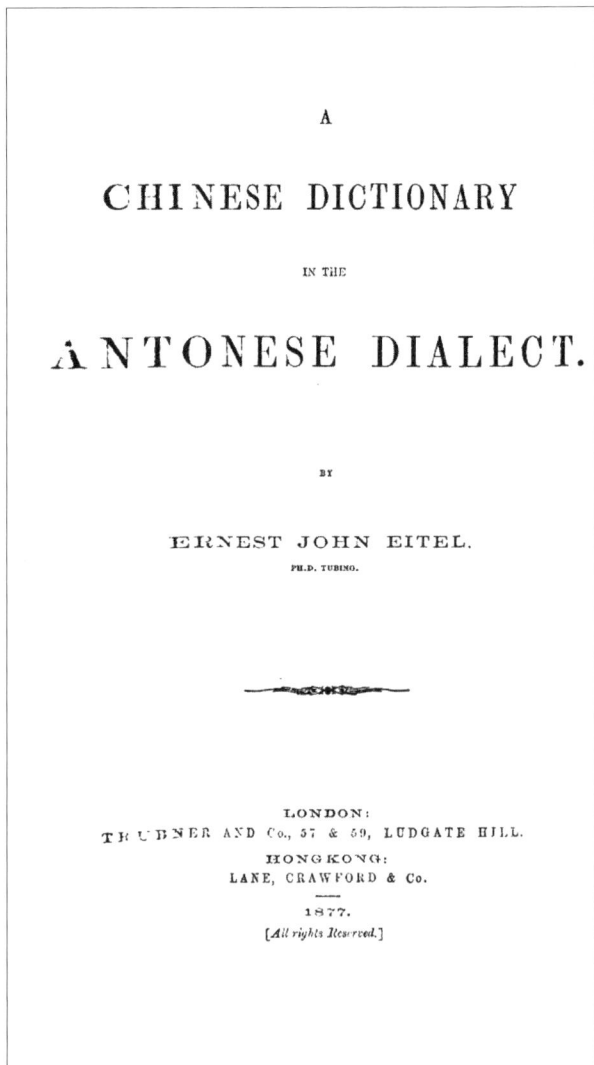

图 7-12　1877 年《粤语中文字典》封面

1. 声韵调系统

1) 声母（23 个）

p[p]兵百品	p'[pʰ]怕皮倍	m[m]亡苗万	f[f]非火宽
t[t]丢定督	t'[tʰ]土团塔	n[n]男念闹	l[l]连罗六
ts[ts]煎左子	ts'[tsʰ]青似撮		s[s]师扫屑
ch[tʃ]战阻之	ch'[tʃʰ]川尺痴		sh[ʃ]生尸世
k[k]革九记	k'[kʰ]概穷曲	ng[ŋ]我岳牛	h[h]客恨香　　y[j]英闰玉
kw[kw]瓜归关	kw'[kwʰ]夸坤狂		w[w]获永尹

- 乌爱言元

2) 韵母（56 个）

á[a]家沙也	z[ɿ]子似师	i[i]之记地	é[ɛ]茄社爷	ù[ø]靴躲唾	o[ɔ]歌拖初	ú[u]姑夫乌	ü[y]书除去
ái[a:i]大徙艾	ai[ɐi]帝世危				oi[ɔ:i]开才来	úi[u:i]剑灰罪	ui[ʊi]追水锐
áu[a:u]包爪罩	au[ɐu]斗收牛	iú[iu]少桥招			ò[ou]高铺租		
ám[a:m]三贪监	am[ɐm]金针心	im[i:m]闪占欠			òm[om]甘堪暗		
án[a:n]山间凡	an[ɐn]尘巾文	in[i:n]千坚免	en[en]困		on[ɔ:n]看岸安	ún[u:n]本门官	un[ʊn]准伦闰　ün[y:n]尊权船
áng[a:ŋ]争省彭	ang[ɐŋ]庚曾孟	ing[eŋ]政兄平	eng[ɛ:ŋ]井声轻	éung[œ:ŋ]强商央	ong[ɔ:ŋ]当爽江		ung[ʊŋ]中送空
áp[a:p]甲答插	ap[ɐp]恰十集	ip[i:p]摺劫贴			òp[op]合鸽		
át[a:t]八法擦	at[ɐt]吉物失	it[i:t]折结跌			ot[ɔ:t]割渴	út[u:t]泼末阔	ut[ʊt]出律术　üt[yt:]日说脱
ák[a:k]客百贼	ak[ɐk]北塞得	ik[ek]色力斥	ek[ɛ:k]隻尺剧	éuk[œ:k]脚雀约	ok[ɔ:k]作各缚		uk[ʊk]竹谷福
m[m̩]唔	ng[ŋ̍]五						

3）声调（9个）

序号	调类	例字
1	阴平	呼婚堪看衣奄烟妖赊尸书于冤威温音因忧
2	阳平	扶坟含寒儿严言摇蛇时薯如元惟云淫人由
3	阴上	府粉坎罕倚弇演窈舍屎黍妪婉委稳饮隐朽
4	阳上	妇忿颔旱耳染唁扰社市暑雨软芳允妊引有
5	阴去	富训勘汉意厌宴要赦试庶饫怨畏愠荫印幼
6	阳去	父分憾汗异验砚耀射是树遇愿位韵任刃右
7	上阴入	竹职必舴壆执笠乜不督屈急得益笃卒毕乙
8	下阴入	捉隻鳖责驳札抹八笪挖割角括甲发册劫屑
9	阳入	浊直别宅薄闸立蜡勿袜弼突达滑入药力业

INTRODUCTION. xxxiii

(c.)—EXAMPLES FOR TONE PRACTICE.

THE UPPER AND LOWER TONE SERIES ARRANGED ACCORDING TO FINALS.

UPPER TONE SERIES.						LOWER TONE SERIES.				
	上平聲	上上聲	上去聲	上入聲	中入聲		下平聲	下上聲	下去聲	下入聲
ká	家	賈	嫁			ngá	牙	雅	迓	
wai	威	偉	畏			mai	迷	米	袂	
kái	皆	解	介			hái	鞋	蟹	懈	
kam (kap)	金	錦	禁	急		yam (yap)	吟	荏	任	入
kám (káp)	緘	減	鑒		甲	lám (láp)	藍	覽	纜	蠟
pan (pat)	賓	稟	嬪	畢		man (mat)	文	敏	問	勿
fán (fát)	翻	反	泛		發	lán (láp)	闌	懶	爛	辣
tang (tak)	登	等	凳	德		mang (mak)	盟	猛	孟	墨
ch'áng (ch'ák)	撐		瞠		册	p'áng (ngák)	彭	棒	硬	額
sau	修	叟	秀			lau	留	柳	陋	
káu	交	絞	教			máu	茅	卯	貌	
ché (chék)	遮	者	蔗		隻	shé	蛇	社	射	
chéung (chéuk)	張	掌	帳		酌	yéung (yéuk)	陽	仰	樣	藥
ki	幾	紀	記			i	宜	議	貳	
kim (kip)	兼	檢	劍		刧	im (ip)	嚴	染	驗	業
sin (sit)	先	蘚	線		屑	lin (lip)	連	璉	鍊	列
ying (yik)	英	影	應	益		ling (lit)	靈	領	令	力
chiú	朝	沼	照			liú	寮	了	料	
ng	[illegible]					ng	吾	五	悟	
fo	科	火	貨			ngo	鵝	我	臥	
tsoi	栽	宰	載			t'oi (toi)	臺	殆	代	
kò	高	槁	告			mò	無	侮	務	
hòm (kòp)	甘	敢	紺		鴿	hòm (hòp)	含	頷	憾	合

图 7-13　1877 年《粤语中文字典》入声三分

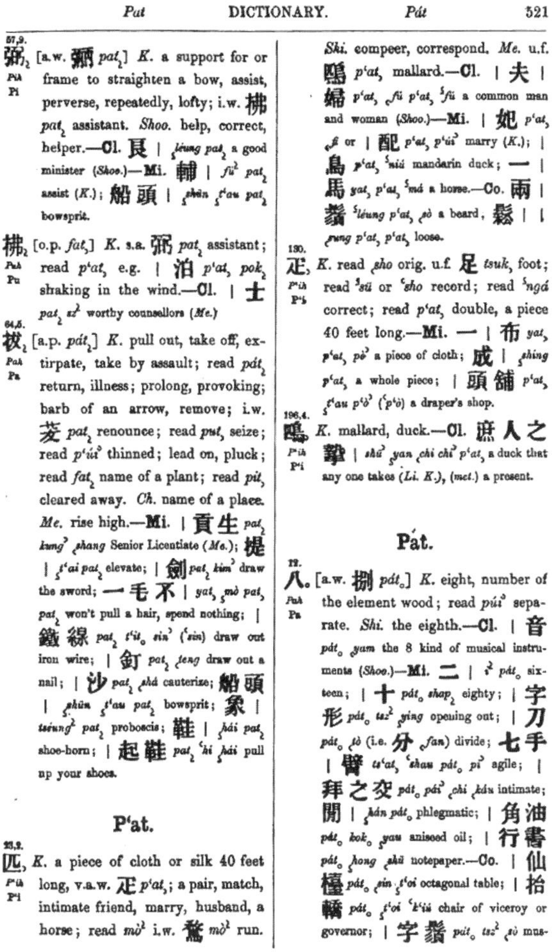

图 7-14 1877 年《粤语中文字典》正文第 521 页

2. 与现代广州话的主要差异（见表 7-11）

表 7-11 1877 年《粤语中文字典》与现代广州话对比

例字	1782 年《江湖尺牍分韵撮要合集》	1877 年《粤语中文字典》	现代广州话
煎左子	ts	ts[ts]	ts
战阻之	tʃ	ch[tʃ]	ts
子似师	ɿ	z[ɿ]	i
之、记地	i	i[i]	i、ei

续表

例字	1782 年 《江湖尺牍分韵撮要合集》	1877 年 《粤语中文字典》	现代广州话
夫姑乌	u	ú[u]	u
高铺租		ò[ou]	ou
除女去、书朱	y	ü[y]	y、øy
对罪、刽灰回	ui	úi[u:i]	ui、øy
甘堪暗/合鸽	ɔm/ɔp	òm[om]/òp[op]	ɐm/ɐp
金针心/恰十集	ɐm/ɐp	am[ɐm]/ap[ɐp]	
屈急	阴入	上阴入	上阴入
割角		下阴入	下阴入
	8 个调	9 个调	9 个调

该书在广州话语音发展史上的地位与特点为：首次完整记录 9 个声调而不是 8 个声调，下阴入第一次被提出来，声调分布与现代广州话一致。

7.2.4 1859 年 *An English and Cantonese Pocket Dictionary*（《英粤字典》）

该书 1859 年在香港出版（见图 7-15），作者是英国来华传教士湛约翰（John

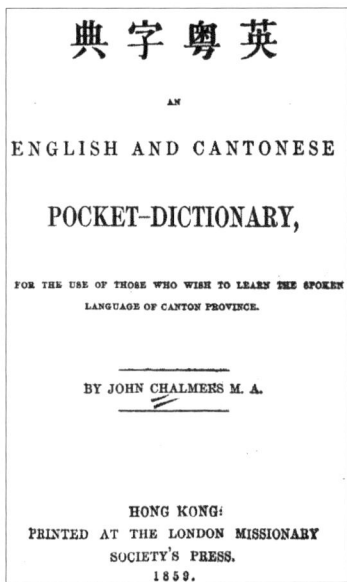

图 7-15 1859 年《英粤字典》封面

Chalmers，1825—1899）。标音系统主要参考 1856 年卫三畏的《英华分韵撮要》，但因为作者刻意避用附加符号，所以标音系统有自己的特色。首版正文共 159 页，是众多版本之中篇幅最短的，作者对语言观察入微，每版均对前版有修订，不同版本反映出广州话的细微变化。该书体例是先列英语单词，再列汉语（粤方言字），然后是粤方言标音，词汇上较口语化。示例如图 7-16。

Triad-society,　　三合会　　saam-hop-ooi`.

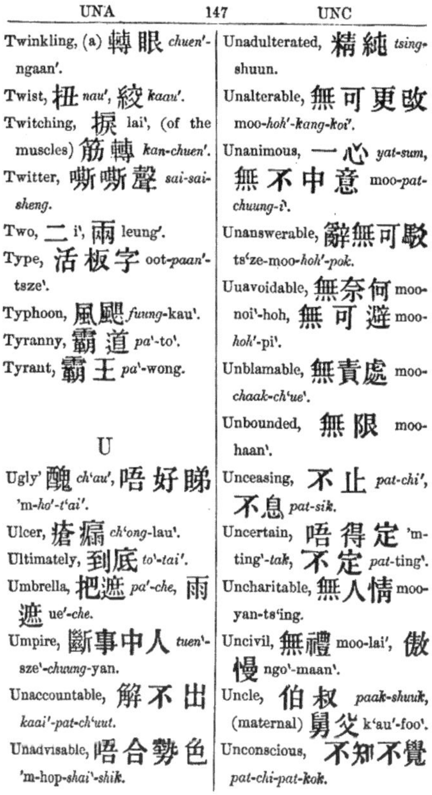

UNA　　147　　UNC

Twinkling, (a) 轉眼 *chuen'-ngaan'*.
Twist, 扭 *nau'*, 絞 *kaau'*.
Twitching, 捩 lai`, (of the muscles) 筋轉 *kan-chuen'*.
Twitter, 嘶嘶聲 *sai-sai-sheng*.
Two, 二 i`, 兩 leung'.
Type, 活板字 oot-*paan'*-tsze`.
Typhoon, 風颶 *fuung*-kau`.
Tyranny, 霸道 *pa`*-to`.
Tyrant, 霸王 *pa`*-wong.

U

Ugly' 醜 *ch'au'*, 唔好睇 'm-*ho'-t'ai'*.
Ulcer, 瘡瘺 *ch'ong*-lau`.
Ultimately, 到底 *to`-tai'*.
Umbrella, 把遮 *pa'-che*, 雨遮 ue'-*che*.
Umpire, 斷事中人 *tuen`*-sze`-*chuung*-yan.
Unaccountable, 解不出 *kaai'-pat-ch'uut*.
Unadvisable, 唔合勢色 'm-hop-*shai`-shik*.
Unadulterated, 精純 *tsing*-shuun.
Unalterable, 無可更改 moo-*hoh'-kang-koi'*.
Unanimous, 一心 *yat-sum*, 無不中意 moo-*pat-chuung-i`*.
Unanswerable, 辭無可駁 ts'ze-moo-*hoh'-pok*.
Uuavoidable, 無奈何 moo-noi`-hoh, 無可避 moo-*hoh'*-pi`.
Unblamable, 無責處 moo-*chaak-ch'ue`*.
Unbounded, 無限 moo-haan`.
Unceasing, 不止 *pat-chi'*, 不息 *pat-sik*.
Uncertain, 唔得定 'm-ting`-*tak*, 不定 *pat*-ting`.
Uncharitable, 無人情 moo-yan-ts'ing.
Uncivil, 無禮 moo-lai', 傲慢 ngo`-maan`.
Uncle, 伯叔 *paak-shuuk*, (maternal) 舅父 k'au'-foo`.
Unconscious, 不知不覺 *pat-chi-pat-kok*.

图 7-16　1859 年《英粤字典》正文第 147 页

1. 声韵调系统

1）声母（23 个）

p[p]帮白保	p'[pʰ]漂怕平	m[m]尾目门	f[f]费风灰	
t[t]短都突	t'[tʰ]通头铁	n[n]能鸟饵		l[l]领乱立

ts[ts]将在子　　　　ts'[tsʰ]亲才词　　　　　　　　　　　　s[s]算相师

ch[tʃ]整住助　　　　ch'[tʃʰ]除疮出　　　　　　　　　　　sh[ʃ]船实耍

k[k]高经家　　　　　k'[kʰ]近其舅舅　　　ng[ŋ]岸外逆　　　h[h]向合可曲　　　y[j]一形人

kw[kw]军过国　　　　k'w[kʰw]困裙　　　　　　　　　　　　　　　　　　　　w[w]为和允

- 二言爱案

2）韵母（56个）

a[a]	ze[ɐ]	i[i]	e[ɛ]	ö[ø]	oh[ɔ]	oo[u]		ue[y]
话马加	四词子	时利记	野泻扯	靴	我火果	顾补母		处去锯
aai[a:i]	ai[ɐi]				oi/oy[ɔi]	ooi[u:i]	ui[ʊi]	
大介怪	遗系计				在改/胎	每罪退	税水嘴	
aau[a:u]	au[ɐu]	iu[i:u]			o[ou]			
貌考包	求手又	照扰骄			祖土告			
aam[a:m]	um[ɐm]	im[i:m]	eem①		om[om]			
三贪陷	心禽砧	尖检点	兼		咁感			
aan[a:n]	an/un[ɐn]	in[i:n]			ohn[ɔ:n]	oon[u:n]	uun[ʊn]	uen[yn]
产眼烦	笨臣军/军问文	天先言			安案干	官门盆	进钝信	算院权
aaŋ[a:ŋ]	ang[ɐŋ]	ing[ɪŋ]	eng[ɛŋ]	eung[œŋ]	ong[oŋ]		uung[ʊŋ]	
冷生筐	肯杏生	升惊灵	病醒饼	上象香	光爽筐		冬攻宗	
aap[a:p]	up[ɐp]	ip[i:p]			op[op]			
答立及	湿汁	业贴叶			合盒蛤			
aat[a:t]	at/ut[ɐt]	it[i:t]			oht[ɔ:t]	oot[u:t]	uut[ʊt]	uet[yt]
察发法	实日不/骨	铁别设			割褐渴	没活泼	出恤律	说血月
aak[a:k]	ak[ɐk]	ik[ɪk]	ek[ɛk]	euk[œk]	ok[ok]		uuk[ʊk]	
捆客责	墨则麦	击色赤	石剧脊	着脚药	驳学作		服捉局	
'm[m̩]	'ng[ŋ̍]							
唔	午五							

3）声调

　　早期的版本只注明了平上去入四声，后来的版本（1891）才改用四角发圈法标了8个调号。

---

① 1891 年第六版的时候改为 kim 了，这里也可以当例外看。

2. 与现代广州话的主要差异（见表 7-12）

表 7-12　1859 年《英粤字典》与现代广州话对比

例字	1782 年《江湖尺牍分韵撮要合集》	1859 年《英粤字典》	现代广州话
将在子	ts	ts[ts]	ts
整住助	tʃ	ch[tʃ]	
四词子	ɿ	ze[ɿ]	i
时、利记	i	i[i]	i、ei
顾、补母	u	oo[u]	u、ou
处、去须、锯	y	ue[y]	y、øy、œ
每、罪退	ui	ooi[u:i]	ui、øy
咁感合/盒蛤	ɔm/ɔp	om[ɔm]/op[ɔp]	ɐm/ɐp
心禽砝/湿汁	ɐm/ɐp	um[ɐm]/up[ɐp]	
	8 个调	—	9 个调

3. 该书在广州话语音发展史上的地位与特点

第一，该书的第 2 版（1862）前言对连读变调作了描写，热头的"头"从平声变成上声，和尚的"尚"从去声变成上声。例字有：头、钱、银、人、时、台、盘、房、亭、排、谁、由（按：以上阳平）、近、淡（按：以上阳上）、意、细、过、铺、快（按：以上阴去）、地、庙、寺、柜、画、县、字、父、傅、匠、话、耐、罢、样、慢、静、渐、大、便、面、尚、二（按：以上阳去）。

第二，该书的第 6 版（1891）前言部分说明了声调之间的关系。指出阴平与阴入（星析）同调值，阴去与阴入（线薛）同调值。

7.2.5　1856 年 *A Tonic Dictionary of the Chinese Language in the Canton Dialect*（《英华分韵撮要》）

该书是卫三畏研究粤方言的集大成之作（见图 7-17），收录常用字 7850 个，包括一些简化字和异体字。该书参考当时流行于广东地区的粤方言韵书《分韵撮要》，为每个汉字标注粤音和官话音。正文页首标注粤音，如果发音人的发音跟《分韵撮要》音系不一致则随文说明，并指明带这种语音特色的发音人在广东哪个地区，描写包含文白异读，每个汉字下标注官话音（见图 7-18）。后

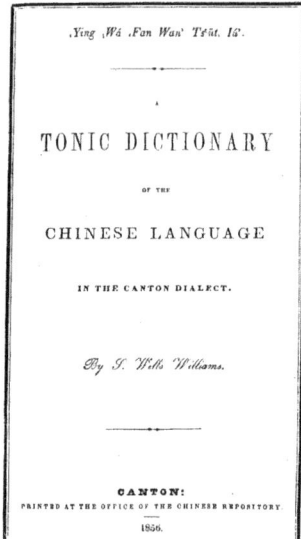

图 7-17 1856 年《英华分韵撮要》封面

图 7-18 1856 年《英华分韵撮要》正文

来的传教士编写粤音词典均把它作为重点参考书目之一，该书的权威性由此可见。

　　该书正文共 728 页，前言有《分韵撮要》韵目的注音，对《分韵撮要》每韵的发音、现状、特点做了详尽介绍，首次创造《分韵撮要》声母的代表字，首次使用声韵配合表（只标注音不标汉字）彰显声韵结合规律。书后附有《百家姓》、《康熙字典》214 个部首、《英华分韵撮要》正文全部字头（按 214 个部首排列）的粤方言注音。正文部分是粤方言 700 个音节（按英语 26 个字母的排列顺序），每个音节下一般用四角发圈法按四声各分阴阳的顺序排列汉字。每个汉字都有释义，然后罗列包含此字的词汇及词汇义解释。所有释义均用英语，词汇也只注音。

1. 声韵调系统

1）声母（23 个）

p[p]嫔毕把	p'[pʰ]棒彭婆	m[m]盟米问	f[f]火魁风
t[t]东冻打	t'[tʰ]台殆谈	n[n]南能钮	l[l]料陋列
ts[ts]自宰进	ts'[tsʰ]词似齐	s[s]先虽师	
ch[ʧ]主之者	ch'[ʧʰ]尺出池	sh[ʃ]社射圣	
k[k]纪讲勾	k'[kʰ]倾裘暨	ng[ŋ]我雅岳	h[h]蟹寒开阙　y[j]影人仰
kw[kw]鬼季关	kw'[kwʰ]夸邝裙		w[w]伟畏镬
- 婉如月安			

2）韵母（55 个）

á[a]	z'[ɿ]	í[i]	é[ɛ]①	ù[œ]	o[ɔ]	ú[u]	ü[y]
家查花	师四自	支儿皮	遮车畲	靴朵	科何罗	孤符乌	诸许徐
ái[a:i]	ai[ɐi]				oi[ɔ:i]	úi[u:i]	ui[ʋi]
皆柴赖	威费计				栽盖菜	魁雷崔	虽水帅
áu[a:u]	au[ɐu]	iú[iu]			ò[ou]		
交巢茅	修欧侯	朝乔饶			高粗补		
ám[a:m]	am[ɐm]	ím[i:m]			òm[om]		
缄蓝咸	金林岑	兼詹严			甘阖感		
án[a:n]	an[ɐn]	ín[i:n]			on[ɔ:n]	ún[u:n]	un[ʋn]　ün[y:n]
翻晏简	宾辛文	先燕连			干韩安	官满潘	津伦荀　鸳权孙

---

① 前言部分有说明，骑 kí、俾 pí、非 fí、已 kí，读成 ké、pé、fé、ké，但这些是例外。今天只剩下"骑"字有 ke²¹ 的读法。

áng[a:ŋ] 彭冷硬	ang[ɐŋ] 登耿孟	ing[ɪŋ] 英程经	eng[ɛ:ŋ] 惊轻钉	éung[œ:ŋ] 张乡羊	ong[ɔ:ŋ] 刚庄方		ung[ʊŋ] 东终封
áp[a:p] 甲沓习	ap[ɐp] 急汲十	íp[i:p] 劫叶聂			òp[op] 蛤合鸽		
át[a:t] 滑萨筏	at[ɐt] 毕吉乜	ít[i:t] 屑列别			ot[ɔ:t] 割葛喝	út[u:t] 括活阔	ut[ʊt] 卒出律 ／ üt[y:t] 乙阙越
ák[a:k] 额翟白	ak[ɐk] 德黑塞	ik[ɪk] 益植赤	ek[ɛ:k] 剧笛石	éuk[œ:k] 着卓脚	ok[ɔ:k] 角霍国		uk[ʊk] 笃祝伏
'm[m̩] 唔	'ng[ŋ̍] 吾吴伍						

3）声调（8个）

序号	调类		符号	例字
1	阴平	（上平）	˹□	温阉冤阴因腰赊舒衣夫钉
2	阳平	（下平）	ˌ□	云严元吟人摇蛇殊儿扶城
3	阴上	（上上）	˼□	稳掩宛饮忍窈舍鼠倚苦井
4	阳上	（下上）	˅□	尹染远荏引扰社署耳妇艇
5	阴去	（上去）	□˺	愠厌怨印要赦庶意裤镜
6	阳去	（下去）	□²	混验愿任孕耀射树二父病
7	阴入	（上入）	□˩	屈腌乙泣一色壳笠剥发锡
8	阳入	（下入）	□₂	核叶月入日食学立莫筏尺

用四角发圈法标的只有 8 类，阴入有分出上下两类的痕迹。

2. 与现代广州话的主要差异（见表 7-13）

表 7-13　1856 年《英华分韵撮要》与现代广州话对比

中古地位	例字	1782 年 《江湖尺牍分韵 撮要合集》	1856 年 《英华分韵撮要》	现代广州话
精组	自齐虽	ts	ts[ts]	ts
知庄章组	之出圣	tʃ	ch[tʃ]	
止开三知系精影组	支衣	i	í[i]	i
止开三非知系精影组	儿皮			ei
遇合一见系	孤乌	u	ú[u]	u

中古地位	例字	1782 年《江湖尺牍分韵撮要合集》	1856 年《英华分韵撮要》	现代广州话
遇合一非见系	苏布			ou
遇合三知系影组	诸遇	y	ü[y]	y
遇合三端系见晓组	许徐			øy
蟹合一端系	雷崔	ui	úi[u:i]	
蟹合一非端系	魁杯			ui
咸开一见系	甘/蛤	ɔm/ɔp	òm[om]/òp[op]	ɐm/ɐp
深摄	金/急	ɐm/ɐp	am[ɐm]/ap[ɐp]	
清声母短元音	一不	阴入	上阴入	上阴入
清声母长元音	百发		（下阴入）	下阴入
浊声母	日突	阳入	阳入	阳入
		8 个调	8（9）个调	9 个调

3. 该书在广州话语音发展史上的地位与特点

第一，首次全面记录广州话的文白系统，ɛŋ、ɛk 韵的归字第一次完整出现在人们的视野里。词汇和释义明确，现代方言学的音节表、声韵调配合表、同音字表均可以通过归纳全书得到。本书是粤方言著作中出类拔萃的作品。

第二，首次完整记录广州话的方言词，只要这个音节有意义，无论有无汉字均标音，并详细列明其语义。

4. 溪母字的变化

现代广州话溪母字读 kʰ 声母的只占少数，说明溪母字的演变较剧烈。《英华分韵撮要》的声母跟中古声母比较，变化最复杂的也是溪母字与晓母字的读音。1856 年《英华分韵撮要》的 kʰ、h、f 与中古声母的对应情况表明溪母曾有过和晓母合流的演变阶段。

中古溪晓匣母与 1856 年《英华分韵撮要》的对应如下（加*的是中古拟音）。

1）溪母：*kʰ（开口）→h 开客悭坑恰乞敲欺谦牵壳堪看康空曲（以上溪母）

（1）*kʰu（合口）→f 科快扩魁宽阔窟（以上溪母）；

（2）*kʰj（个别开口细音）→j 泣钦丘①；

（3）*kʰ（文读音）→抠寇启盔崎躯倾抗确却坤夸窍慷靠曲。

2）晓母：*hu（合口）→f 花挥熏（以上晓母）

3）匣母：*ɣu（合口）→wu 桓湖画宏横或获（匣母）

　　　　　　　　　　　　→f 绘（个别匣母）

溪晓母的演变路径如下：

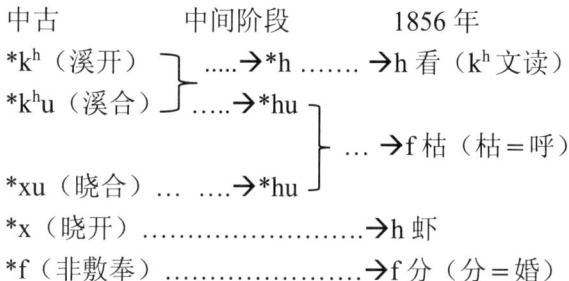

```
        中古           中间阶段          1856 年
     *kʰ（溪开）┐ .....→*h ....... →h 看（kʰ文读）
     *kʰu（溪合）┘ .....→*hu ┐
                            ├ ... →f 枯（枯＝呼）
     *xu（晓合）... .....→*hu ┘
     *x（晓开）.........................→h 虾
     *f（非敷奉）.....................→f 分（分＝婚）
```

　　与以上音变不一致的是，有些溪母开口字今音仍读 kʰ 声母，笔者认为其来自官话的影响。

　　举"坤靠抗筐"四字为例，这四字在 1856 年的《英华分韵撮要》和现代广州话均读 kʰ、kʰw，1782 年《江湖尺牍分韵撮要合集》中第 1 字读 f，第 2、3 字读 h，第 4 字《英华分韵撮要》有两读。

　　其一，"坤捆困窟"是阳入对应的关系，鉴于粤语阳入对应相当整齐，既然"窟"字声母已经变成 f-，前三字"坤捆困"也就不应该还是 kʰw-。实际上，"困"字粤方言表示睡觉意义的确是"fen²"。而且 1782 年《江湖尺牍分韵撮要合集》里不只"拂忽窟屈"同音，"坤分勋"也同音，证明那时的"坤"字声母也是 f。据此看来，1856 年"坤捆"声母读舌根音极可能是外来的文读音。

　　其二，1782 年《江湖尺牍分韵撮要合集》"耗犒靠好"四字同音，说明那时"靠"字声母是 h。读 kʰ 是后来的变化。

　　其三，"康糠慷抗"中，"康糠"在 1856 年《英华分韵撮要》中声母已经是 h，"慷"在 1856 年《英华分韵撮要》中声母是 kʰ，在现代也已经是 h，1782 年的《江湖尺牍分韵撮要合集》"抗吭伉亢炕"五字同音，最后一字"炕：火坑又以火

---

① 休字晓母，跟丘同音，其条件现代已经看不出来，1809 年马译《论语》"丘"字的标音是 hyaou[hjau]，整个流摄字里只剩下这个音节有 j 介音，这里的 j 介音应该就是"丘"字丢失声母的条件。

炙物"，《广州方言词典》（白宛如，2003：406）标音是 hɔŋ²。说明"抗吭伉亢炕"字音当时很有可能念 hɔŋ²。念 kʰ 是后来的变化。

其四，"筐"字 1856 年《英华分韵撮要》中有 hɔŋ、kʰwaːŋ 两读，很可能是外来层次的叠置。

广州话溪母文读为 kʰ 的现象比较普遍，此类文读声母的借入较为晚近，并且至今仍未终止。各种版本的《分韵撮要》都有"魁贿诲"的韵目，跟别的韵目相比较可知此三字声韵通常相同，只是声调不同而已。1856 年《英华分韵撮要》此三字的标音是"ˌfúi ˉfúi fúi²"（第 xv 页），声母都是 f，但现代广州话"贿"字读 [ˌkʰúi]，"贿"本来是晓母，粤方言应该读 h，误读的人应是类推过了头，读成 kʰ 了。

综上所述，1782 年的《江湖尺牍分韵撮要合集》的正文里"坤分"同音、"忽屈"同音、"扩霍"同音、"亏辉"同音、"邝旷况放"同音，足以证明 1782 年前 kʰw➔f 已接近全部完成。后代的这些字念 kʰ 的大多来自文读音。

5. 白读音①

梗摄二等白读战胜文读，例如：

	拟音	阳上	阴去	阳去
1856 年文读	mɐŋ	猛	掹	孟
1856 年白读	maŋ	猛	掹	孟
现代广州话	maŋ	猛	—	孟

梗摄二等的白读字越来越多，此现象从 1782 年《江湖尺牍分韵撮要合集》的韵目里就可以看出。第三十二韵"彭棒硬额"是所有韵目里唯一一个声母不同的韵目，前两个声母是 pʰ，后两个是 ŋ。1885 年《增辑字音分韵撮要》此韵的韵目已改成"盲猛孟陌"，说明 1885 年时终于有了四个声母相同、四声相异的理想的例字。

梗摄三四等的白读则没有明显的取胜优势，白读音既有减少（清），也有增加（赤）（见表 7-14、表 7-15）。

---

① 山合二入声部分字由长 a 变成短 a，不知是否为文白的关系。

		阴入	阳入
1856 年《英华分韵撮要》	fat	发（發）法发（髮）	伐筏罚乏
现代广州话	fat	发（發）法发（髮）	—
	fɐt	—	伐筏罚乏

表 7-14　1856 年《英华分韵撮要》与现代广州话梗摄细音白读的变化对比

		阴平	阳平	阴上		阳去	阴入
1856 年文读	tsʰɪŋ	青清	情晴	请	tʃʰɪŋ/tʃʰɪk	郑	赤
1856 年白读	tsʰɛŋ	青清	情—	请	—	—	—
现代广州话文读	tsʰɪŋ	青清	情晴	请	—	—	—
现代广州话白读	tsʰɛŋ	青—	——	请	tsɛŋ、tsʰɛk	郑	赤

注：表中例字部分为原书中所使用的繁体字，因研究需要未作简化处理。后表同此。

表 7-15　1856 年《英华分韵撮要》的梗摄细音全部白读

eng[ɛːŋ]	阴平	阳平	阴上	阳上	阴去	阳去	阴入	阳入
p		餅		柄		病		
p'		瓶餠						擗
m		□名				命		擘
t	釘		頂			定掟		笛篴糴
t'	廳聽听			艇		剔踢		
n			□					
l		鲮		領		靚		
ts	精		井			淨	脊	席
ts'	靑靑清	情	請					
s	□腥		醒		□		錫	
ch			整		正			隻蹠跖炙
ch'								尺
sh	聲声	城					石碩鼫	
k	驚		頸		鏡		□	
k'								劇屐
h	輕				磬磬罄			
y		贏						

　　"郑"字现代只读 tsɛŋ，但 1856 年确是 ch'ing[tʃʰɪŋ]，是文读，没有白读。"赤"字现代只有白读 tsʰɛk，但 1856 年只有文读 ch'ik[tʃʰɪk]。

　　1856 年《英华分韵撮要》eng 韵字与现代广州话 ɛŋ 韵的收字范围大概一致。比较特别的是，"隻尺"均是阳调。文读"直隻"同音。

6. 粤方言下阴入的端倪

《英华分韵撮要》将中古清声母字"隻蹠跖炙尺"等归属阳入，但 1841 年、1855 年、1866 年的文献却标为清入，这不由让人对该书产生疑问（见表 7-16、表 7-17）。

表 7-16 《广东方言读本》《初学粤音切要》《华英字典》反映的"隻尺石"的读音情况

	1841 年裨治文《广东方言读本》		
阴入	渍积即脊 tsik。	—	悉息 sik。
	—	赤尺 ch'ik。	色 shik。
阳入	汐藉 tsik。		
	直 chik。		食石 shik。
	1855 年湛约翰《初学粤音切要》（音标为拟音）		
阴入	即：则息切 tsɪk。	戚：七息切 tsʰɪk。	息：心息切 sɪk。
	职：之息切 tʃɪk。	斥：丑息切 tʃʰɪk。	色：审息切 ʃɪk。
阳入	籍：在息切 tsɪk。		
	直：杖息切 tʃɪk。		食：时息切 ʃɪk。
阴入	支：之石切 tʃɛk。	尺：丑石切 tʃʰɛk。	
阳入			石：时石切 ʃɛk。
	1866 年罗存德《华英字典》		
阴入	即 tsik。	戚 ts'ik。	息 sik。
	职 chik。	斥 ch'ik。	色 shik。
阳入	夕 tsik。		
	直 chik。		食 shik。
阴入	隻 chek。	尺 ch'ek。	
阳入			石 shek。

注：表中阴影指白读出现的地方。

表 7-17 1856 年《英华分韵撮要》反映的"隻尺石"的读音情况

阴入 ik。	即喞堲瘠蹐鶺勣勣积喷蹟迹跡蹟帻碛叟稷踖 荠 tsik。	戚慼鋮刺瘌 ts'ik。	昔息熄媳惜腊悉螅蜥析晰 晰淅舄錫 sik。
	職織陟 chik。	赤勅敇斥叱螯鷘 ch'ik。	色飾餝飭齚穑濇识适释奭 襫式軾拭[巾式]栻 shik。

	席蓆籍藉夕汐穸寂 tsik₂		
阳入 ik₂	直值殖植埴稙撼拓湜 *隻蹠跖炙* chik₂	尺 ch'ik₂	食蝕*石碩鼫* shik₂
阳入 ek₂	隻蹠跖炙 chek₂	尺 ch'ek₂	石碩鼫 shek₂

笔者发现,《英华分韵撮要》里这些调类归属特殊的字主要集中在长元音韵里。现代广州话中这些字都是下阴入,调值是 33,阳入的调值则是 22,两调调值十分接近。对此现象,恰当的处理是将入声分立三调,这在今天是毫无疑义的,但在当时还只能在传统的四声八调框架下处理。该书将这些清声母入声字归阳入调的特殊处理并未囊括全部同类清入字,这有可能反映了当时清入正处在分化为上下两类阴入的过程中。清入字早先都是高平促调 55(今音上阴入保持未变),后来长元音韵腹的字调值降低为中平调 33,以至让传教士难以分清其与阳入 22 调的区别。这种变化从少数字开始,逐渐扩及全部长元音韵腹的字。该书有些入声字的调类与今读不一致,或许正是这一变化的反映,例子见表 7-18(黑色粗体部分是主要的对比对象)。

表 7-18　1856 年《英华分韵撮要》反映的长元音入声的归调问题

	1856 年《英华分韵撮要》阴入	1856 年《英华分韵撮要》阳入	现代广州话下阴入 33	现代广州话阳入 22
mút	抹秣沫	末茉没殁	抹 mut33	**沫 mut22**
mák		**擘**	**擘 mak33**	
lak	肋扐	勒簕竻		肋 lɐk22
sek	錫		錫 sɛk33	
chek		隻蹠跖炙	**隻 tsɛk33**	
ch'ek		尺	尺 tsʰɛk33	
tséuk	雀爵	**嚼爝嚼**	**嚼 tsœk33**	
chéuk	着著妁勺灼酌杓雀斫		著 tsœk33	着 tsœk22
yéuk	約躍瀹檐龠籥**鑰**籥鸙謔鑠	樂約若箬箬弱蒻虐瘧		**鑰 jœk22**
lok	咯烙絡挙酪駱雒**洛**	落樂濼爍		**洛絡 lɔk22**
wok	**獲**篗攫穫蠖	鑊		**獲 wɔk22**

表 7-18 显示，与现代广州话读音不一样的入声大多是长元音韵母，笔者推测这种现象不是偶然发生的结果，而是在 1856 年甚至 1782 年原本《分韵撮要》的时候，粤语的下阴入就已经出现端倪，到 1877 年的《粤语中文字典》里则全部完成。

7.2.6　1855 年 *Cantonese Phonetic Vocabulary*（《初学粤音切要》）

该书 1855 年在香港出版（见图 7-19），作者湛约翰（John Chalmers），湛约翰也是前面 1859 年《英粤字典》的作者。书名为"切要"，内容是给每个汉字注反切，全书正文共 62 页，按康熙字典 214 个部首排列，每部首下按声符排列汉字，每个汉字下自造反切（见图 7-20）。该书的特色是把汉字的反切法与拉丁字母的标音功能相结合，每页页首设有读音表，最上一行是声母及其代表字（阴阳两类），第二行是韵母及其代表字（按平上去入排列，每类一个代表字）。反切的方法跟中古反切同理，反切上字取声母和清浊，反切下字取韵母和声调。不过由于反切上下字只取一个，于是会出现自切现象。如"石，时石切""岸，岸翰切"，也偶有反切上下字用同一个字的，如"丁"字既当声类代表字，也当韵类代表字，于是出现了"丁，丁丁切"。

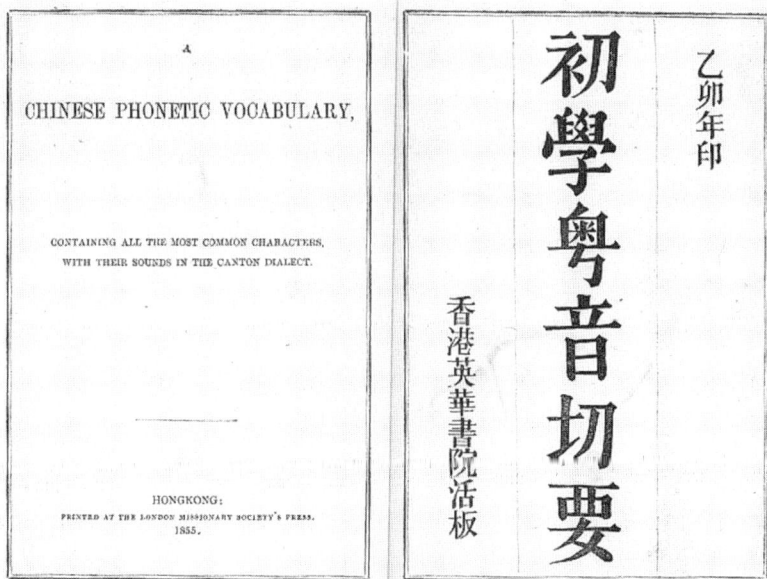

图 7-19　1855 年《初学粤音切要》封面

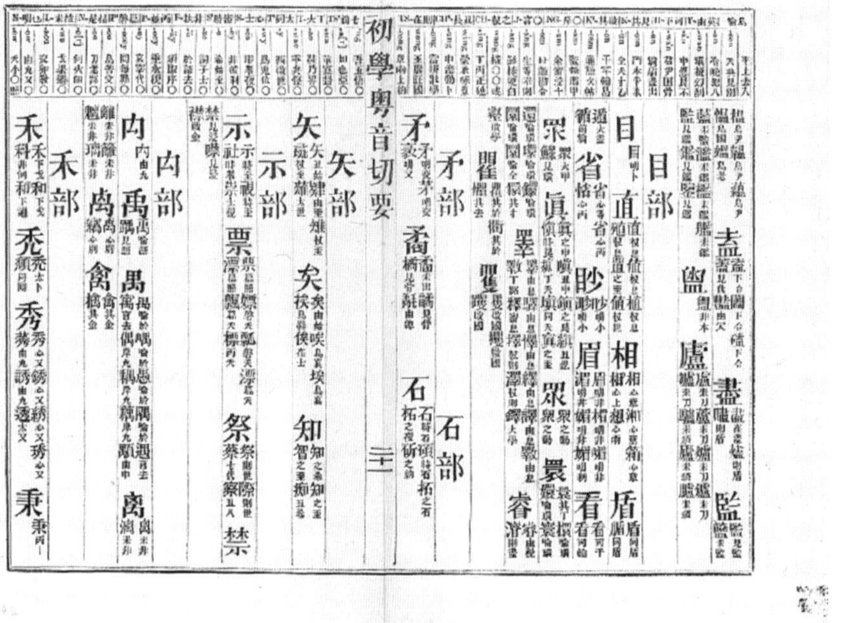

图 7-20　1855 年《初学粤音切要》正文

1. 声韵调系统

原书没有设立 kw、k'w、w 这 3 个声母，有 wa、wo、wae、wy、wan、wat、wǎn、wǎt、wang、wak、wing、wik、wong、wok 共 14 个韵母。为了便于和其它音系作比较，笔者设立了 kw、k'w、w 声母。

1）声母（24 个）[①]

p[p]巴丙便拜　　p'[pʰ]盘篇婢普　　m[m]明乜忘巫　　f[f]扶非化宽

t[t]大丁代督　　t'[tʰ]同太贴台　　n[n]尼拈内匡　　　　　　l[l]来拉亮落

ts[ts]在则卒寂　　ts'[tsʰ]前七似千　　　　　　　　　　s[s]士心素迅

ch[tʃ]杖之制汁　　ch'[tʃʰ]长丑稠昌　　　　　　　　　s'[tʃ]时审十升　　j[ʒ]言如疑染

k[k]共见沟计　　k'[kʰ]其启拒却　　ng[ŋ]岸瓦兀危　　h[h]下哭咳越叶　　y[j]由英闰休

kw[k]君瓜骨桂　　k'w[kʰw]隙携窘困　　　　　　　　　　　　　　　w[w]位话幻或

- 喻乌粤五

[①] 原书不能放大阅读，偶有实在看不清的地方参考过《初学粤音切要》查询系统（http://resources.saveproppercantonese.com/cpv/book/word/query）。

2）韵母（57 个）①

ar[a]	ze[ɐ]	e[i]	ĕa[ɛ]	[ø]②		or[ɔ]	oo[u]		ü[y]
加也寡	词子士	希饥至	耶者夜			何火过	苦父步		语去居

ae[a:i]	y[ɐi]	ĕy[ei]		oey[oi]	oy[ɔi]	ooey[u:i]		üy[yi]③
鞋乃乖	西启为	非地利		垂水税	哀宰代	每罪雷		须取序

aou[a:u]	ow[ɐu]	ew[iu]		oe[ou]
交卯教	由九又	夭小照		告祖土

am[a:m]	um[ɐm]	eem[i:m]			om[ɔm]
监斩鉴	金审浸	廉点欠			甘敢勘

an[a:n]	ȁn[ɐn]	een[i:n]			on[ɔn]	oon[u:n]	un[ʊn]	ün[yn]
餐晚环	申忍君	天典见			干罕翰	门本官	伦盾尽	全犬寸

ang[a:ŋ]	ȁng[ɐŋ]	ing[ɪŋ]	ĕing④	eong[œ:ŋ]	ong[ɔŋ]		ung[ʊŋ]
彭棒横	生等孟	丁丙荣	[ɛ:ŋ]	章两上	当绑王		中总动

ap[a:p]	up[ɐp]	eep[i:p]			op[ɔp]
甲纳集	十入急	帖协楫			合鸽蛤

at[a:t]	ȁt[ɐt]	eet[i:t]			ot[ɔt]	oot[u:t]	ut[ʊt]	üt[yt]
八刮刷	不骨七	别切结			曷割褐	末勃豁	出卒率	乙厥啜

ak[a:k]	ȁk[ɐk]	ik[ɪk]	ĕik[ɛ:k]	eok[œ:k]	ok[ɔk]		uk[ʊk]
白或册	责则克	熄隙亦	石尺隻	约卓脚	学国洛		卜菊叔

[m]	'ng[ŋ]
	吾五悟

3）声调（8 个）

原书反切上字分成清浊两类，反切下字标的是平上去（入），证明是 8 个调类。

序号	调类	例字
1	阴平	天英丰登
2	阳平	伦长言冥
3	阴上	典丑可铭

---

① 韵母系统里有些空格，我们补上应该有但实际没有例字的韵母。

② 斜体表示根据系统空缺应有的音。

③ 此韵早在 1840 年的《伊索寓言》就已经独立。不过《伊索寓言》里臻摄字的类别不清，与《分韵》比太乱。

④ 原书页首并没有标出这一反切下字，但"石"字在正文中的确被用作切切下字，前言部分说明 ëing/ëik 两韵是 ing/ik 的变体。笔者根据实际读音标出此两韵母，"石"读 shëik（参考《初学粤音切要》查询系统）。

4	阳上	览养盾柱
5	阴去	见信斗济
6	阳去	尽下艳卖
7	阴入	足谷尺隻
8	阳入	俗觅辱石

该书前言的语音描述为：

不带记号的 a、o、u 和 i 的发音如同英语中在 r 前面的时候——far，for，fur，fir。——带记号的 a 是短音。——ae 不是复元音?（笔者按：看不清），而是有点像 Shanghae 一词中发音。——y 读如 by 中的发音；但在别的元音后面则读如 joy 中那样的发音。韵母 ing 有个变体 ëing，通常是自由变体，但在"石 shëik"以及一些读第四调的其他字中则总是读成这个变体音。不过，上述这些发音的描述只是接近实际的发音。（按：笔者据英文翻译）

2.与现代广州话的主要差异（见表 7-19）

表 7-19　1855《初学粤音切要》与现代广州话对比

例字	1782 年《江湖尺牍分韵撮要合集》	1855 年《初学粤音切要》	现代广州话
在则	ts	ts[ts]	ts
杖之	tʃ	ch[tʃ]	
言如	ȵ	j[ʒ]	j
由英	j	y[j]	
词子士	ɿ	ze[ɿ]	i
非尾地	i	ěy[ei]	ei
始、希饥		e[i]	i、ei
苦父、步	u	oo[u]	u、ou
告祖土		oe[ou]	ou
语、去居	y	ü[y]	y、øy
女取序		üy[yi]	øy
垂水税	ʋi	oey[oi]	
回每、罪	ui	ooey[u:i]	ui、øy
哀宰代	ɔi	oy[ɔi]	ɔi

续表

例字	1782 年 《江湖尺牍分韵撮要合集》	1855 年 《初学粤音切要》	现代广州话
甘敢/勘合	ɔm/ɔp	om[ɔm]/op[ɔp]	ɐm/ɐp
金审浸/十	ɐm/ɐp	um[ɐm]/up[ɐp]mu	
足谷/尺隻	阴入	阴入	上阴入、下阴入
	8 个调	8 个调	9 个调

3. 该书在广州话语音发展史上的地位与特点

该书中革新成分和保守成分均有，1828 年《广东土话字汇》和 1841 年《广东方言读本》对日母均没有记录，但该书的反切有日母（含疑母细音）一类，此类未必就反映时音。ei、yi、ɛk 的标出则是相当大的革新，前两韵在 1883 年《简明粤语》才有完整的记录。第一类是 i→ei 只发生在帮系和端组（现代广州话范围大一点，包含见系①），第二类是 y→yi→ʊi 中间的一个过渡阶段。

该书的主要特点有：

第一，给出日、疑母细音的大概音值。

第二，遇合三端系见晓组独立成一个新韵母 yi（疑母除外）。

第三，止开三帮系泥组独立成一个新韵母 ei。

7.2.7　1841 年 *A Chinese Chrestomathy in the Canton Dialect*（《广东方言读本》）

该书 1841 年在澳门出版（见图 7-21），作者是裨治文。该书内容丰富，涉及中国语言、文化、社会等各个方面。前言有该书使用语音符号的说明、《分韵撮要》的韵母标音、《分韵撮要》各韵的发音和现状、《钦定四库全书总目》等信息。正文共 604 页，内容分 17 篇：习唐话、身体、亲谊、人品、日用、贸易、工艺、工匠务、耕农、六艺、数学、地理志、石论、草木、生物、医学、王制。每页分二列，中间是中文词句，右列是对应的粤方言拼音，左列是英文翻译（见图 7-22）。如：

Peacock.　　孔雀　　ʼHung tséuk˒

① 影组和疑母除外。

CHINESE CHRESTOMATHY

IN THE

CANTON DIALECT

By E. C. BRIDGMAN

Macao.

S. WELLS WILLIAMS.

M DCCC XLI.

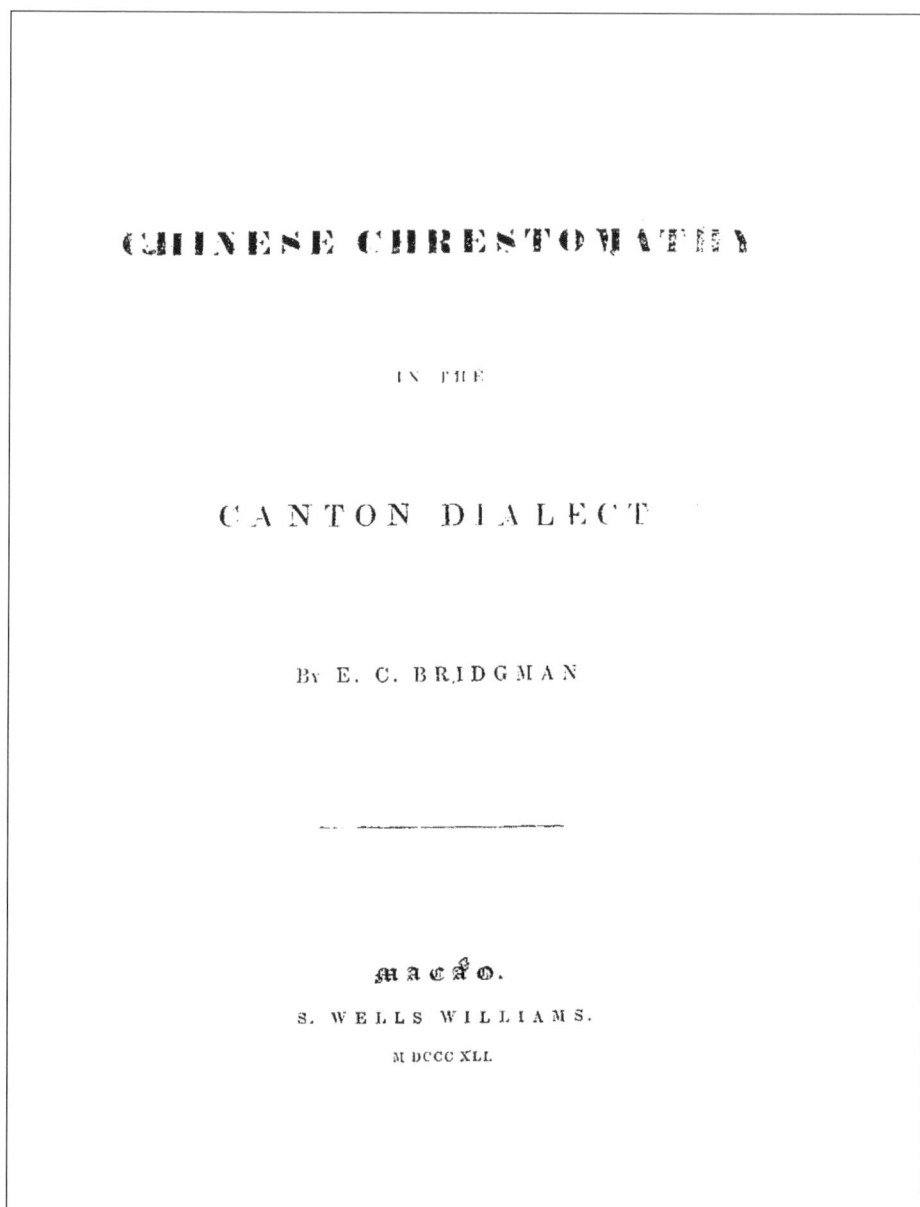

图 7-21　1841 年《广东方言读本》封面

CHINESE CHRESTOMATHY.

CHAPTER I.

STUDY OF CHINESE.

習 唐 話 篇 一

Tsáp, ,T'óng wá'; ,p'ín yat,.

Section First.

EXERCISES IN CONVERSATION.

習 言 第 一 章

Tsáp, ,ín; tái¹ yat, ,chéung.

1. Teacher! (says the learner ; to whom the former replies,) You compliment me.	先 生 好 話	,Sín ,shang! 'Hò wá'!
2. I think of learning the Chinese language. Do you indeed ?	我 想 學 唐 話 嘞 你 要 學 唐 話 呀	'Ngó 'séung hòk, ,T'óng wá' pó'. ,Ní íú' hòk, ,T'óng wá' mé?

Notes and Explanations.

TSAP is composed of *two wings*, placed over *white*, which are supposed to indicate repetition, like the motion of a bird's wings when flying ; hence it comes to mean exercise, practice. *T'óng*, the name of one of the most celebrated dynasties, is an appellative of the Chinese : *wá*, formed of *words* placed on the left of *tongue*, signifies speech, language, or to speak : *T'óng wá*, then, is the language of the Chinese. *P'ín* is one of the terms used to denote a chapter ; *yat* means one or first ; *p'ín yat* is chapter first. *I'n* is the common term for word, to utter words ; *tsáp ín*, denotes practice in words, or exercises in conversation. *T'ai yat* is an ordinal ; *tai*, formed of two parts, *bamboo* placed above *steps*, signifies number ; *yat* is one ; the two mean number one, or first. *Chéung*, formed of *sound* written above *ten*, indicates something perfect, a complete piece, as of music, or a section of a book.

1. *Sinshang* is a phrase compounded of *sín*, before, and *shang*, born ; hence it means a senior, a superior, a teacher. *Hò wá*, literally, well spoken, is a complimental phrase, equivalent to saying, I am unworthy of the excellent title you give me : *hò*, formed of *son* placed on the right of *daughter*, signifies good, excellent.

2. *Ngó* is the personal pronoun I, commonly used in conversation : *ní* is its correlative, used in like manner for the second person singular. *Séung*, having a *tree* for its

CHI. CHR.   1

图 7-22　1841 年《广东方言读本》正文第 1 页

1. 声韵调系统

书中出现的元音有：a、á、é、i、í、ó、ò、u、ú、ü、ai、ái、au、áu、éu、íú、oi、ui、úi。

书中出现的辅音有：ch、f、h、k、kw、l、m、n、ng、p、s、sh、sz'、t、ts、tsz'、w、y。

1) 声母（23 个）

p[p]宾毕白	p'[pʰ]彭破皮	m[m]门母墨	f[f]火翻魁唤
t[t]道短东	t'[tʰ]台藤土	n[n]年女南	l[l]雷伦料
ts[ts]载津子	ts'[tsʰ]词脆钱	s[s]先师虽	
ch[tʃ]张着朝	ch'[tʃʰ]炒产出	sh[ʃ]蛇诗上	
k[k]高急几	k'[kʰ]裘其	ng[ŋ]硬牙昂	h[h]去鞋孔　y[j]入英任
kw[kw]光过归	k'w[kʰw]规		w[w]威王镬
- 严哀耳以			

2) 韵母（55 个）

á[a]	z'[ɿ]	í[i]（[ei]）①	é[ɛ]	eu[ø]	ó[ɔ]	ú[u]			ü[y]
家牙马	师四词	几耳志	遮社扯	靴	河我歌	孤古父			住去取
ái[a:i]	ai[ɐi]				oi[ɔi]	úi[u:i]	ui[ʊi]②		
皆蟹卖	威米世				栽代台	魁梅兑	水虽追		
áu[a:u]	au[ɐu]	íu[i:u]			ò[ou]				
交貌艄	修柳寿	朝料腰			布做早				
ám[a:m]	am[ɐm]	ím[i:m]			óm[ɔ:m]				
减蓝三	金任琴	兼染点			甘含				
án[a:n]	an[ɐn]③	ín[i:n]			ón[ɔ:n]	ún[u:n]	un[ʊn]		ün[y:n]
翻懒范	军震仅	先连迁			干寒汉	官满本	津卵笋		婉元卷
áng[a:ŋ]	ang[ɐŋ]	ing[ɪŋ]	eng④	éung	óng[ɔ:ŋ]		ung[ʊŋ]		
彭硬坑	等莺孟	英命郑	[ɛ:ŋ]	[œ:ŋ]	刚往讲		东勇宋		
				张样向					
áp[a:p]⑤	ap[ɐp]	íp[i:p]			óp[ɔ:p]				
甲腊习	急入集	劫业摺			蛤合				
át[a:t]	at[ɐt]	ít[i:t]			ót[ɔ:t]	út[u:t]	ut[ʊt]		üt[y:t]
发辣八	毕勿七	屑列灭			割褐	括末活	出律术		月说劣

① 前言部分说明了，有些字已经 "pronounced like *ay* in *may, pay, say,* &c"。
② 此韵还有 "雷" 字，当属例外。
③ 此韵还有 "镈唇" 等字。
④ 前言部分说 "thus *hing* and *ping* are changed to *heng* and *peng; kik* and *shik* to *kek* and *shek*"，但是根据标准音，全部读成 i 也能使人明白。
⑤ 此韵还有 "及" 字，当属例外。

ák[a:k]	ak[ɐk]	ik[ɪk]	ek	éuk[œ:k]	ók[ɔ:k]		uk[ʊk]
额百客	德墨勒	益赤石	[ɛ:k]	着药略	角镬乐		笃欲六

'm[m̩]	'ng[ŋ̍]
唔	吾五吴

该书前言部分有语音描述，参看刘镇发、张群显（2003），为了增强系统的内部一致性，笔者按元音长短加以调整，使系统更整齐一致，特别调整了原文以 u 作主元音的一列韵母。

3）声调（8 个）

序号	调类	符号	例字
1	阴平	ˌ□	深标先
2	阳平	ˎ□	门时连
3	阴上	ˈ□	虎胆伟
4	阳上	ˌ□	有社蟹
5	阴去	□ˈ	价块秀
6	阳去	□ˌ	路外孟
7	阴入	□˳	一国尺
8	阳入	□ˌ	入白石

两套齿音的对立在止摄里是精庄和知章的对立，而在其他摄里是精和知庄章的对立。

2. 与现代广州话的主要差异（见表 7-20）

表 7-20　1841 年《广东方言读本》与现代广州话对比

例字	1782 年《江湖尺牍分韵撮要合集》	1841 年《广东方言读本》	现代广州话
载津子	ts-	ts-	ts-
张肘朝	tʃ-	tʃ-	ts-
耳、以	ŋ-、j-	-	j-
师词、四	ɿ	ɿ	i、ei
宜志、几	i	i	

续表

例字	1782 年 《江湖尺牍分韵撮要合集》	1841 年 《广东方言读本》	现代广州话
孤古父	u	u	u
布土做		ou	ou
诸住、去女序取	y	y	y、øy
芮水虽衰类追	ʋi	ʋi	øy
魁梅每、兑	ui	u:i	ui、øy
甘含/蛤合	ɔm/ɒp	ɔ:m/ɒ:p	ɐm/ɐp
金/急	ɐm/ɐp	ɐm/ɐp	
一/国尺	阴入	阴入	上阴入、下阴入
声调数	8 个调	8 个调	9 个调

3. 该书在广州话语音发展史上的地位与特点

第一，跟《分韵撮要》很接近，明确提出 ing、ik 会读成 eng、ek，而且白读全部可以读成文读。

第二，较早提出有 m̩、œ、ou 三个新韵母。①

7.3 广州话音系特征的演变路径

7.3.1 声母

广州话声母的演变如表 7-21 所示。

表 7-21 广州话声母的历史演变

年份	文献	齿音		日母
1782	《江湖尺牍分韵撮要合集》	ts 子、tsʰ 秋、s 修	ʧ 争、ʧʰ 昌、ʃ 叔	n̠
1841	《广东方言读本》	ts 子、ts' 钱、s 虽	ch[ʧ]张、ch'[ʧʰ]产、sh[ʃ]蛇	j
1855	《初学粤音切要》	ts 在、ts' 前、s 心	ch[ʧ]杖、ch'[ʧʰ]长、sh[ʃ]时	j[ʒ]
1856	《英华分韵撮要》	ts 自、ts' 词、s 先	ch[ʧ]主、ch'[ʧʰ]尺、sh[ʃ]社	j

---

① 目前所见最早提出这三个韵母的传教士著作是马礼逊《广东省土话字汇》（1828）。但该书在臻摄韵母 ɐn/ɐt、un/ut 上交叉严重，与 1782 年《江湖尺牍分韵撮要合集》的分类相差较大，以至于音系难以使用。

续表

年份	文献	齿音	日母
1859	《英粤字典》	ts 子、ts'词、s 师	ch[tʃ]住、ch'[tʃʰ]除、sh[ʃ]船	j
1877	《粤语中文字典》	ts 子、ts'似、s 师	ch[tʃ]之、ch'[tʃʰ]痴、sh[ʃ]尸	j
1883	《简明粤语》	ts 将、ts'慈、s 散	ch[tʃ]张、ch'[tʃʰ]床、sh[ʃ]诗	j
1912	《粤语语音学读物》	ts 章、ts'秋、s 书		j
1941	《粤音韵汇》[①]	dz[ts]章、ts[tsʰ]秋、s 书		j

广州声母的变化有：

（1）1912 年前后，齿音从两套正式合流为一套了。

```
              1883年    1912年前后
            ─────────────────────
      ts 将
                       ┐
                       ├─ ts 将张
                       ┘
      tʃ 张
```

（2）日母[ȵ]消失得很早，笔者所见的传教士文献自 1855 年的《初学粤音切要》以后都没有该声母的记录。不过让人费解的是，与其同时期乃至更早一点的 1841 年《广东方言读本》也未记录该声母。

---

① 原书也分两套齿音，只是在书的前言部分说明那是为了让大家学习国语用的。书后附录有《广州标准音之研究》，对早先的韵书多有评价。现代广州话以《粤音韵汇》为宗，声母 20 个，韵母 53 个。

韵母：

a 麻		ɐ 奢	ɔ 歌	œ 靴	i 支	u 敷	y 鱼
ai 佳	ɐi 齐	ei 微	ɔi 哈	øy 居		ui 灰
au 看	ɐu 尤		ou 豪		iu 萧
am 衔	ɐm 侵				im 盐	m̩ 唔
an 删	ɐn 真		ɔn 寒	øn 谆	in 先	un 桓	yn 元
aŋ 耕	ɐŋ 庚	eŋ 厅	ɔŋ 江	œŋ 阳	iŋ 清	uŋ 东	ŋ̩ 吴
ap 狎	ɐp 缉				ip 叶
at 黠	ɐt 质		ɔt 葛	øt 术	it 屑	ut 末	yt 月
ak 麦	ɐk 陌	ek 石	ɔk 觉	œk 药	ik 昔	uk 屋

声母：

p 巴	pʰ 扒	m 吗	f 花
t 打	tʰ 他	n 拿	l 拉
ts 揸	tsʰ 差	s 沙	j 也
k 家	kʰ 卡	ŋ 牙	h 虾
kw 瓜	kʰw 夸		w 华
-丫			

$$\begin{array}{c} \underline{1782\ 年\quad —1841\ 年} \\ \text{ȵ耳} \\ \left.\right\}\ \text{j 以耳} \\ \text{j 以} \end{array}$$

7.3.2　韵母

广州话韵母的演变如表 7-22 所示。

表 7-22　广州话韵母的历史演变

中古地位	1782年	1841年	1855年	1856年	1859年	1877年	1883年（1897年）1)	1912年	1941年
止开三精庄组	[ʅ]子	z'[ʅ]子	ze[ʅ]子	z'[ʅ]子	ze[ʅ]子	z[ʅ]子	z[ʅ]子	ɿ（i）字	i 子之
止开三知章组	[i]知机	í[i]志几（[ei]）	e[i]至饥	í[i]支几	i[i]时记	i[i]之记地	í[i]知	i（ɿ）之	
止开三帮泥见晓组 2)			ěy[ei]飞地				éi[ei]几皮	ei 你四	ei 几
效开一遇合一非见系	[u]高士孤	ò[ou]早做布	oe[ou]高祖	ò[ou]高粗	o[ou]告祖	ò[ou]高租	ò[ou]高做	ou 高做	ou 高做
遇合一见系遇合三非组		ú[u]古父	oo[u]父	ú[u]孤	oo[u]顾	ú[u]姑	ú[u]故	u 夫古	u 古
遇合三知章影组和疑母 3)	[y]诸去	ü[y]住去	ü[y]语去 4)	ü[y]诸去	ue[y]处去	ü[y]书去取	ü[y]猪	y 住	y 住
遇合三端系见晓组									
止合三非见系蟹合三非见系	[ʋi]水	ui[ʋi]水	oey[oi]水	ui[ʋi]水	ui[ʋi]水	ui[ʋi]水	ui[ʋi]（öü[øy]）去取水罪堆	œy 去水对	œy 去水对
蟹合一端系	[ui]罪每	úi[u:i]雷梅 5)	ooey[u:i]罪每	úi[u:i]崔每	ooi[u:i]罪每	úi[u:i]罪退杯	úi[u:i]（öü[øy]）杯①	ui 杯	ui 杯
蟹合一非端系									

① 波乃耶对音系的处理有自己的特色，在 1897 年的系统里，将 1883 的 ui（追）和 úi（妹）两韵母因互补被合并为一个，是为 öü。

续表

中古地位	1782年	1841年	1855年	1856年	1859年	1877年	1883年(1897年)1)	1912年	1941年
咸开一见系	[ɔm] 甘	óm[m:ó] 甘	om[mɛ] 甘	òm[om] 甘	om[om] 甘	òm[om] 甘	òm[om] 咁	am[ɐm] 咁金	ɐm 甘金
咸开一非见系深开三	[ɐm] 金	am[ɐm] 金	um[ɐm] 金	am[ɐm] 金	um[ɐm] 禽	am[ɐm] 金	am[ɐm] 禁		
梗摄白读	[ɛk] 石	([ɛŋ]) ([ɛk])	ëik[ɛːk] 石	eng[ɛŋ] ek[ɛk] 惊石	eng[ɛŋ] ek[ɛk] 饼石	eng[ɛːŋ] ek[ɛːk] 井隻	eng[ɛŋ] ek[ɛk] 听石	ɛŋ ɛk 镜隻	ɛŋ ɛk 镜石
遇合一疑母	[ŋ] 五	'ng[ŋ] 五	'ng[ŋ] 五	'ng[ŋ] 伍	'ng[ŋ] 五	ng[ŋ] 五	'ng[ŋ] 五	ŋ 五	ŋ① 五
唔	--	'm[m̩] 唔	--	'm[m̩] 唔	'm[m̩] 唔	m[m̩] 唔	'm[m] 唔	m̩ 唔	m̩ 唔
靴	--	eu[ø] 靴	--	ù[ø] 靴	ö[ø] 靴	ù[ø] 靴	--（ö[ø]） （朵）	--	œ 靴

注：1）"1883 年"和"1897 年"分别代表波乃耶不同时期的注音，但标音有差别，1883 年列的"（ ）"里是 1897 年版本的注音。

2）疑母除外。

3）广州话的近代发展史上，止开三（i）、遇合一（u）、遇合三（y）中疑母往往不与同部位见溪群晓匣一起变化。如现代广州话中"机"读 kei，"宜"读 i，"姑"读 ku，"五"读 ŋ。

4）遇合三端系"须取序"读 yi，处在 y→yi→ʋi 的中间阶段。

5）有"兑"字跟"梅"字同韵。

广州话韵母的变化有：

（1）《江湖尺牍分韵撮要合集》第三"几纪记"韵（i）包含中古止开三精庄组以外的字，发生了 i→ei 的裂化。这个韵母在 1841 年的文献中就已经出现，1855 年的文献明确记录了帮系和端泥组已经完成 i→ei/{p、pʰ、m、f；t、tʰ、n、l}____②的变化。见系字变化较慢，i→ei/{k、kʰ、h}____，1883 年的《简明粤语》里才有记录。

---

① 广州青年一代的发音也开始出现"吾（五）、唔"同音的现象，参看吴筱颖（2012：78）。

② A→B{C}__是一种语音历史演变的术语，表示 A 在 C 的环境下会变成 B。

1782 年《江湖尺牍分韵撮要合集》	1841 年	1855 年	1883 年
几纪记 i: 几	i→（ei）前言说有些字的发音已经像英语 may、pay、say 等字中的 "ay"。	i→ei/{帮系端泥组}___	i→ei/{帮系端泥组 + 见晓组}___

（2）《江湖尺牍分韵撮要合集》第十二"孤古故"韵（u）包含了中古模豪两韵，此韵发生了 u→ou 的裂化。1782 年《江湖尺牍分韵撮要合集》中大部分遇合一与效开一已经合并（"都刀"同音）[①]。1841 年的文献里此韵大部分已经读 ou，可知后高圆唇元音这一裂化发生的时间最早。u→ou/{p、pʰ、m、t、tʰ、n、l、ts、tsʰ、s、k、ŋ、h、- }___。

1782 年《江湖尺牍分韵撮要合集》	1841 年
孤古故 u: 高	u→ou/{非圆唇舌根音}__

（3）《江湖尺牍分韵撮要合集》第三十一"甘敢绀蛤"韵（ɔm/ɔp）包含中古咸开一见系字，此韵经过 ɔm/ɔp→om / op→ɐm / ɐp 三个阶段，先高化然后央化，到了 1912 年与深摄"金锦禁急"韵合流。如果考虑 1885 年《增辑字音分韵撮要》的话，则 1885 年已经合流。

1782 年《江湖尺牍分韵撮要合集》	1841—1856 年	1885 年
甘敢绀蛤 ɔm/ɔp: 甘	ɔm/ɔp→om/op	ɐm/ɐp
金锦禁急 ɐm/ɐp: 金	ɐm/ɐp	

（4）《江湖尺牍分韵撮要合集》第十六"师史四"韵（ɿ）包含止开三精庄组字，此韵保留相当久，到了 1912 年与止开三知章组合流，其时 ɿ（字之住）和 i（之）、y（住）混读证明了此韵母在变动中，ɿ→i。

1782 年《江湖尺牍分韵撮要合集》	1912 年
师史四 ɿ: 字	ɿ→i

（5）《江湖尺牍分韵撮要合集》第二十二"虽髓岁"韵（ʊi）包含了止蟹合三端知系字。两百多年来此韵是广州话众多韵母中变化最复杂的一个，本来只包含

---

① 但"孤、高""恶、澳"不同音，前者的声母是 kw、w，后者的声母是 k、- 。

止蟹合口三等非帮见系的字，后来范围越来越大，1883 年前后把遇合三端系见晓组和蟹合一端系的字统统纳进来。元音发生了前移，韵尾发生了圆唇化，ʋi→øy。

1782 年《江湖尺牍分韵撮要合集》	1877 年	1883—1897 年
诸主注：y 去	y（端见系）	
虽髓岁：ʋi 水	ʋi	ʋi→øy
魁贿海：ui 罪	ui（端系）	

（6）《江湖尺牍分韵撮要合集》第二十一"津赆进卒"韵（ʋn/ʋt）包含臻合三端知系字和臻开三端系字以及臻合一端泥组字，此韵所含的字没有改变，元音发生了前移，在 1856 年的文献里，语音说明部分说明其跟"ʋŋ 东/ʋk 笃"同主元音，在 1912 年的文献里就标注为 œn/œt 了，ʋn→øn。

1782 年《江湖尺牍分韵撮要合集》	1883（1897）—1912 年
津赆进卒 ʋn/ʋt：津	ʋn/ʋt→øn/øt

（7）《江湖尺牍分韵撮要合集》第七"英影应益"韵（ıŋ/ık、ɛk）隐含白读，即现代广州话 ɛŋ、ɛk 两韵母。"ɛk 石"在《江湖尺牍分韵撮要合集》里已经出现，1841 年已有记录。笔者认为梗摄的文白异读一直都存在，有些书不收白读，所以不出现。"ɛk 石"韵在 1782 年、1855 年都有记录，而"ɛŋ 郑"韵的确立，则在 1896 年的《拼音字谱》①里才有。这证明了入声比阳声更早独立出来。

---

① 韵母字大部取自《拼音字谱》（1896），因其提到的韵母较为接近现代广州话。除零声母外声母 22 个：p 巴、ph 扒、m 马、f 夫、t 打、th 他、n 拿、l 利、ts 哉、tsh 裁、s 思、ch 乍、chh 查、sh 沙、y 爷、k 哥、kh 卡、ng 吾、h 虾、kw 瓜、kwh 夸、w 哇。

韵母 54 个：

a 家假嫁	z 师史肆	e 遮者蔗	ö 靴字	o 科火货	i 衣倚意	u 孤古故	ü 诸主著
ai 皆解介	ei 威伟畏	ê 几纪记	üi 虽髓岁	oi 栽宰载		ui 魁贿海	
āu 交绞教	au 修叟秀			ou 都倒到	iu 朝沼照		
ăm 缄减监	am 金锦禁			om 廿敢绀	im 兼检剑		
ăn 翻反泛	an 宾禀嫔		ŭn 津赆进	on 干赶幹	in 先藓线	un 官管贯	ün 鸳婉怨
āng 彭棒硬	ang 登等凳	eng 郑字	eung 张掌帐	ong 刚讲降	ing 英影应	ung 东董冻	ng 吾五悟
āp 甲	ap 急			op 蛤	ip 劫		
āt 发	at 毕		ŭt 卒	ot 割	it 屑	ut 括	üt 乙
āk 额	ak 德		euk 着	ok 角	ik 益	uk 笃	

（8）"m 唔"，口语字，功能同"不"。这个韵母一直都存在，《分韵撮要》系列韵书没收录，可能是因为它一直是个口语词，跟《分韵撮要》系列以文读为正音的宗旨不合。

（9）果摄三等字"œ 靴"一直都存在，因只有几个字，偏白读，有些书里没出现。1885 年《增辑字音分韵撮要》把其归入"科 ɔ"韵（其情况有点像今天的"朵"字，既读ᶜtɔ，也读ᶜtœ）。

7.3.3　声调

广州话声调演变见表 7-23（1859 年文献只标平上去入四类，本表不列）。

表 7-23　广州话声调的历史演变

序号	声调	例字							
		1782 年《江湖尺牍分韵撮要合集》	1841 年	1855 年	1856 年	1877 年	1883 年	1912 年	1941 年
1	上阴平	温舒夫	深标先	英丰登	温阉冤	呼婚堪	枪清英	天书专	天风花
2	下阴平						诗厅星		
3	阳平	云薯符	门时连	长言冥	云严元	扶坟含	匙亭形	黄文如	时常云
4	阴上	稳鼠苦	虎胆伟	丑可铭	稳掩宛	府粉坎	虎粉保	暑可想	总统左
5	阳上	尹绪妇	有社蟹	养盾柱	尹染远	妇忿颔	妇忿抱	宇满你	老妇女
6	阴去	愠庶库	价块秀	信斗济	愠厌怨	富训勘	秀冻降	岁贵譬	再次见
7	阳去	运树父	路外孟	下艳厚	混验愿	父分憾	用忘务	地尽做	内道路
8	上阴入	郁壳发	一国尺	谷尺隻	屈腌乙	竹职必	北必失	仄不得	竹屋刻
9	下阴入					隻鳌责	隻甲刮	结缺作	结发托
10	阳入	鹊学罚	入白石	觅辱石	核叶月（肇尺嚼）	突达滑	别实月	日读学	木十日
11	变音	—	—	—	—	—	人韵计	学话	钱面相

广州话声调的变化为：从 1782 年的四声八调，到 1877 年正式分出九调（阴入分出两个），紧接着 1883 年分出十调（阴平分出两个），似乎越分越多。1883 年

以后阴平虽有两个调值，但意义上的对立逐渐消失，九个调的情况一直维持到现在。

综上，广州话的变化可简要概括如图 7-23 所示（例字一般只对应变化年代，具体可参看表 7-23）。

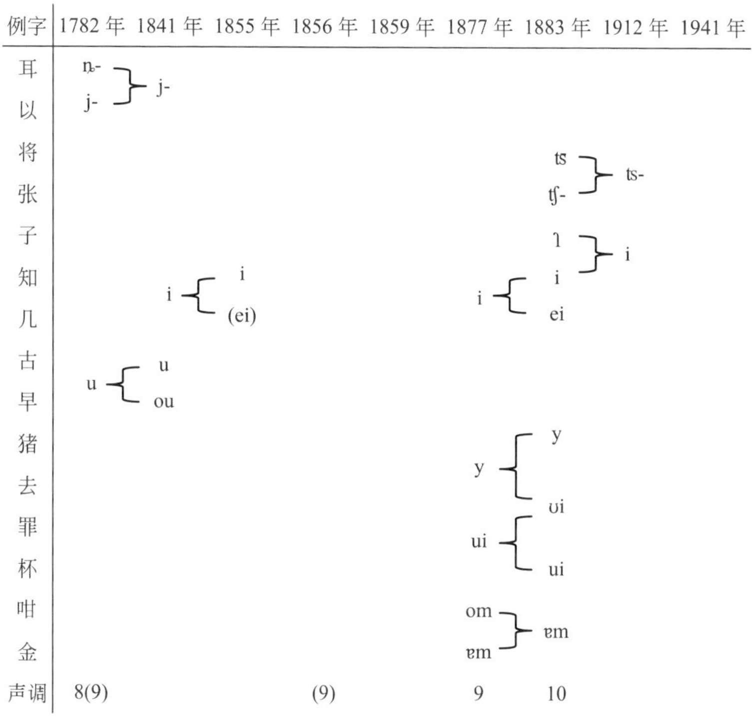

例字	1782年	1841年	1855年	1856年	1859年	1877年	1883年	1912年	1941年
耳	n- ⎱ j-								
以	j- ⎰								
将							ts ⎱ ts-		
张							tʃ- ⎰		
子							ɿ ⎱ i		
知			i ⎱ i				i ⎰ ei		
几			⎰ (ei)						
古	u ⎱ u								
早	⎰ ou								
猪							y ⎱ y		
去							⎰ ʊi		
罪							ui ⎱ ʊi		
杯							⎰ ui		
咁							ɔm ⎱ ɐm		
金							ɐm ⎰		
声调	8(9)			(9)			9	10	

图 7-23　广州话的历史变化

第8章 结　语

本书尝试结合方言与音韵，梳理澳门、中山、广州三地约两百年间的语音史。方言与音韵结合的困难在于古代音韵文献有先天不足的地方。传统韵书（如《分韵撮要》）出现多少汉字和出现哪些汉字在看到材料前是无法估计的，而且汉字不标音，不是每本韵书都有韵图或反切可供研究者使用，但研究语音史，不选相同的字上下相连就会比较危险。

现代方言学的田野调查方法解决了这些问题，运用《方言调查字表》调查的突出优点是发音人被筛选过、记录的地点唯一、记录时间唯一、字数定量、格局科学、选字有代表性、囊括一般的常用字。还有一点非常重要，能借用发音人的语感来验证对错，这都是传统音韵学所不能比拟的优势。

相比较而言，传教士文献的性质介于方言学文献与音韵学文献之间。它们有标音的优点，也有字数不定量的缺点。

有的传教士文献对汉语语音的描述比现代人做得还要精细，不少传教士文献有音节表、声韵配合表，有的整本书就是个同音字表。传教士文献无论对于粤方言研究还是对外汉语教学都有很高的参考价值，值得我们花大力气去研究和整理。

本书即利用了近两百年来的传教士文献，贯通澳门、中山、广州三地粤方言，以澳门话的发展为主线，以中山话、广州话的发展为辅线，研究澳门话从接近于中山话变成更接近于广州话的成因。

澳门话在20世纪以前（1897年）是典型的香山型粤方言，在20世纪20年代时由于人口激增而发生重大变化，20世纪中旬（1941年）就已经接近广州型粤方言。

相比起澳门话的重大变化，广州话和中山话的变化要缓慢而且轻微得多，广州话两百多年来变化不大，以内部演变为主，内部演变又以高元音裂化为主。

中山话的变化稍大，变化主要来自与广州话的接触。比如合口介音越来越多、蟹摄一等分出开合的区别并与止蟹合口细音分开、曾梗摄细音文读读 ŋ 的越来越多。这些均是向广州话靠拢的结果。

　　现代澳门话仍有香山话特点的残留，这不光体现在语音方面，词汇、语法方面也可以印证（见表 8-1）。比如澳门话的指示代词有三个，分别是"呢 li^{55}"（相当于普通话的近指"这"）、"嗰 ko^{13}"（相当于普通话的远指"那"），还有一个"噜 lu^{55}/lou^{55}"（普通话中没有对应，另指，指第三方）。

表 8-1　现代澳门话（老派）词汇上的香山话特点示例

这	呢 li^{55}	这个	呢个 $li^{55}ko^{33}$	这些	呢啲 $li^{55}ti^{55}$
那	嗰 ko^{13}	那个	嗰个 $ko^{13}ko^{33}$	那些	嗰啲 $ko^{55}ti^{55}$
—	噜 lu^{55}	—	噜个 $lu^{55}ko^{33}$	别的	噜啲 $lu^{55}ti^{55}$
这儿	呢度 $li^{55}tou^{22}$	这边	呢边 $li^{55}pin^{55}$	这会儿	呢阵时 $li^{55}tsɐn^{22}si^{21}$
那儿	嗰度 $ko^{55}tou^{22}$	那边	嗰边 $ko^{13}pin^{55}$	那会儿	嗰阵时 $ko^{13}tsɐn^{22}si^{21}$
—	噜度 $lu^{55}tou^{22}$	—	噜边 $lu^{55}pin^{55}$	—	噜阵时 $lu^{55}tsɐn^{22}si^{21}$

　　澳门话的这一特点应是中山话与广州话的叠置而引起的，对澳门话而言，广州话的"呢度""嗰度"是外来的、强势的。这使得澳门话（同中山话）本土的"呢度""噜度"受到挤压，"呢度"在两地都表示"这里"，不会出现歧义，但"嗰度""噜度"同时表示"那里"就出现问题了，最终外来强势的"嗰度"占据了"这里"地位，"噜度"就只好表示"另一个地方"了。证据是"嗰"有 ko^{55}、ko^{13} 两个读法且不区别意义。ko^{55} 正是取"噜" lu^{55} 的声调和 ko^{13} 的声韵合成的发音。再者，从 1941 年《粤葡辞典》的前言也可以看到，早期澳门话的指示代词跟今天的澳门话是一致的。

澳门话代词		葡萄牙语	英语	澳门话代词		葡萄牙语	英语
Kô	個	êste, isto	this	Nu-kó	那个	aquele, aquilo	that
Kô-kó	個个	êstc, isto	this	Ni-kó	尼个	aquele, aquilo	that
Kô-ti	個的	êstes	these	Nu-ti	那啲	aqueles	those
				Ni-ti	尼啲	êsses	those

　　Nu 表示"那"不见于广州话，是典型的香山型词汇，1941 年澳门话有此记录，从侧面也印证了澳门话跟中山话的密切关系。

　　纵观近两百年来澳门、中山、广州三地的语音史，广州话基本是自发演变，中山话一步步受广州话影响，澳门话变化最快，几十年间从典型的老香山话（中山话的前身）变成典型的广州话。中山话发展的步伐缓慢，其变化约一个世纪后才会传到香山话中。

澳门、中山、广州三地粤方言语音变化均在 19 世纪末提速，又在 20 世纪中叶同时慢下来。19 世纪末正值清末民初社会动荡的时候，而 20 世纪中叶正是新中国刚成立的时候。三地方言的变化体现了动荡年代语言变化加速、和平年代语言变化减速的规律。

1985 年王力先生的《汉语语音史》出版以后，汉语通语史九点一线的脉络大致已经理顺，至于方言史的内容，王先生晚年因身体原因力所未及，是我们今后努力的方向。自何九盈先生（2006）提出汉语"散点多线"的理论框架以后，各地方言史的建立就变得更为迫切而有意义，希望本书结合方言与音韵对粤地语音史的研究，能给方言语音史添砖加瓦，发挥一点作用。

参考文献

《澳门手册》出版委员会，2003. 澳门手册[M]. 澳门：澳门日报出版社.

澳门特别行政区统计暨普查局，2011. 统计年鉴2010[M].

白宛如，2003. 广州方言词典[M]. 南京：江苏教育出版社.

蔡燕华，2006. 中山粤方言的地理语言学研究[D]. 广州：暨南大学.

陈卫强，2011. 广州地区粤方言语音研究[M]. 广州：暨南大学出版社.

邓景滨，1997. 汉语方言论文集[G]. 香港：现代教育研究社.

邓景滨，2003. 第六届国际粤方言研讨会论文集[G].

邓景滨，2004. 粤音考异录[M]. 澳门：澳门近代文学学会.

邓景滨，汤翠兰，2005，第九届国际粤方言研讨会论文集[G]. 澳门：澳门中国语文学会.

冯翼，2007.《分韵撮要》音系研究[D]. 北京：中国人民大学.

高华年，1980. 广东方言研究[M]. 香港：商务印书馆.

高华年，2003. 广东省志·方言志[M]. 广州：广东人民出版社.

古万年，戴敏丽，1998. 澳门及其人口演变五百年（1500—2000年）人口、社会及经济探索[M].
　　　澳门：澳门统计普查司.

广东省珠海市地方志编纂委员会，2001. 珠海市志[M]. 珠海：珠海出版社.

郭淑华，2002. 澳门水上居民话调查报告[D]. 广州：暨南大学.

国际圣经协会（香港），2000. 圣经（和合本）[M]. 初版.

何九盈，2006. 语言丛稿[M]. 北京：商务印书馆.

侯精一，2002. 现代汉语方言概论[M]. 上海：上海教育出版社.

黄锡凌，1941. 粤音韵汇[M]. 上海：中华书局.

黄翊，2007. 澳门语言研究[M]. 北京：商务印书馆.

吉川雅之，2009. 两本早于马礼逊的粤语资料//第十三届国际粤方言研究会论文集[G]. 香港：
　　　香港城市大学语言资讯科学研究中心.

孔陈焱，2010. 卫三畏的汉语研究[M]. 上海：上海辞书出版社.

黎祖智，2008. 刘易斯·贡沙华·高美士诞辰百年[M]. 澳门：澳门国际研究所.

李赋宁，2006. 英语史[M]. 北京：商务印书馆.

李荣，1983. 关于方言研究的几点意见[J]. 方言(1).

李新魁，1990. 数百年来粤方言韵母的发展[J]. 学术研究(4).

李新魁，1994. 广东的方言[M]. 广州：广东人民出版社.

李新魁，1997. 李新魁音韵学论集[M]. 汕头：汕头大学出版社.

李新魁，1998. 广州市志·方言志[M]. 广州：广州出版社.

林柏松，1988. 近百年来澳门话语音的发展变化[J]. 中国语文(4).

刘学浚，1932. D. Jones & Kwing Tong Woo 胡（绚堂）共作的 *Supplement to the Cantonese Phonetic Reader* 的勘误[J]. 历史语言研究所集刊，第二本第四分册.

刘镇发，张群显，2003. 清初的粤语音系——《分韵撮要》的声韵系统//第八届国际粤方言研讨会论文集[G]. 北京：中国社会科学院出版社.

罗伟豪，2008. 评黄锡凌《粤音韵汇》兼论广州粤语标准音[J]. 广州大学学报（社会科学版），7(11).

罗言发，2009. 百年来澳门粤语音变史[D]. 北京：北京大学.

欧安娜，崔维孝，李键，2002. 基础葡萄牙语——相遇在澳门[M]. 澳门：澳门理工学院.

彭小川，1990 粤语韵书《分韵撮要》的声母系统//第二届国际粤方言研讨会论文集[G]. 广州：暨南大学出版社.

彭小川，1992. 粤语韵书《分韵撮要》及其韵母系统[J]. 暨南学报（社科版）(4).

彭小川，2004. 粤语论稿[M]. 广州：暨南大学出版社.

汪平，1995. 汉语方言四呼比较[J]. 中国语言学报（5）.

王炳耀，1896. 拼音字谱[M]. 北京：文字改革出版社.

王力，1985. 汉语语音史[M]. 北京：中国社会科学院出版社.

王志强，汤浩军，2000. 基础德语[M]. 上海：同济大学出版社.

温仪凤岐山，1915. 新辑写信必读分韵撮要合璧[M]. 香港：香港陈湘记图书有限公司.

吴筱颖，2012. 广州粤语语音研究[D]. 广州：暨南大学.

吴志良，杨允中，2005. 澳门百科全书(修订版) [M]. 澳门：澳门基金会.

伍殿纶，1885. 增辑字音分韵撮要[M]. 光绪乙酉镌右镜斋藏版.

伍巍，詹伯慧，2008. 广东省的汉语方言[J]. 方言(2).

项梦冰，2006. 客家话古日母字的今读——兼论切韵日母的音值及北方方言日母的音变历程[J]. 广西师范学院学报，27(1).

熊正辉，1987. 广东方言的分区[J]. 方言(3).

杨开荆，2003. 澳门特色文献资源研究[M]. 北京：北京大学出版社.

游汝杰，2002. 西洋传教士汉语方言学著作书目考述[M]. 哈尔滨：黑龙江教育出版社.

虞学圃，温岐石，1782. 江湖尺牍分韵撮要合集[M]. 福文堂版.

袁家骅，1960. 汉语方言概要[M]. 北京：文字改革出版社.

詹伯慧，张日升，1987. 珠江三角洲方言字音对照（珠江三角洲方言调查报告之一）[M]. 广州：广东人民出版社.

詹伯慧，张日升，1990. 珠江三角洲方言综述（珠江三角洲方言调查报告之三）[M]. 广州：新世纪出版社.

詹伯慧，1990. 第二届国际粤方言研讨会论文集[G]. 广州：暨南大学出版社.

詹伯慧，1997. 第五届国际粤方言研讨会论文集[G]. 广州：暨南大学出版社.

詹伯慧，2002. 广东粤方言概要[M]. 广州：暨南大学出版社.

詹伯慧，2003. 第八届国际粤方言研讨会论文集[G]. 北京：中国社会科学出版社.

詹伯慧，甘于恩，2012. 广府方言[M]. 广州：暨南大学出版社.

张洪年，2006. 一语两制：1888 年两本粤语教科书的语音研究[J]. 中国语言集刊，1(1).

张洪年，等，2007. 第十届国际粤方言研讨会论文集[G]. 北京：中国社会科学出版社.

张双庆，庄初升，2008. 广东方言的地理格局与自然地理及历史地理的关系[J]. 中国文化研究所学报(48).

赵彤，2007. 《分韵撮要》的声母问题[J]. 语文研究，第 1 期.

赵元任，1948. 中山方言[M]. 北京：商务印书馆.

赵元任，1956. 中山方言[M]. 北京：科学出版社.

中国社会科学院语言研究所，1981. 方言调查字表（修订本）[M]. 北京：商务印书馆.

中国社会科学院和澳大利亚人文科学院，1987. 中国语言地图集[M]. 香港：朗文出版（远东）有限公司.

中山市地方志编纂委员会，1997. 中山市方言志[M]. 广州：广东人民出版社.

Ball J D, 1883. Cantonese Made Easy[M]. HongKong: China Mail Office.

Ball J D, 1894. Readings in Cantonese colloquial[M]. HongKong: Kelly & Walsh.

Ball J D, 1897. The Höng Shán or Macao Dialect[J]. The China Review, 1896, 22:501-531.

Ball J D, 1902. How to speak Cantonese[M]. HongKong: Kelly & Walsh.

Bridgman E C, 1841. A Chinese Chrestomathy in the Canton Dialect[M]. Macao: Unknown.

Chalmers J, 1855. Cantonese Phonetic Vocabulary[M]. HongKong: London Missionary Society.

Chalmers J, 1859. An English and Cantonese Pocket Dictionary[M]. Hong Kong: London Missionary Society.

Cónego L J, 1922. NOVO MÉTODO para aprender a lêr, escrever e falar a LINGUA CHINÊSA em Dialecto Cantonense, Tip do Orfanato da Imaculada Conceição O direito de reimpressão é reservado.

Eitel E J, 1877. A Chinese Dictionary in the Cantonese Dialect[M]. London: Trübner and Co.

GOMES L G, 1941. Vocabulário Cantonense-Português[M]. 澳门：澳门纪念葡萄牙建国复兴双庆大会出版，澳门政府印务局印.

GOMES L G, 1942. Vocabulário Português-Cantonense[M]. 澳门：澳门纪念葡萄牙建国复兴双庆大会出版，澳门政府印务局印.

Jones D, Woo K T, 1912. A Cantonese Phonetic Reader[M]. London: University of London.

Kerr J G, 1888. Select Phrases in the Canton Dialect[M]. Hong Kong: Kelly & Walsh.

Lanctot B, 1867. Chinese and English Phrase Book[M]. San Franciso: A. Roman & Company.

Lobscheid W, 1866. English and Chinese Dictionary[M]. Hong Kong: Daily Press Office.

Marshman J, 1809. Dissertation on the characters and sounds of the Chinese language, including tables of the elementary characters, and of Chinese monosyllables[M]. Serampore: Unknown.

Morrison R, 1815. A Grammar of the Chinese Language[M]. Serampore: Mission.

Morrison R, 1819. A Dictionary of the Chinese Language[M]. Macao: the Honorable East India Company.

Morrison R, 1828. Vocabulary of the Canton Dialect[M]. Macao: East India Company.

Stedman, Lee, 1888. A Chinese and English Phrase Book in the Canton Dialect[M]. New York: Willian R. Jenkins.

Thom R, Seen-Shang M M, 1840. Esop's Fables[M]. Canton: Canton Press Office.

Williams S W, 1856. A Tonic Dictionary of the Chinese Language in the Canton Dialect[M]. Canton: the office of the Chinese repository.

Wisner O F, 1906. Beginning Cantonese[M]. Canton: China Baptist Publication Society.

附　　录

附录1　现代老派澳门话声韵配合表

韵母	声母																		
	p	pʰ	m	f	t	tʰ	l	ts	tsʰ	s	k	kʰ	ŋ	h	kw	kʰw	w	j	-
a	巴	趴	妈	花	打	他	啦	渣	叉	沙	家	卡	伢	虾	瓜	夸	蛙	也	鸦
ɛ	啤	□	猠		爹		呢	遮	奢	些		骑					□	爷	
œ					朵	唾	螺	□			锯	茄		靴					
ɔ	波	棵	魔	科	多	拖	啰	左	初	蓑	歌	□	我	可	裹		窝		阿
i				□		□		知	雌	斯									衣
u				枯	都						姑	箍							乌
y								猪	厨	书									于
ai	摆	牌	买	傀	呆	舵	拉	斋	踩	晒	皆	楷	涯	揩	乖		歪	踩	埃
ɐi	蔽	批	迷	挥	低	梯	泥	挤	妻	西	鸡	稽	危	奚	闺	规	威	曳	
ei	碑	披	眉	非	地		璃			死	饥	畸		欺					
ɔi					待	胎	来	灾	才	腮	该	概	呆	开					哀
ui	杯	胚	妹	魁								贿							煨
au	包	泡	猫				挠	抓	钞	梢	交	靠	熬	烤			□		
ɐu			谋	浮	兜	偷	䎀	周	秋	修	狗	沟	勾	侯				丘	
ɛu					□	□				□									
øy					堆	推	骡	追	趋	须	居	拘		虚				锥	
ou	褒	铺	蟆		刀	滔	捞	租	粗	苏	高		傲	蒿					袄
iu	标	飘	猫		刁	挑	燎	焦	超	消	骄	乔		嚣					邀
am					担	贪	南	簪	参	三	监		啱	函				蘸	

续表

韵母	声母																		
	p	pʰ	m	f	t	tʰ	l	ts	tsʰ	s	k	kʰ	ŋ	h	kw	kʰw	w	j	-
ap					答	塔	腊	杂	插	□	鸽		鸭	狭					□
ɐm					丞		林	针	侵	心	甘	襟	庵	堪				钦	暗
ɐp					□	□	笠	执	缉	湿	急	级	曝	恰				泣	
ɛm					□														
ɛp											夹								
im					点	添	黏	尖	签	蟾	兼	钳		谦				阉	
ip					叠	帖	聂	接	妾	摄	劫			怯				腌	
an	班	攀	蛮	翻	丹	滩	栏	盏	餐	珊	艰		颜	悭	关		弯		
at	八		抹	法	达	挞	瘌	札	擦	萨	甴				刮		挖		押
ɐn	彬	贫	蚊	昏	墩	吞	□	珍	亲	辛	跟	勤	夭	痕	君	昆	温		恩
ɐt	笔	匹	乜	忽	突		甩	质	七	膝	吉	咳	讫	乞	骨	屈			一
øn					敦	囤	邻	津	春	荀							润		
øt							律	卒	出	恤									
ɔn											干		岸	看					安
ɔt										□	割			渴					
in	鞭	编	绵		颠	天	连	煎	迁	仙	肩	虔		轩				烟	
it	别	撇	灭		跌	铁	列	捷	彻	薛	结	揭		歇				噎	
un	般	潘	瞒	宽							官						桓		
ut	拨	泼	抹	阔							括						活		
yn					端	团	孪	专	川	酸	捐	拳		喧				冤	
yt					夺	脱	捋	绝	撮	雪	□	决		血				乙	
aŋ		烹	盲				冷	争	撑	生	耕		硬	坑	旺		横	□	□
ak	迫	柏	□				肋	窄	策		格		握	客	捆		或		
ɐŋ	崩	朋	萌		登	腾	能	增	层	甥	庚		哽	亨	轰		弘		莺
ɐk	北		墨		得			则	测	塞				克					

续表

韵母	声母																		
	p	pʰ	m	f	t	tʰ	l	ts	tsʰ	s	k	kʰ	ŋ	h	kw	kʰw	w	j	-
ɛŋ	饼	平	名		钉	厅	灵	精	青	腥	惊			轻				赢	
ɛk		劈			笛	踢	叻	脊	尺	石		剧		吃					
œŋ				啄			娘	张	枪	箱	疆	强		香				央	
œk				啄			略	爵	桌	削	脚	却						约	
ɔŋ	帮	旁	芒	荒	当	汤	囊	赃	仓	桑	冈	狂	昂	康			汪		航
ɔk	博	朴	剥	霍	铎	托	烙	作	戳	索	各	郭	鄂	壳			获		恶
ɪŋ	冰	平	鸣	□	丁	亭	拎	蒸	清	升	京	倾		卿	炯		永	鹰	
ɪk	逼	僻	觅		的	剔	匿	即	斥	悉	戟					虢	域	忆	
ʊŋ		篷	蒙	风	东	通	窿	宗	聪	松	公	穷	□	胸			翁		瓮
ʊk	卜	仆	木	福	笃	秃	碌	捉	速	肃	谷	曲		哭				肉	屋
m̩																			五

附录 2　现代新派澳门话声韵配合表

韵母	声母																	
	p	p^h	m	f	t	t^h	l	ʦ	$ʦ^h$	s	k	k^h	h	kw	k^hw	w	j	-
a	巴	趴	妈	花	打	他	啦	渣	叉	沙	家	卡	虾	瓜	夸	蛙	也	鸦
ɛ		□	孭		爹		呢	姐	车	些		骑				□	爷	
œ					□	唾		□			锯		靴					
ɔ	波	棵	魔	科	多	拖	啰	左	初	蓑	歌		河	果		窝		阿
i					□		□	知	雌	斯								伊
u				呼							姑	箍						乌
y								猪	厨	书								于
ai	摆	牌	买	傀	呆	态	拉	斋	搓	玺	皆	楷	揩	乖		歪	踩	挨
ɐi	蔽	批	迷	麾	低	梯	泥	挤	妻	筛	鸡	稽	奚	圭	盔	威	拽	危
ɔi					待	胎	耐	灾	才	腮	该	概	开					哀
ei	碑	披	美	非	地		璃			死	饥	畸	犠					
ui	杯	胚	妹	魁								刽						煨
au	包	泡	猫				挠	抓	抄	梢	交	靠	烤				□	肴
ɐu		□	谋	浮	兜	偷	搂	邹	秋	修	狗	沟	侯				丘	勾
ɛu					掉		□	噍				□						
øy					堆	推	骡	蛆	趋	须	居	拘	墟				锥	
ou	褒	铺	蟆		都	叨	捞	租	粗	苏	高		蒿					袄
iu	标	飘	苗		刁	挑	燎	焦	超	消	骄	乔	嚣					邀
am					担	贪	南	簪	参	三	监		函				蘸	啱
ap					答	搨	纳	杂	插	□	鸽		峡				□	鸭
ɐm						氹	林	针	侵	心	甘	襟	堪				钦	庵
ɐp					耷	□	笠	执	缉	湿	急	级	瞌				泣	噏
ɛm							□											

韵母	声母																	
	p	pʰ	m	f	t	tʰ	l	ts	tsʰ	s	k	kʰ	h	kw	kʰw	w	j	-
εp										□	夹							
im					点	添	黏	尖	签	蟾	兼	钳	谦					阉
ip					叠	帖	聂	接	妾	摄	劫		怯					腌
an	班	攀	晚	藩	丹	滩	栏	争	餐	珊	艰		坑	关	眍	弯	□	颜
at	八	帕	抹	法	达	遢	捺	札	擦	撒	格		吓	刮	□	挖	□	押
ən	彬	贫	蚊	昏	登	吞	能	珍	亲	辛	跟	勤	亨	均	昆	温	恩	奀
ət	笔	匹	乜	佛	得		甩	质	七	膝	吉	咳	乞	骨		屈	一	讫
εŋ	饼	平	名		钉	听	灵	精	青	腥	惊	□	轻				赢	
εk		劈		余		踢	叻	脊	赤	惜	剧		吃					
œŋ					□		娘	将	枪	相	疆	强	香				央	
œk					剁		略	雀	绰	削	脚	却					约	
øn					敦	盾	邻	津	春	荀							润	
øt							栗	卒	出	摔								
ɔŋ	帮	滂	芒	荒	当	汤	囊	赃	仓	桑	干	抗	看	光	狂	汪		安
ɔk	博	朴	剥	霍	铎	托	酪	作	戳	索	割	确	喝		镬			恶
in	鞭	编	绵		颠	天	连	煎	歼	仙	肩	乾	轩					烟
it	必	撇	篾		跌	铁	列	捷	彻	薛	结	揭						热
un	般	潘	瞒	宽							官							桓
ut	钵	泼	抹	阔							括							活
yn					端	团	联	专	川	酸	捐	拳	圈					冤
yt					夺	脱	捋	缀	撮	雪	□	厥	血					悦
iŋ	冰	平	鸣	□	丁	亭	拎	征	称	升	京	倾	兴			荣	应	
ik	逼	僻	觅		的	剔	匿	即	斥	悉	戟	□	隙			域	忆	
uŋ		捧	蒙	风	东	通	窿	棕	聪	松	公	穷	空				翁	塕
uk	卜	仆	木	福	笃	秃	碌	捉	速	叔	谷	曲	哭				沃	屋
m̩																		五

附录3　1941年《粤葡辞典》声韵配合表

（表中例字所使用的繁体字或异体字，为遵照原书及研究所用，未进行简化处理，后表同此。）

一

声母	韵母									
	á[a]	é[ɛ]	ê[e]	i[i]	ü[y]	ó[ɔ]	u[u]	ái[ai]	âi[ɐi]	êi[ei]
	1	2	3	4	5	6	7	8	9	10
p[p]	pá 霸	pé 啤				pó 波		pái 擺	pâi 弊	pêi 比
p'[pʰ]	p'á 爬					p'ó 婆		p'ái 牌	p'âi 批	p'êi 皮
m[m]	má 馬	mé 歪				mó 磨		mái 賣	mâi 迷	mêi 眉
f[f]	fá 花					fó 科	fu 夫	fái 快	fâi 廢	fêi 非
t[t]	tá 打					tó 多		tái 大	tâi 底	têi 地
t'[tʰ]	t'á 他					t'ó 拖		t'ái 太	t'âi 梯	
n[n]	ná 𪥵					nó 按		nái 奶	nâi 坭	nêi 你
l[l]	lá 蠟		lê 騾			ló 螺		lái 賴	lâi 禮	lêi 梨
k[k]	ká 加					kó 哥	ku 姑	kái 佳	kâi 鷄	kêi 機
k'[kʰ]		k'é 騎					k'u 箍	k'ái 揩	k'âi 契	k'êi 其
ng[ŋ]	ngá 牙					ngó 我		ngái 捱	ngâi 危	
h[h]	há 夏	hé 靴				hó 河		hái 鞋	hâi 係	hêi 起
ku[kw]	kuá 瓜					kuó 過		kuái 乖	kuâi 歸	
k'u[kʰw]									k'uâi 規	
u[w]	uá 華					uó 和	u 壺	uái 壞	uâi 為	
y[j]		ié 野		i 二	ü 魚				iâi 吟	
tch[ts]	tchá 炸	tché 遮		tchi 知	tchü 豬	tchó 左		tchái 齋	tchâi 擠	
tch'[tsʰ]	tch'á 差	tch'é 斜		tch'i 次	tch'ü 廚	tch'ó 初		tch'ái 差	tch'âi 滯	
s[s]	sá 沙	sé 捨		si 屍	sü 書	só 梳		sái 晒	sâi 西	
-	á 鴉					o 阿		ái 挨	âi 矮	

二

声母	韵　　母							
	ói[ɔi]	ôi[ɔi]	ui[ui]	áu[au]	âu[ɐu]	ôu[ou]	iu[iu]	ám[am]
	11	12	13	14	15	16	17	18
p			pui 杯	páu 包		pôu 部	piu 表	
p'			p'ui 賠	p'áu 炮		p'ôu 抱	p'iu 嫖	
m			mui 每	máu 貓	mâu 謀	môu 模	miu 廟	
f			fui 灰		fâu 浮			
t	tói 代		tui 堆		tâu 斗	tôu 刀	tiu 掉	tám 担
t'	t'ói 檯		t'ui 推		t'âu 偷	t'ôu 圖	t'iu 條	t'ám 貪
n	nói 內		nui 女	náu 鬧	nâu 扭	nôu 腦	niu 鳥	nám 南
l		lôi 來	lui 雷		lâu 流	lôu 老	liu 了	lám 籃
k	kói 改	kôi 鋸	kui 瘡	káu 交	kâu 溝	kôu 告	kiu 驕	kám 監
k'	k'ói 蓋	k'ôi 佢			k'âu 求		k'iu 橋	
ng	ngói 呆			ngáu 咬	ngâu 牛			ngám 啱
h	hói 開	hôi 去		háu 考	hâu 厚	hôu 號	hiu 曉	hám 喊
ku								
k'u								
u			ui 回					
y		iôi 銳			iâu 有		iu 要	
tch		tchôi 追		tcháu 找	tchâu 周	tchôu 租	tchiu 招	tchám 斬
tch'	tch'ói 材	tch'ôi 吹		tch'áu 抄	tch'âu 抽	tch'ôu 粗	tch'iu 潮	tch'ám 杉
s		sôi 誰		sáu 哨	sâu 修	sôu 數	siu 燒	sám 三
-	ói 愛			áu 拗	âu 嘔	ôu 澳		

三

声母	韵 母							
	áp[ap]	âm[ɐm]	âp[ɐp]	im[im]	ip[ip]	án[an]	át[at]	ân[an]
	19	20	21	22	23	24	25	26
p						pán 班	pát 八	pân 品
p'						p'án 攀		p'ân 噴
m						mán 萬	mát 抹	mân 蚊
f						fán 飯	fát 發	fân 分
t	táp 搭	tâm 探	tâp 搭	tim 點	tip 疊	tán 丹	tát 撻	tân 鈍
t'	t'áp 踏	t'âm 冰		t'im 添	t'ip 帖	t'án 攤	t'át 撻	t'ân 吞
n	náp 納	nâm 腍	nâp 凹	nim 念		nán 難	nát 鈉	nân 撚
l	láp 立	lâm 淋	lâp 笠	lim 慊		lán 欄	lát 辣	lân 輪
k	káp 夾	kâm 今	kâp 急	kim 劍	kip 狹	kán 奸	kát 甴	kân 巾
k'		k'âm 琴	k'âp 級	k'im 鉗				k'ân 勤
ng		ngâm 啥	ngâp 吸			ngán 顏		ngân 銀
h	háp 呷	hâm 含	hâp 合	him 欠	hip 協	hán 限	ngát 齧	hân 痕
kw						kuán 關	kuát 刮	kuân 軍
k'w								k'uân 群
w						uán 彎	uát 挖	uân 温
y		iâm 欽	iâp 入	im 染	ip 葉			iân 因
tch	tcháp 習	tchâm 斟	tchâp 執	tchim 占	tchip 摺	tchán 盞	tchát 札	tchân 准
tch'	tch'áp 插	tch'âm 尋	tch'âp 緝	tch'im 簽	tch'ip 妾	tch'án 產	tch'át 擦	tch'ân 塵
s	sáp 煠	sâm 心	sâp 十	sim 閃	sip 慴	sán 山	sát 撒	sân 新
-	áp 鴨	âm 暗	âp 洽			án 晏	át 壓	

四

声母	韵 母							
	ât[ɐt]	in[in]	it[it]	ón[ɔn]	ót[ɔt]	un[un]	ut[ut]	ün[yn]
	27	28	29	30	31	32	33	34
p	pât 不	pin 邊	pit 必別			pun 搬		
p'	p'ât 匹	p'in 篇				p'un 盤	p'ut 潑	
m	mât 密	min 棉	mit 搣			mun 滿	mut 沒	
f	fât 忽		fit 㷫			fun 寬	fut 闊	
t	tât 突	tin 電	tit 跌					tün 短
t'		t'in 天	t'it 鐵					t'ün 斷
n	nât 嫩	nin 年						nün 嫩
l	lât 栗	lin 練	lit 烈					lün 亂
k	kât 吉	kin 堅	kit 結	kón 乾	kót 割	kún 官		kün 捐
k'	k'ât 咳	k'in⃞	k'it 揭					k'ün 拳
ng	ngât 抓			ngón 岸				
h	hât 乞		hit 歇	hón 看	hót 喝			hün 圈
kw	kuât 骨							
k'w								
w	uât 屈					un 換		
y	iât 一	in 煙	it 熱					ün 原
tch	tchât 姪	tchin 煎	tchit 折					tchün 磚
tch'	tch'ât 出	tch'in 千	tch'it 設					tch'ün 穿
s	sât 膝	sin 扇	sit 洩					sün 孫
-	ât 机			ón 安				

五

声母	韵 母							
	üt[yt]	áng[aŋ]	ák[ak]	âng[ɐŋ]	âk[ɐk]	êng[ɪŋ]	êk[ɪk]	èang[iaŋ]
	35	36	37	38	39	40	41	42
p			pák 伯	pâng 崩	pâk 北	pêng 兵	pêk 逼	pèang 病
p'		p'áng 棒	p'ák 拍	p'âng 朋		p'êng 平		p'èang 平
m		máng 猛	mák 擘	mâng 擝	mâk 墨	mêng 明		mèang 名

声母	韵母							
	üt[yt]	áng[aŋ]	ák[ak]	âng[ɐŋ]	âk[ɐk]	êng[ɪŋ]	êk[ɪk]	èang[iaŋ]
	35	36	37	38	39	40	41	42
f			fák 拂	fâng 挤		fêng 挤		
t				tâng 燈	tâk 得	têng 頂	têk 滴	tèang 頂
t'				t'âng 籐		t'êng 停		t'èang 廳
n				nâng 能		nêng 寧	nêk 匿	
l		láng 冷			lâk）肋	lêng 靈	lêk 力	
k		káng 耕	kák 革	kâng 更		kêng 京	kêk 極	kèang 驚
k'	k'üt 决			k'âng 骾		k'êng 傾	k'êk 摵	
ng		ngáng 硬	ngák 逆		ngâk 阨			
h	hüt 血	háng 坑	hák 客	hâng 行	hâk 刻	hêng 兄		hèang 轻
kw								
k'w		k'uáng 纊						
w		uáng 橫	uák 或			uêng 榮		
y	üt 月		iák 喫			iêng 應	iêk 抑	
tch	tchüt 絕	tcháng 爭	tchák 擲	tchâng 憎	tchâk 側	tchêng 正	tchêk 值	tchèang 井
tch'	tch'üt 卒	tch'áng 撐	tch'ák 拆	tch'âng 層		tch'êng 清		tch'èang 請
s	süt 說	sáng 省		sâng 生	sâk 塞	sêng 升	sêk 色	sèang 聲
-		áng 罌	ák 鈪	âng 鸎				

六

声母	韵母							
	èak[iak]	eóng[œŋ]	eók[œk]	óng[ɔŋ]	úk[ɔk]	óng[ʊŋ]	ôk[ʊk]	ung[ᵘŋ]
	43	44	45	46	47	48	49	50
p				póng 帮	pók 薄		pôk 僕	
p'	p'èak 擗					p'óng 碰	p'ôk 仆	
m				móng 忘	mók 剝	mông 夢	môk 木	
f				fóng 況	fók 霍	fóng 風	fôk 服	
t			teók 啄	tóng 當	tók 度	tông 冬	tôk 讀	
t'	t'èak 踢			t'óng 堂	t'ók 托	t'ông 通		

声母	韵　　母							
	èak[iak]	eóng[œŋ]	eók[œk]	óng[ɔŋ]	ók[ɔk]	ông[ʊŋ]	ôk[ʊk]	ung["ŋ]
	43	44	45	46	47	48	49	50
n						nông 濃		
l		leóng 兩		lóng 狼	lók 落	lông 龍	lôk 六	
k		kèong 薑	keók 脚	kóng 江	kók 各	kông 共	kôk 菊	
k'	k'eàk 屐	k'èong 強			k'ók 確	k'ông 窮	k'ôk 曲	
ng				ngóng 戇	ngók 咢			
h		heóng 香		hóng 航	hók 學	hông 兇	hôk 哭	
kw				kuóng 光	kuók 國			
k'w				k'uóng 狂				
w				uóng 王	uók 鑊			
y		ieóng 揚	ieók 約			iông 用	iôk 肉	
tch		tcheóng 丈	tcheók 着	tchóng 裝	tchók 作	tchông 中	tchôk 足	
tch'	tch'eàk 尺	tch'eóng 窗	tch'eók 戳	tch'óng 創		tch'ông 充	tch'ôk 蓄	
s	seák 石	seóng 箱		sóng 爽	sók 敕	sông 送	sôk 贖	
-				óng 盎	ók 惡		ôk 屋	ung 五

附录4　1897年《香山或澳门方言》澳门声韵配合表

一

序号	韵母	声　母							
---	---	p	p'	m	f	t	t'	n	l
1	á	把 pá	怕 p'á	孖 má	花 fá	打 tá	他 t'á	嫲 ná	拉 la
2	e	啤 pe	啤 p'e	□me		爹 te		你 ne	哩 le
3	ö					朵 tö			螺 lö
4	o	波 po	婆 p'o	摩 mo	火 fo	多 to	拕 t'o	稬 no	羅 lo
5	í	俾 pí	皮 p'í	尾 mi	飛 fí	地 tí		你 ní	梨 lí
6	ú	鯆 pú	浦 p'ú	无 mú	乎 fú	□tú		奴 nú	路 lú
7	ü							女 nü	呂 lü
8	ái	拜 pái	牌 p'ái	買 mái	快 fái	大 tái	太 t'ái	乃 nái	拉 lái
9	ai	矗 pai	批 p'ai	米 mai	費 fai	底 tai	梯 t'aí	泥 nai	犁 lai
10	úöü	杯 púöü	倍 p'úöü	妹 múuí	魁 fúöü	堆 túöü	推 t'úöü		了 lúuí
11	ôí			咪 môí		伐 tôí	台 t'ôí	內 nôí	來 lôí
12	áú	包 páú	抛 p'áú	矛 máú				錨 náú	撈 láú
13	aú	怀 paú	哀 p'aú	謀 maú	浮 faú	斗 taú	頭 t'aú	扭 naú	流 laú
14	yéú								
15	ò	保 pò		毛 mò		刀 tò	桃 t'ò	腦 nò	老 lò
16	íú	票 píú	漂 p'íú	苗繆 míú		丢 tíú	挑 t'íú	嫋 níú	鸟 líú
17	ám					擔 tám	貪 t'am	南 nám	藍 lám
18	áp					答 túp	搭 t'áp	納 núp	立 láp
19	am	□pam		□mam		揉 tam	冰 t'am	腍 nam	林 lam
20	ap	□pap	□p'ap			搭 tap	□t'ap	粒 nap	笠 lap
21	yem								

续表

序号	韵母	声母							
		p	p'	m	f	t	t'	n	l
22	yep								
23	ím					點 tím	添 t'ím	拈 ním	廉 lím
24	íp					碟 típ	帖 t'íp	聶 níp	攝 líp
25	án	班 pán	攀 p'án	萬 máu	玩 fán	丹 tán	炭 t'án	難 nán	蘭 lán
26	át	八 pát		抹 mát	法 fát	笪 tát	撻 t'át	捺 nát	辢 lát
27	an	品 pan	貧 p'an	文 man	分 fan	頓 tan	盾 t'an		倫 lan
28	at	不 pat	疋 p'at	乜 mat	弗 fat	凸 tat		嫩 nat	律 lat
29	un								
30	ut							訥 nut	
31	on								
32	ot								
33	ín	邊 pín	片 p'ín	棉 mín		典 tín	天 t'ín	年 nín	蓮 lín
34	ít	必 pít	擎 p'ít	滅 mít	□ fít	跌 tít	鐵 t'ít		列 lít
35	ún	本 pún	盆 p'ún	滿 mún					
36	út	鉢 pút	撥 p'út	末 mút					
37	ün					短 tün	團 t'ün	暖 nün	攣 lün
38	üt					奪 tüt	脫 t'üt		劣 lüt
39	áng	□ páng	棚 p'áng	盲 máng					冷 láng
40	ák	白 pák	拍 p'ák	陌 mák	拂 fák				
41	ang	崩 pang	平 p'ang	命 mang	擠 fang	頂 tang	藤 t'ang	擰 nang	靈 lang
42	ak	北 pak	辟 p'ak	墨 mak	□ fak	得 tak	剔 t'ak	匿 nak	力 lak
43	eng			命 meëng		頂 teng	廳 t'eng	□ neng	靚 leng
44	ek					笛 tek	踢 t'ek		
45	öng					□ töng		娘 nöng	梁 löng
46	ök					啄 tök			咯 lök
47	ong	邦 pong	旁 p'ong	亡 mong	方 fong	當 tong	堂 t'ong	囊 nong	浪 long
48	ok	駁 pok	扑 p'ok	幕 mok	攫 fok	度 tok	託 t'ok	諾 nok	洛 lok

序号	韵母	声母							
		p	p'	m	f	t	t'	n	l
49	ung	□pung	篷 p'ung	夢 mung		冬 tung	同 t'ung	濃 nung	龍 lung
50	uk	卜 puk	仆 p'uk	木 muk		督 tuk	禿 t'uk	躅 nuk	六 luk
51	m			唔 m					

二

序号	韵母	声母							
		ts	ts'	s	ch	ch'	k	k'	ng
1	á	揸 tsá	茶 ts'á	沙 sá			加 ká	卡 k'á	牙 ngá
2	e	謝 tse	邪 ts'e	蛇 se	遮 che	車 ch'e	□ke	騎 k'e	□nge
3	ö			嗦 sö				茄 k'ö	□ngö
4	o	助 tso	初 ts'o	疏 so			哥 ko	可 k'o	我 ngo
5	í	子 tsí	此 ts'í	屍 sí	之 chí	始 ch'í	幾 kí	其 k'í	二 ngí
6	ú	做 tsú	粗 ts'ú	苏 sú			姑 kú	箍 k'ú	
7	ü			書 sü	聚 chü	處 ch'ü	居 kü	拘 k'ü	如 ngü
8	ái	齋 tsái	差 ts'ái	曬 sái			街 kái	械 k'ái	厓 ngái
9	ai	制 tsai	妻 ts'ai	西 sai			歸 kai	規 k'ai	危 ngai
10	úöü	追 tsúöü	吹 ts'úöü	誰 súöü			癗 köü	儕 k'öü	
11	ôí	災 tsôí	才 ts'ôí	顋 sôí			該 kôí	蓋 k'ôí	外 ngoí
12	áú	找 tsáú	抄 ts'áú	梢 sáú			交 káú	巧 k'áú	咬 ngáú
13	aú	酒 tsaú	秋 ts'aú	收 saú			久 kaú	吼 k'aú	牛 ngaú
14	yéú							求 k'yéú	
15	ò	早 tsò	草 ts'ò	數 sò			高 kò		敖 ngò
16	íú	焦 tsíú	樵 ts'íú	消 síú	朝 chíú	朝 ch'íú	嬌 kíú	橋 k'íú	姚 ngíú
17	ám	斬 tsám	參 ts'ám	三 sám			監 kám		啱 ngám
18	áp	閘 tsáp	插 ts'áp	煠 sáp			夾 káp		什 ngáp
19	am	枕 tsam	沉 ts'am	心 sam			金 kam	襟 k'am	啥 ngam
20	ap	汁 tsap	缉 ts'ap	溼 sap			蛤 kap	吸 k'ap	吸 ngap

序号	韵母	声母							
		ts	ts'	s	ch	ch'	k	k'	ng
21	yem						金 kyem	感 k'yem	
22	yep						急 kyep	级 k'yep	
23	ím	尖 tsím	簽 ts'ím	閃 sím	占 chím	諂 ch'ím	儉 kím	拑 k'ím	冉 ngím
24	íp	接 tsíp	妾 ts'íp	□síp	摺 chíp		刼 kíp		业 ngíp
25	án	盞 tsán	產 ts'án	山 sán			奸 kán		眼 ngán
26	át	札 tsát	察 ts'át	殺 sát			刮 kát		齧 ngát
27	an	準 tsan	親 ts'an	信 san			君 kan	勤 k'an	銀 ngan
28	at	質 tsat	七 ts'at	失 sat			吉 kat	咳 k'at	挖 ngat
29	un			順 sun					
30	ut			朮 sut					
31	on						乾 kon		岸 ngon
32	ot						割 kot		
33	ín	前 tsín	千 ts'ín	仙 sín	甄 chín	纏 ch'ín	堅 kín	乾 k'ín	言 ngín
34	ít	節 tsít	切 ts'ít	屑 sít	折 chít	設 ch'ít	潔 kít	揭 k'ít	熱 ngít
35	ún						官 kún	浣 k'ún	
36	út							括 k'út	
37	ün			船 sün	尊 chün	穿 ch'ün	眷 kün	拳 k'ün	言 ngün
38	üt			雪 süt	絶 chüt	撮 ch'üt		厥 k'üt	月 ngüt
39	áng	爭 tsáng	撐 ts'áng	生 sáng			káng	逛 k'áng	硬 ngáng
40	ák	嘖 tsák	冊 ts'ák	□sák			革 kák	□k'ák	額 ngák
41	ang	正 tsang	層 ts'ang	聲 sang			京 kang	傾 k'ang	迎 ngang
42	ak	積 tsak	測 ts'ak	色 sak			棘 kak	隙 k'ak	阨 ngak
43	eng	*井 tsíeng*	*青 ts'íeng*	聲 seng			鏡 keng	□k'eng	
44	ek	*脊 tsíek*	*瘌 ts'íek*	錫 sek		尺 ch'ek	屐 kek	劇 k'ek	
45	öng			雙 söng	將 chöng	昌 ch'öng	董 köng	強 k'öng	
46	ök	雀 tsök		削 sök	着 chök	綽 ch'ök	脚 kök	卻 k'ök	

序号	韵母	声 母							
		ts	ts'	s	ch	ch'	k	k'	ng
47	ong	狀 tsong	倉 ts'ong	爽 song			江 kong	况 k'ong	贛 ngong
48	ok	作 tsok	錯 ts'ok	敕 sok			各 kok	霍 k'ok	咢 ngok
49	ung	中 tsung	充 ts'ung	崇 sung			公 kung	窮 k'ung	
50	uk	竹 tsuk	畜 ts'uk	叔 suk			穀 kuk	曲 k'uk	
51	m								

三

序号	韵母	声 母			
		h	-	y	w
1	á	下 há	呀 á	也 yá	話 wá
2	e			夜 ye	
3	ö				
4	o	何 ho	疴 o		和 wo
5	í	嬉 hí	伊 í		
6	ú	湖 hú	烏 ú		
7	ü	煦 hü	于 ü		
8	áí	揩 háí	挨 áí		懷 wáí
9	aí	係 haí	翳 aí	□ yaí	為 waí
10	úöü	虛 húöü	会 úöü		
11	ôí	悔 hôí	哀 ôí	蕊 yôí	
12	áú	嘵 háú	拗 áú		
13	aú	吼 haú	毆 aú	有 yaú	
14	yéú				
15	ò	好 hò	澳 ò		
16	íú	嘵 híú	夭 íú		
17	ám	喊 hám			
18	áp	洽 háp	鴨 áp	□ yáp	
19	am	陷 ham	庵 am	音 yam	
20	ap	哈 hap	洽 ap	邑 yap	
21	yem				

序号	韵母	声　　母			
		h	-	y	w
22	yep				
23	ím	欠 hím	鹽 ím		
24	íp	頁 híp	葉 íp		
25	án	罕 hán	晏 án		環 wán
26	át		壓 át		滑 wát
27	an	恨 han		潤 yan	溫 wan
28	at	乞 hat		一 yat	屈 wat
29	un				
30	ut				
31	on	看 hon	安 on		
32	ot	喝 hot			
33	ín	顯 hín	煙 ín		
34	ít	歇 hít	咽 ít		□wít
35	ún	寬 hún	援 ún		
36	út	闊 hút	活 út		
37	ün	圈 hün	冤 ün		
38	üt	血 hüt	穴 üt		
39	áng	桁 háng	罌 áng		橫 wáng
40	ák	客 hák	鈪 ák		
41	ang	兄 hang	嬰 ang	yang 影	榮 wang
42	ak	黑 hak	億 ak		或 wak
43	eng				
44	ek			喫 yíek	
45	öng	香 höng		洋 yöng	
46	ök		□ök	約 yök	
47	ong	行 hong			王 wong
48	ok	學 hok	惡 ok		鑊 wok
49	ung	兇 hung	五 ung	用 yung	
50	uk	哭 huk	屋 uk	欲 yuk	
51	m				

附录 5　1809 年马译《论语》声韵配合表

（根据吉川雅之《两本早于马礼逊的粤语资料》中的声韵配合表稍作修订。）

一

声母	韵母（[ ]内为拟音）												
	a	o	ee	oo	eû	ea	ai	i	oi	ooi	aou	ou	eu
	[a]	[ɔ]	[i]	[u]	[y]	[ɛ]	[a:i]	[ɐi]	[o:i]	[u:i]	[ɐu]	[ɐu]	[i:u]
p	罢		鼻ᴰ				败	蔽		贝ᴰ	饱	保	表
ph			皮	脯						倍		袍	
m	马	磨	未	无				袂		每	貌	谋	庙
f		科	非									浮	
t		多	地	*土*			大	弟	代	对	*道*	道	钓
th	他	拖		土			泰		殆	退			
n		儺	女	怒			乃		内	馁			鸟
l			利	鲁				犁	来	雷	*老*	老	
ch	诈	左	*主*	错	主	者	齐	祭	追	罪	爪ᴰ	就	召
chh		磋ᴿ	迟	错ᴿ		奢	妻	菜			嗅		
s		所	使	数	书	社	徙	世	虽	绥ᴿ		手	小
k	家	果	*居*	古	举		皆	继			交	告	皦
kh		可	*去*		去		启		盖	魑	巧	求	骄
gn	雅	我	*语*		语			艺			乐	牛	尧
h	夏	何	起	乎				奚	开	回	孝	后好	
-			于	呜	于		餲		哀	绘		奥	
qu	寡		*圭*ᴿ				怪	贵					
qhu							喟ᴿ	脍ᴿ					
gnu							巍ᴿ						
fw		火ᴰ	斐					废					
w	华	和	□ᴰ				坏	谓					
y	也					野							

二

声母	韵母（[ ]内为拟音）											
	yaou	am	um	om	im	yum	an	un	on	in	oon	eûn
	[ia:u]	[a:m]	[ɐm]	[ɔ:m]	[i:m]	[iɐm]	[a:n]	[ɐn]	[ɔ:n]	[i:n]	[u:n]	[y:n]
p							版	奔		变		本
ph							盼	贫		偏		
m							慢	闻		免		门
f								愤				
t							惮				端	端
th		澹					叹					
n		南			念		难			年		
l			林					邻		乱		乱
ch			枕			瞻	馋	进		贱		川
chh		参	寝					陈		贱		
s		三	心				山	神		先		孙
k	旧^R	监	今	绀	俭	今	简	近	干	见	观	
kh		凵^D	堪		欠^D		谏	轻		权	观	
gn						冉	颜	闇		愿		
h	丘	陷					侃		寒	贤	桓	劝
-	有				厌	饮	晏		安	远		远
qu							关	君				
qhu								困^R				
gnu												
fw							犯	焚				
w							患	温				
y							人					

三

声母	韵母（[ ]内为拟音）											
	ang	ung	eng	ong	oong	yang	yong	up	ip	yup	at	ut
	[a:ŋ]	[ɐŋ]	[ɪŋ]	[ɔ:ŋ]	[uŋ]	[ia:ŋ]	[iɔ:ŋ]	[ɐp]	[i:p]	[iɐp]	[a:t]	[ɐt]
p		病		邦		病					八	不
ph	彭	平	平			冯						匹

续表

声母	韵母（[ ]内为拟音）											
	ang	ung	eng	ong	oong	yang	yong	up	ip	yup	at	ut
	[a:ŋ]	[ɐŋ]	[ɪŋ]	[ɔ:ŋ]	[uŋ]	[ia:ŋ]	[iɔ:ŋ]	[ɐp]	[i:p]	[iɐp]	[a:t]	[ɐt]
m	猛	命		望	梦R							勿
f				放								弗
t		等	鼎D	党	动						达	
th		听		唐	童							
n		宁					娘D		摄			讷
l		令	令		龙D		梁	立				栗
ch	争	征	征	葬	忠	井	将	习	窃			质
chh	争R	清		庄								出漆
s		省	省	桑	宋		商	十			失	失
k		敬		讲	共		姜		及			吉
kh				狂	恐		狎		给			
gn												
h		兄	兄	巷	凤		乡	盍			乞	乞R
-			刑	五	五		羊		叶	入		
qu	门R	肱R										
qhu		肱										
gnu												
fw				放D	风D						发	
w	弘R	弘R		王								
y		凶R		用								一

四

声母	韵母（[ ]内为拟音）										
	ot	it	oot	eüt	ak	uk	ok	ok	ook	yak	yok
	[ɔ:t]	[i:t]	[u:t]	[y:t]	[a:k]	[ɐk]	[ɪk]	[ɔ:k]	[uk]	[ia:k]	[iɔ:k]
p	ㄨD	必	勃		百	北		博			
ph						辟		薄			
m		灭	没			默		莫	木		

声母	韵母（[ ]内为拟音）										
	ot	it	oot	eût	ak	uk	ek	ok	ook	yuk	yok
	[ɔ:t]	[i:t]	[u:t]	[y:t]	[a:k]	[ɐk]	[ɪk]	[ɔ:k]	[uk]	[iɐk]	[iɔ:k]
f									复		
t		夺				狄		铎	笃		琢
th								托			
n						匿		诺			
l		烈				力	力	乐	戮		
ch		绝			择	则		作		尺1	走^R
chh		彻			戚^R	戚		畜^R	束		
s		说				色		数	叔	石^D	
k	割				格	革^D		国	告		躩
kh		竭							曲		躩
gn		月^D		月	抑		抑	乐			
h					客			学			
-				曰	益			恶			约
qu							洫				
qhu											
gnu											
fw											
w					惑						
y					亦^R		亦		肉		

附录6　1948年《中山方言》声韵配合表

（根据赵元任《中山音系》声韵调配合表整理）

一

声母	a(:)	ia(:)	o(:)	œ(:)	u(:)	y(:)	i(:)	零(:)	a:i	o:i	u(:)i	ai	öi	a:u
p	巴		波		布		比		摆		杯	闭		包
p'	爬		破		普		披		派		倍	批		抛
m	马	□	磨		母		寐	唔	买		妹	米		貌
f	花		科				非		快			辉		
t	打	爹	多		都	贮	地		大		对	低		
t'	他		拖		土				太	台	腿	梯		
n	拿		挪		努	女	你		奶	内	馁	泥		闹
l	罅		罗		路	虑	里		赖	来	雷	礼	累	捞
ts	诈	姐	左		租	诸	子		债	再	罪	祭	锥	找
ts'	茶	奢	初		粗	趋	此		猜	才	崔	妻	随	抄
s	沙	蛇	锁		数	书	时		徙	腮	碎	世	水	梢
k	家	迦	哥		姑	举	记		街	该		鸡		交
k'	卡	骑	可	茄	苦	拒	其		楷	概		溪		巧
ŋ	牙		我			语	二	五	崖	碍		蚁		咬
h	霞		何	靴	扶虎	去	欺		鞋	开	贿	系		效
-	亚	也	阿	□	乌	于	衣		挨	爱	会	矮		拗
ku-	瓜								乖		鬼			
k'u-	挂										规			
ŋu-														
u-	华								坏		遗			
i-														锐

二

声母	韵母													
	i(:)u	au	ou	a:m	o(:)m	i(:)m	am	a:n	o:n	u(:)n	y(:)n	i(:)n	an	ön
p	标	褒	保					板		半		边	宾	
p‘	飘	剽	抱					攀		盘		片	贫	
m	苗	谋	毛					晚		满		面	蚊	
f		浮						饭					焚	
t	调	豆	到	担		点	掭	但		短		电	敦	顿
t‘	挑	偷	套	谈		添		坦		屯		天	吞	盾
n	尿	纽	脑	南		念	谂	难		嫩		年		
l	了	留	老	蓝		廉	林	懒		乱		连	论	卵
ts	招	走	早	斩		尖	针	赞		转		剪	晋	津
ts‘	昭	丑	草	参		纤	侵	餐		存		千	亲	秦
s	小	愁	嫂	三		蝉	心	山		孙		扇	信	纯
k	骄	鸠	高	监	甘	兼	金	间	干	官	卷	见	斤	
k‘	桥	求		硏	堪	钳	琴			款	犬	虔	勤	
ŋ	绕	牛	傲	岩		严		眼	岸	玩	元	研	忍	
h	晓	口	好	咸	含	嫌		罕	寒	欢	玄	贤	很	
-	摇	欧	袄		暗	淹		晏	安	碗	远	演		
ku-								关					君	
k‘u-													群	
ŋu-								顽						
u-								环					云	
i-		有				饮							闰	

三

声母	韵母											
	a:ŋ	ia:ŋ	o:ŋ	œ:ŋ	aŋ	oŋ	iŋ	a:p	o(:)p	i(:)p	ap	a:t
p		饼	榜		崩		病					八
p‘	棒	平	旁胖		朋	虹	平					
m	猛	命	望		孟	梦	明					袜
f		方										法

续表

声母	韵母											
	a:ŋ	ia:ŋ	o:ŋ	œ:ŋ	aŋ	oŋ	iŋ	a:p	o(:)p	i(:)p	ap	a:t
t		定	当		凳	东	丁	答		蝶	□	达
t'		听	汤		藤	通	听	塔		贴	□	挞
n			囊	娘	能	农	拧	纳		捏	粒	捺
l	冷	灵	浪	良	冷	龙	岭	腊		猎	立	辣
ts	争	井	庄	张	曾	重	精	杂		接	集	札
ts'	橙	青	藏	长	层	从	清	插		妾	缉	察
s	生	城	爽	想	生	送	升	煞		涉	十	萨
k	耕	镜	江	姜	耕	公	经	夹	蛤	劫	急	
k'			慷	强	哽	穷	倾		磕	吸		
ŋ	硬		昂				迎			业	廿	
h	行坑	轻	康	香	亨	红	兴	狭		胁	翕	乞
-		罂	赢		莺	瓮	英	鸭		叶		压
ku-					轰							刮
k'u-	逛											
ŋu-												
u-	横				弘晕		永					挖
i-			阳			翁	影			入		

四

声母	韵母												
	o:t	u(:)t	y(:)t	i(:)t	at	öt	a:k	ia:k	o:k	œ(:)k	ak	ok	ik
p				必	毕		百	壁	博		北	仆	逼
p'			撇	匹	拍		劈		扑				僻
m				灭	物		麦		莫		墨	木	觅
f				忽					缚				
t		夺	秩	突			笛	铎	琢		得	毒	的
t'		脱	铁					踢	托		忒	秃	忒

续表

声母	韵　母												
	o:t	u(:)t	y(:)t	i(:)t	at	öt	a:k	ia:k	o:k	œ(:)k	ak	ok	ik
n									诺		□	□	匿
l			劣	列	甩	栗		沥	落	略	勒	六	力
ts			绝	节	质	卒	责	脊	捉	雀	则	足	直
ts'			撮	切	七	出	策	尺	戮	卓	贼	促	戚
s			雪	舌	失	率	□	石	索	削	塞	熟	食
k	割		决	结	吉		格	屐	郭	脚	革	谷	极
k'		豿	厥	揭	咳				确	却	克	曲	
ŋ			月	热	讫		额		岳		逆		
h	渴	阔	血	歇	瞎		黑		学			福	
-		活	悦	噎			鈪	吃	恶		厄	屋	翼
ku-					骨		掴						虢
k'u-					屈								
ŋu-													
u-					屈		或						疫
i-					一					若		欲	

附录 7 1897 年《香山或澳门方言》中山石岐声韵配合表

一

序号	韵母	声母							
		p	p'	m	f	t	t'	n	l
1	á	把 pá	怕 p'á	孖 má	花 fá	打 tá	他 t'á	㟃 ná	拉 la
2	e	啤 pe	啤 p'e	□me		爹 te		你 ne	哩 le
3	ya								
4	ö					朵 tö			螺 lö
5	o	波 po	婆 p'o	摩 mo	火 fo	多 to	挖 t'o	稬 no	罗 lo
6	í	俾 pí	皮 p'í	尾 mi	飞 fí	地 tí		你 ní	梨 lí
7	ú	鯆 pú	浦 p'ú	无 mú	乎 fú	□tú		奴 nú	驴 lú
8	ü							女 nü	虑 lü
9	ái	拜 pái	牌 p'ái	买 mái	快 fái	大 tái	太 t'ái	乃 nái	拉 lái
10	ai	㿟 pai	批 p'ai	米 mai	费 fai	底 tai	梯 t'ai	泥 nai	犁 lai
11	úöü	杯 púöü	倍 p'úöü	妹 múuí	魁 fúöü	堆 túöü	推 t'úöü		了 lúuí
12	ôí			晦 môí		伐 tôí	台 t'ôí	内 nôí	来 lôí
13	áú	包 páú	抛 p'áú	矛 máú				锚 náú	捞 láú
14	aú	㖆 paú	褒 p'aú	谋 maú	浮 faú	斗 taú	头 t'aú	扭 naú	流 laú
15	yéú								
16	ò	保 pò		毛 mò		刀 tò	桃 t'ò	脑 nò	老 lò
17	íú	票 píú	漂 p'íú	苗 míú		丢 tíú	挑 t'íú	袅 níú	鸟 líú
18	ám					担 tám	伩 t'am	南 nám	茜 lám
19	áp					答 táp	塔 t'áp	纳 náp	立 láp
20	am	□pam		□mam		探 tam	氹 t'am	腌 nam	林 lam
21	ap	□pap	□p'ap			搭 tap	□t'ap	粒 nap	笠 lap

序号	韵母	声 母							
		p	p'	m	f	t	t'	n	l
22	*òm*								
23	*òp*								
24	ím					点 tím	添 t'ím	拈 ním	廉 lím
25	íp					碟 típ	帖 t'íp	聂 níp	擸 líp
26	án	班 pán	攀 p'án	万 máu	玩 fán	丹 tán	炭 t'án	难 nán	兰 lán
27	át	八 pát		袜 mát	法 fát	笪 tát	挞 t'át	捺 nát	辣 lát
28	an	品 pan	贫 p'an	文 man	分 fan	顿 tan	盾 t'an		伦 lan
29	at	不 pat	疋 p'at	乜 mat	弗 fat	凸 tat		嫩 nat	律 lat
30	un								
31	ut							*讷 nut*	
32	on								
33	ot								
34	ín	边 pín	片 p'ín	棉 mín		典 tín	天 t'ín	年 nín	莲 lín
35	ít	必 pít	擎 p'ít	灭 mít	□fít	跌 tít	铁 t'ít		列 lít
36	ún	本 pún	盆 p'ún	满 mún					
37	út	钵 pút	拨 p'út	末 mút					
38	ün					短 tün	团 t'ün	暖 nün	孪 lün
39	üt					夺 tüt	脱 t'üt		劣 lüt
40	áng	□páng	棚 p'áng	盲 máng					冷 láng
41	ák	白 pák	拍 p'ák	陌 mák	拂 fák				
42	ang	崩 pang	平 p'ang	命 mang	挤 fang	顶 tang	藤 t'ang	能 nang	灵 lang
43	ak	壁 pak	辟 p'ak	墨 mak	□fak	嫡 tak	剔 t'ak	匿 nak	勒 lak
44	eng			*命 meëng*		顶 teng	厅 t'eng	□neng	领 leng
45	ek					笛 tek	踢 t'ek		
46	öng					□töng		娘 nöng	梁 löng

续表

序号	韵母	声母							
		p	p'	m	f	t	t'	n	l
47	ök					啄 tök			咯 lök
48	ong	邦 pong	旁 p'ong	亡 mong	方 fong	当 tong	堂 t'ong	囊 nong	浪 long
49	ok	驳 pok	扑 p'ok	幕 mok	攫 fok	度 tok	托 t'ok	诺 nok	洛 lok
50	ung	□pung	篷 p'ung	梦 mung		冬 tung	同 t'ung	浓 nung	龙 lung
51	uk	卜 puk	仆 p'uk	木 muk		督 tuk	秃 t'uk	躅 nuk	六 luk
52	ing								
53	ik								力 lik
54	m			唔 m					

二

序号	韵母	声母						
		ts	ts'	s	ch	ch'	k	k'
1	á	揸 tsá	茶 ts'á	沙 sá			加 ká	卡 k'á
2	e	谢 tse	邪 ts'e	蛇 se	遮 che	车 ch'e	□ke	伽 k'e
3	ya			写 sya				
4	ö			嗦 sö				茄 k'ö
5	o	左 tso	错 ts'o	疏 so			哥 ko	可 k'o
6	í	子 tsí	此 ts'í	尸士 sí	之 chí	始 ch'í	几 kí	其 k'í
7	ú	租 tsú	粗 ts'ú	苏 sú			枯 kú	箍 k'ú
8	ü			书 sü	朱 chü	处 ch'ü	居 kü	拘 k'ü
9	ái	斋 tsái	差 ts'ái	晒 sái			街 kái	械 k'ái
10	ai	制仔 tsai	妻 ts'ai	筛 sai			计 kai	契 k'ai
11	úöü	追 tsúöü	吹 ts'úöü	谁 súöü				
12	ôí	灾 tsôí	才 ts'ôí	颢 sôí			该 kôí	盖 k'ôí
13	áú	找 tsáú	抄 ts'áú	梢 sáú			交 káú	巧 k'áú
14	aú	周 tsaú	秋 ts'aú	收 saú			久 kaú	吼 k'aú
15	yéú							*求 k'yéú*
16	ò	早 tsò	草 ts'ò	数 sò			高 kò	

续表

序号	韵母	声母						
		ts	ts'	s	ch	ch'	k	k'
17	íú	焦 tsíú	樵 ts'íú	消 síú	朝 chíú	朝 ch'íú	娇 kíú	桥 k'íú
18	ám	斩 tsám	参 ts'ám	衫 sám			监 kám	
19	áp	闸 tsáp	插 ts'áp	煤 sáp			夹 káp	
20	am	枕 tsam	寻 ts'am	心审 sam			甘 kam	襟 k'am
21	ap	汁 tsap	缉 ts'ap	湿 sap			蛤 kap	吸 k'ap
22	òm							
23	òp						急 kòp	
24	ím	尖 tsím	签 ts'ím	闪 sím	占 chím	谄 ch'ím	俭 kím	拑 k'ím
25	íp	接 tsíp	妾 ts'íp	□síp	折 chíp		刼 kíp	
26	án	赞 tsán	餐 ts'án	散 sán			奸 kán	
27	át	札 tsát	擦 ts'át	杀 sát			甴 kát	
28	an	真 tsan	巡 ts'an	伸 san			巾 kan	勤 k'an
29	at	卒 tsat	七出 ts'at	失 sat			吉 kat	咳 k'at
30	un	准 tsun	春 ts'un	顺 sun				
31	ut			戌 sut				
32	on						干 kon	
33	ot						割 kot	
34	ín	前 tsín	千 ts'ín	仙 sín	毡 chín	缠 ch'ín	坚 kín	干 k'ín
35	ít	节 tsít	切 ts'ít	屑 sít	折 chít	设 ch'ít	洁 kít	揭 k'ít
36	ún						皖 kún	浣 k'ún
37	út							括 k'út
38	ün			孙 sün	尊 chün	村 ch'ün	眷 kün	拳 k'ün
39	üt			雪 süt	絶 chüt	撮 ch'üt		厥 k'üt
40	áng	争 tsáng	撑 ts'áng	生 sáng			耕 káng	鲠 k'áng
41	ák	倩 tsák	册 ts'ák	□sák			革 kák	□k'ák
42	ang	筝 tsang	请 ts'ang	星 sang			庚 kang	倾 k'ang
43	ak	织 tsak	测 ts'ak	息 sak			棘 kak	刻 k'ak

续表

序号	韵母	声母						
		ts	ts'	s	ch	ch'	k	k'
44	eng	*净 tsíeng*	*青 ts'íeng*	星 seng			镜 keng	□k'eng
45	ek	*脊 síek*	*瘌 ts'íek*	硕 sek		尺 ch'ek	屐 kek	剧 k'ek
46	öng			相 söng	将 chöng	昌 ch'öng	姜 köng	强 k'öng
47	ök	雀 tsök		削 sök	雀 chök	绰 ch'ök	脚 kök	郤 k'ök
48	ong	状 tsong	仓 ts'ong	桑 song			江 kong	况 k'ong
49	ok	作 tsok	错 ts'ok	索 sok			各 kok	霍 k'ok
50	ung	中 tsung	从 ts'ung	宋 sung			公 kung	穷 k'ung
51	uk	竹 tsuk	速 ts'uk	粟 suk			谷 kuk	曲 k'uk
52	ing	正 tsing	秤 ts'ing				径 king	
53	ik	积 tsik	刺 ts'ik	锡 sik				
54	m							

三

序号	韵母	声母						
		kw	k'w	ng	h	-	y	w
1	á		夸 k'wá	牙 ngá	下 há	呀 á	也 yá	话 wá
2	e	□kwe		□nge			夜 ye	
3	ya							
4	ö			□ngö				
5	o	戈 kwo		我 ngo	何 ho	疴 o		和 wo
6	í			二 ngí	嬉 hí	伊 í		
7	ú	姑 kwú	轱 k'wú		夫 hú	乌 ú		
8	ü			如 ngü	煦 hü	乳 ü		
9	ái	乖 kwái	□k'wái	崖 ngái	揩 hái	挨 ái		怀 wái
10	ɑí	归 kwɑi	规 k'wɑi	危 ngɑi	系 nɑi	翳 ɑi	□yɑi	为 wɑi
11	úöü	瘝 kwöü	脍 k'wöü		虚 húöü	会 úöü		
12	ôí			外 ngôí	开 hôí	哀 ôí	蕊 yôí	
13	áú			咬 ngáú	考 háú	拗 áú		
14	aú			牛 ngaú	吼 haú	殴 aú	有 yaú	

序号	韵母	声　母						
		kw	k'w	ng	h	-	y	w
15	yéú							
16	ò			敖 ngò	好 hò	澳 ò		
17	íú			姚 ngíú	晓 híú	夭 íú		
18	ám			啱 ngám	咸 hám			
19	áp			廿 ngáp	洽 háp	鸭 áp	□yáp	
20	am			啥 ngam	咸 ham	庵 am	音 yam	
21	ap			吸 ngap	哈 hap	洽 ap	邑 yap	
22	*òm*							
23	òp							
24	ím			染艳 ngím	欠 hím	盐 ím		
25	íp			业邺 ngíp	协页 híp	叶 íp		
26	án	关 kwán		眼 ngán	悭罕 hán	晏 án		环 wán
27	át	刮 kwát		啮 ngát		压 át		滑 wát
28	an	君 kwan	坤 k'wan	银 ngan	恨 han		润 yan	温 wan
29	at	骨 kwat		扢扎 ngat	乞 hat		一 yat	屈 wat
30	un							
31	ut							
32	on			岸 ngon	看 hon	安 on		
33	ot				喝 hot			
34	ín			言 ngín	显苋 hín	烟 ín		
35	ít	□kwít		热 ngít	歇 hít	咽 ít		□wít
36	ún	官 kwún			宽 hún	援 ún		
37	út				阔 hút	活 út		
38	ün			言 ngün	圈 hün	冤 ün		
39	üt			月 ngüt	血 hüt	穴悦 üt		
40	áng		矿 k'wáng	硬 ngáng	桁 háng	罌 áng		横 wáng
41	ák			额 ngák	客 hák	鈪 ák	吃 yák	

序号	韵母	声母						
		kw	k'w	ng	h	-	y	w
42	ang	淘 kwang	逛 k'wang	硬迎认 ngang	兄 hang	婴 ang	yang 影	弘 wang
43	ak	□kwak		陌 ngak	黑 hak	渥亿 ak		或 wak
44	eng							
45	ek							
46	öng				香 höng			
47	ök						□ök	约 yök
48	ong	光 kwong	狂 k'wong	赣 ngong	行 hong		洋 yong	王 wong
49	ok	国 kwok		咢 ngok	学 hok	恶 ok		镬 wok
50	ung				凶 hung	五 ung	用 yung	
51	uk				哭 huk	屋 uk	欲 yuk	
52	ing	扃 kwing				莺 ing		荣 wing
53	ik		隙 k'wik					域 wik
54	m							

附录8　1897年《香山或澳门方言》广州声韵配合表

一

韵母	声母								
	p	p'	m	f	t	t'	n	l	ts
á	pá 把	p'á 怕	má 孖	fá 花	tá 打	t'á 他	ná 嬤	lá 拉	tsá 咱
e	pe 啤	p'e 啤	me □		te 爹		ne □	le 哩	tse 謝
ö					tö 朵			lö 螺	
o	po 波	p'o 婆	mo 摩	fo 火	to 多	t'o 拕	no 稬	lo 羅	tso 左
z									tsz 子
í			mi 乜		tí-		ní 呢		
éi	péí 俾	p'éí 皮	méí 尾	féi 飛	téí 地		néí 你	léí 梨	
ú				fú 夫	tú □				
ü									
ái	pái 拜	p'ái 牌	mái 買	fái 快	tái 大	t'ai 太	nái 乃	lái 拉	
ai	paí 贔	p'aí 批	maí 米	fai 費	taí 底	t'aí 梯	nai 泥	laí 犂	tsaí 仔
öü	pöü 杯	p'öü 倍	möü 妹	föü 魁	töü 堆	t'öü 推	nöü 女	löü 呂	tsöü 疽
oí					toí 代	t'oí 台	noí 內	loí 來	tsoí 災
áú	páú 包	p'áú 抛	máú 矛				náú 錨	láú 撈	
aú	paú 吓	p'aú 裒	maú 謀	faú 浮	taú 斗	t'aú 頭	naú 扭	laú 流	tsaú 酒
ò	pò 鮄		mò 无		tò 刀	t'ò 桃	nò 奴	lò 路	tsò 早
íú	píú 票	p'íú 漂	míú 苗		tíú 丟	t'íú 挑	níú 嫋	líú 了	tsíú 焦
ám					tám 擔	t'ám 貪	nám 南	lám 藍	tsám 暫
áp					táp 答	t'áp 塔	náp 納	láp 立	tsáp 習
am					tam 揼	t'am 㽉	nam 腍	lam 林	tsam 浸
ap					tap 搭	t'ap □	nap 粒	lap 笠	tsap 蕺
ím					tím 點	t'ím 添	ním 拈	lím 廉	tsím 尖

韵母	声母								
	p	p'	m	f	t	t'	n	l	ts
íp					típ 碟	t'íp 帖	níp 聶	líp 攝	tsíp 接
òm	pòm□		mòm□			t'òm□			
òp	pop□	p'op□							
án	pán 班	p'án 攀	mán 萬	fán 凡	tán 丹	t'án 炭	nán 難	lán 蘭	tsán 贊
át	pát 八		mát 抹	fát 法	tát 笪	t'át 撻	nát 捺	lát 辢	tsát 甲
an	pan 品	p'an 貧	man 文	fan 分	tan 木	t'an 吞	nan□	lan□	
at	pat 不	p'at 疋	mat 乜	fat 弗	tat 凸		nat 嫩	lat 甪	tsat 疾
un					tun 頓	t'un 盾		lun 倫	tsun 津
ut							nut 訥	lut 律	tsut 卒
on									
ot									
ín	pín 邊	p'ín 片	mín 棉		tín 典	t'ín 天	nín 年	lín 蓮	tsín 前
ít	pít 必	p'ít 擎	mít 滅	fít□	tít 跌	t'ít 鐵	nít 臲	lít 列	tsít 節
ún	pún 本	p'ún 盆	mún 門	fún 寬					
út	pút 鉢	p'út 撥	mút 末	fút 闊					
ün					tün 短	t'ün 團	nün 暖	lün 攣	tsün 尊
üt					tüt 奪	t'üt 脫		lüt 劣	tsüt 絕
áng	páng□	p'áng 棚	máng 盲					láng 冷	
ák	pák 白	p'ák 拍	mák 擘	fák 拂					
ang	pang 崩	p'ang 馮	mang 盟	fang 挤	tang 燈	t'ang 藤	nang 能	lang 舲	tsang 增
ak	pak 北		mak 墨		tak 得		nak□	lak 勒	tsak 則
eng	饼	平	meng 名		teng 釘	t'eng 廳	neng□	leng 鮫	tseng 精
ek					tek 笛	t'ek 踢			tsek 脊
öng					töng□		nöng 娘	löng 梁	tsöng 將
ök					tök 啄			lök 咯	tsök 雀

韵母	声母								
	p	p'	m	f	t	t'	n	l	ts
ing	ping 兵	p'ing 平	ming 冥	fing 挤	ting 丁	t'ing 亭	ning 擰	ling 靈	tsing 晶
ik	pik 壁	p'ik 辟	mik 羃	fik □	tik 嫡	t'ik 剔	nik 匿	lik 力	tsik 積
ong	pong 邦	p'ong 旁	mong 亡	fong 方	tong 當	t'ong 堂	nong 囊	long 浪	tsong 葬
ok	pok 駁	p'ok 扑	mok 幕	fok 霍	t'ok 度	t'ok 託	nok 諾	lok 洛	tsok 作
ung	pung □	p'ung 篷	mung 夢	fung 封	tung 冬	t'ung 同	nung 濃	lung 龍	tsung 宗
uk	puk 卜	p'uk 仆	muk 木	fuk 腹	tuk 督	t'uk 禿	nuk 躅	luk 六	tsuk 足
ng									
m			m 唔						
úún			múún 滿						
úút			múút □						

二

韵母	声母								
	ts'	s	ch	ch'	sh	k	k'	kw	k'w
á		sá 撒	chá 揸	ch'á 茶	shá 沙	ká 加	k'á 卡	kwá 瓜	k'wá 誇
e	ts'e 邪	se 寫	che 遮	ch'e 車	she 蛇	ke 嘅	k'e 騎	kwe □	
ö		sö 噓			shö 嗦				
o	ts'o 錯	so 銷	cho 助	ch'o 初	sho 疏	ko 哥		kwo 戈	
z	ts'z 此	sz 士							
í		sí □	chí 之	ch'í 始	shí 屍				
éí						kéí 幾	k'éí 其		
ú								kwú 姑	k'wú 軲
ü			chü 朱	ch'ü 處	shü 書				
áí		sáí 嘥	cháí 齋	ch'áí 差	sháí 曬	káí 街	k'áí 械	kwáí 乖	k'wáí □
aí	ts'aí 妻	saí 西	chaí 制		shaí 篩	kaí 計	k'aí 契	kwaí 歸	k'waí 規
öü	ts'öü 脆	söü 碎	chöü 追	ch'öü 吹	shöü 誰	köü 居	k'öü 拘	kwöü 瘡	k'wöü 儈

韵母	声母								
	ts'	s	ch	ch'	sh	k	k'	kw	k'w
oí	ts'oí 才	soí 顙				koí 該	k'oí 蓋		
áú		sáú □	cháú 找	ch'áú 抄	sháú 梢	káú 交	k'áú 銇		
aú	ts'aú 秋	saú 修	chaú 周	ch'aú 綢	sháú 收	kaú 久	k'aú 求		
ò	ts'ò 草	sò 嫂			shò 數	kò 高			
íú	ts'íú 樵	síú 消	chíú 朝	ch'íú 朝		kíú 嬌	k'íú 橋		
ám	ts'ám 參	sám 三	chám 斬	ch'ám 杉	shám 衫	kám 監			
áp		sáp 匣	cháp 閘	ch'áp 插	sháp 煠	káp 夾			
am	ts'am 尋	sam 心	cham 枕	ch'am 沉	sham 審	kam 金	k'am 襟		
ap	ts'ap 緝	sap 呷	chap 汁		shap 溼	kap 急	k'ap 吸		
ím	ts'ím 簽		chím 占	ch'ím 詀	shím 閃	kím 儉	k'ím 拑		
íp	ts'íp 妾	síp □	chíp 摺			kíp 刼			
òm						kòm 甘			
òp						kòp 蛤			
án	ts'án 餐	sán 散	chán 盞	ch'án 產	shán 山	kán 奸		kwán 關	
át	ts'át 擦	sát 撒	chát 札	ch'át 察	shát 殺	kát 甴		kwát 刮	
an	ts'an 親	san 新	chan 真	ch'an 塵	shan 伸	kan 巾	k'an 勤	kwan 君	k'wan 坤
at	ts'at 七	sat 膝	chat 質		shat 失	kat 吉	k'at 咳	kwat 骨	
un	ts'un 巡	sun 信	chun 準	ch'un 春	shun 順				
ut		ʒut 恤	chut 絀	ch'ut 出	shut 戌				
on						kon 乾			
ot						kot 割			
ín	ts'ín 千	sín 仙	chín 甐	ch'ín 纏	shín 善	kín 堅	k'ín 乾		
ít	ts'ít 切	sít 屑	chít 折	ch'ít 設		kít 潔	k'ít 揭	kwít □	
ún								kwún 官	
út							k'út 括		

韵母	声母								
	ts'	s	ch	ch'	sh	k	k'	kw	k'w
ün	ts'ün 村	sün 孫	chün 甄	ch'ün 穿	shün 船	kün 眷	k'ün 拳		
üt	ts'üt 撮	süt 雪	chüt 啜		shüt 說	küt 厥,抉			
áng		cháng 爭	ch'áng 撐	sháng □	káng 耕			kwáng 逛	k'wáng 繾逛
ák	ts'ák 賊		chák 碏	ch'ák 冊	shák[扌索]	kák 革		kwák □	
ang	ts'ang 層	sang 擤	chang 箏		shang 牲	kang 庚	k'ang 揩	kwang 淘	k'wang □
ak		sak 塞	chak 仄	ch'ak 測			k'ak 喀		
eng	ts'eng 青	seng 腥	cheng 正		sheng 聲	keng 鏡	k'eng □		
ek	ts'ek 瘌	sek 錫	只	ch'ek 尺	shek 石		k'ek 劇		
öng	詳	söng 相	chöng 章	ch'öng 昌	shöng 雙	köng 薑	k'öng 强		
ök		sök 削	chök 着	ch'ök 綽	shök 汋	kök 脚	k'ök 郤		
ing	ts'ing 清	sing 惺	ching 正	ch'ing 秤	shing 升	king 京	k'ing 傾	kwing 扃	
ik	ts'ik 刺	sik 息	chik 織	ch'ik 斥	shik 色	kik 棘	k'ik □	kwik 隙	k'wik 隙
ong	ts'ong 倉	song 桑	chong 狀		shong 爽	kong 江	k'ong 扛	kwong 光	k'wong 狂
ok	ts'ok 錯	sok 索	chok 濯		shok 敕	kok 各	k'ok 確	kwok 國	
ung	ts'ung 從	sung 宋	chung 中	ch'ung 充	shung 崇	kung 公	k'ung 窮		
uk	ts'uk 速	suk 粟	chuk 竹	ch'uk 畜	shuk 叔	kuk 穀	k'uk 曲		
ng									
m									
úun									
úut									

三

韵母	声母				
	ng	h	-	y	w
á	ngá 牙	há 下	á 呀	yá 吔	wá 話
e	nge □			ye 夜	we 挰

韵母	声母				
	ng	h	-	y	w
ö	ngö□	靴			
o	ngo 我	ho 何	o 疴		wo 和
z					
í	ngí□			yí 伊	
éí		héí 嬉			
ú					wú 烏
ü				yü 于	
áí	ngáí 厓	háí 揩	áí 挨		wáí 懷
aí	ngaí 危	haí 係	aí 翳	yaí□	waí 為
öü		höü 虛		yöü 蕊	wuí 噲
oí	ngoí 外	hoí 開	oí 哀		woí□
áú	ngáú 咬	háú 考	áú 拗	yáú□	
aú	ngaú 牛	haú 口	aú 毆	yaú 有	
ò	ngò 敖	hò 好	ò 澳		
íú		híú 曉		yíú 夭	
ám	ngám 啱	hám 喊	ám□		
áp	ngáp□	háp 洽	áp 鴨	yáp□	
am	ngam 啥	ham 拯	am 庵	yam 音	
ap	ngap 吸	hap 哈	ap 洽	yap 邑	
ím		hím 欠		yím 鹽	
íp	ngíp□	híp 協		yíp 葉	
òm		hòm 堪	òm 庵		
òp		hòp 合			
án	ngán 眼	hán 慳	án 晏		wán 環
át	ngát 抓		át 壓		wát 滑

韵母	声　母				
	ng	h	-	y	w
an	ngan 銀	han 恨		yan 因	wan 温
at	ngat 扢	hat 乞	at□	yat 一	wat 屈
un				yun 潤	
ut					
on	ngon 岸	hon 看	on 安		
ot		hot 喝			
ín		hín 顯		yín 煙	
ít	ngít 嚙	hít 歇		yít 熱	wít□
ún					wún 援
út					wút 活
ün		hün 圈		yün 冤	
üt	ngüt□	hüt 血		yüt 穴	
áng	ngáng 硬	háng 桁	áng 罌		wáng 橫
ák	ngák 額	hák 客	ák 鈪	yák 喫	wák 或
ang	ngang 硬	hang 行	ang 鶯		wang 弘
ak	ngak 阨	hak 刻	ak 渥		
eng		轻			
ek					
öng		höng 香		yöng 洋	
ök			ök□	yök 約	
ing		hing 兄		ying 嬰	wing 榮
ik				yik 億	wik 域
ong	ngong 贛	hong 行	ong 盎		wong 王
ok	ngok 咢	hok 學	ok 惡		wok 鑊
ung		hung 兇	ung 壅	yung 用	

韵母	声　母				
	ng	h	-	y	w
uk		huk 哭	uk 屋	yuk 欲	
ng	ng 五				
m					
úún					
úút					

附录9　1856年《粤华分韵撮要》声韵配合表

（斜体表示口语词）

韵母 \ 声母	p	p'	m	f	t	t'	n	l	ts	ts'	s	ch	ch'	sh	k	k'	ng	h	kw	kw'	w	y	-
â	巴	㕧	孖	花	打	他	□	喇	咱	一	卅	渣	差	沙	家	一	牙	蝦	瓜	夸	呱	吔	吖
é	一	一	□	一	爹	一	嗱	孻	嗟	邪	些	遮	奢	賒	□	茄	一	靴	一	一	一	耶	□
ù	一	□	麼	科	朵	拖	橠	囉	左	佐	梭	阻	初	疏	歌	一	俄	苛	戈	一	堝	一	阿
o	波	丕	□	非	多	一	□	喇	一	一	一	一	一	一	一	一	一	欺	一	一	一	一	衣
î	卑	一	□	一	地	一	一	一	一	一	一	知	痴	詩	幾	崎	□	一	一	一	一	一	一
z'	一	一	一	一	一	一	一	一	兹	雌	師	一	一	一	一	一	一	一	一	一	一	一	一
û	一	一	巫	夫	一	一	女	魯	日	趨	穌	諸	瑹	舒	孤	拘	一	虛	一	一	一	一	烏
ü	一	一	埋	一	一	洎	奴	廬	租	操	胥	齋	一	數	居	一	翱	蒿	一	一	一	一	於
ò	哺	鋪	咩	快	刀	梯	奶	□	一	一	騷	一	差	觗	高	楷	涯	楷	乖	一	歪	一	□
âi	擺	排	一	揮	氐	胎	泥	擸	劑	妻	徙	撾	一	篩	皆	溪	□	屎	歸	規	威	一	挨
ai	跛	批	一	一	低	一	内	犁	哉	採	西	一	一	衰	雞	蓋	呆	開	一	一	一	一	□
oi	一	一	一	一	代	一	綏	耒	嘴	隨	顋	追	吹	一	豥	一	一	一	一	一	一	一	哀
ui	一	一	一	魁	帨	推	一	彙	罪	崔	雖	一	一	一	一	一	一	一	一	一	一	椏	一
ûi	杯	肧	妹	一	堆	一	橈	一	一	一	一	嘲	抄	稍	儈	罄	□	敲	一	一	一	一	根
âu	包	拋	矛	一	一	一	一	撈	一	一	一	一	一	一	交	一	一	一	一	一	一	一	拗

续表

韵母	p	p‘	m	f	t	t‘	n	l	ts	ts‘	s	ch	ch‘	sh	k	k‘	ng	h	kw	kw‘	w	y	-
au	裒	剖	□	佢	兜	偷	羺	鈎	謅	秋	差	周	抽	收	溝	搝	鈎	吼	—	—	—	憂	區
iú	標	飄	苗	—	刁	佻	□	□	椒	樵	消	朝	昭	燒	嬌	橋	—	嚣	—	—	—	—	天
ám	—	—	—	—	擔	貪	男	婪	簪	參	三	斬	攙	多	緘	—	啱	咸	—	—	—	—	函
áp	—	—	—	番	笞	塔	納	喇	雜	—	颯	劄	插	鍵	甲	衾	□	呷	—	—	—	陰	鴨
am	—	—	—	發	耽	際	腍	笠	怎	侵	心	針	沉	深	金	仅	哈	—	—	—	—	泣	唵
ap	殷	—	—	熏	□	添	粒	廉	□	戢	呷	執	詔	濕	急	拑	吸	恰	—	—	—	—	浴
ím	—	—	—	弗	點	添	拈	獵	尖	僉	—	占	—	瞻	兼	—	—	謙	—	—	—	—	奄
íp	□	—	—	—	疊	帖	拈	欄	楫	妾	柵	摺	—	涉	劼	—	—	脅	—	—	—	—	鑑
òm	□	□	□	□	戇	攤	—	辣	債	餐	橪	盞	產	—	甘	—	顏	堪	—	—	彎	—	庵
òp	□	□	末	番	丹	提	難	□	—	擦	撒	札	察	山	合	—	—	合	關	—	呇	—	—
an	殷	攀	改	發	達	吞	鈉	甪	—	親	新	真	嗔	殺	間	芹	天	硜	刮	坤	溫	—	晏
àt	八	—	乜	熏	墩	天	奶	連	疾	七	滕	邨	—	身	根	咳	兀	痕	君	—	屈	因	遏
an	賓	貧	民	弗	突	鐵	年	纈	煎	千	先	游	魔	失	吉	乾	—	乞	骨	—	□	—	—
at	不	疋	—	—	顛	—	□	□	節	切	屑	折	設	□	堅	揭	齧	牽	□	—	—	—	遏
ín	邊	偏	—	—	跌	潡	—	—	津	循	晌	噂	春	舌	潔	干	岸	歇	—	—	—	—	煙
ít	必	撇	蟆	—	敦	端	訥	□	卒	—	恤	黜	出	純	干	割	—	看	—	—	—	潤	噎
on	—	—	—	—	—	—	—	—	—	—	—	—	—	戌	割	—	—	葛	—	—	—	—	安
ot	—	—	—	—	—	—	—	—	—	—	—	—	—	—	—	—	—	—	—	—	—	—	—
un	—	—	—	—	—	—	—	—	—	—	—	—	—	—	—	—	—	—	—	—	—	—	—
ut	—	—	—	—	—	—	—	—	—	—	—	—	—	—	—	—	—	—	—	—	—	—	—

续表

韵母	p	p‘	m	f	t	t‘	n	l	ts	ts‘	s	ch	ch‘	sh	k	k‘	ng	h	kw	kw‘	w	y	–
ún	般	番	搬	寬	—	—	—	—	尊	—	孫	專	川	—	官	—	—	喑	—	—	—	—	垣
út	鉢	潑	抹	闊	—	—	—	—	—	村	雪	拙	—	船	佸	—	—	血	—	—	—	—	活
ün	—	—	—	—	端	團	煖	攣	尊	撮	孫	專	—	說	娟	拳	—	—	—	—	橫	喫	冤
üt	—	—	—	—	奪	脫	—	劣	啐	—	—	拙	撐	說	決	—	—	—	—	—	—	—	乙
âng	樺	彭	蝙	—	—	—	—	冷	增	—	僧	爭	撐	省	逕	—	硬	坑	逛	筐	橫	—	罌
âk	百	拍	擘	—	—	—	—	—	責	策	塞	責	策	索	革	—	額	客	摑	—	畫	益	鈪
ang	萠	烹	—	—	登	騰	能	—	曾	層	—	爭	撐	生	耕	揹	—	亨	—	—	宏	英	鶯
ak	北	—	麥	—	德	—	—	肋	則	測	塞	仄	測	生	革	劇	—	黑	—	—	—	益	握
ing	兵	抨	明	—	丁	聽	—	靚	精	清	星	正	逞	升	京	傾	—	興	—	—	榮	贏	—
ik	碧	辟	覓	揼	的	別	匿	礫	即	戚	錫	職	赤	色	激	劇	阨	隙	隙	—	域	益	握
eng	餅	駢	—	—	釘	艇	撐	靚	鄭	青	星	正	尺	聲	頸	—	—	輕	—	—	—	—	—
ek	—	劈	擘	摒	糴	剔	匿	礫	脊	戚	錫	整	赤	石	屐	劇	—	—	—	—	—	—	—
éung	—	—	—	楞	—	—	娘	涼	將	槍	箱	張	昌	商	疆	強	—	香	—	狂	汪	央	—
éuk	—	—	擘	擠	琢	別	愵	礫	爵	雀	削	着	卓	爍	腳	卻	阿	—	隙	—	獲	約	—
ong	邦	旁	綢	方	當	湯	囊	郎	莊	倉	喪	張	創	數	剛	強	印	康	光	狂	汪	—	盎
ok	博	撲	摸	擴	度	托	諾	烙	作	錯	索	着	卓	爍	各	確	樂	殼	國	廓	獲	約	惡
ung	幫	逢	懞	風	東	通	烘	籠	宗	聰	崇	中	充	崇	公	穹	—	空	—	—	—	雍	甕
uk	卜	—	木	輻	督	禿	朒	綠	足	速	宿	竹	畜	叔	谷	曲	—	曲	—	—	—	郁	屋
‘m	—	—	唔	—	—	—	—	—	—	—	—	—	—	—	—	—	—	—	—	—	—	—	—
‘ng	—	—	—	—	—	—	—	—	—	—	—	—	—	—	—	—	吾	—	—	—	—	—	—

附录 10　现代新派、现代老派澳门话同音字表（二维码）

现代新派澳门话同音字表（发音人：林小雯 2008 年）

现代老派澳门话同音字表（发音人：罗玉铭 2008 年）

后　　记

　　回首在北京求学的日子，真是幸福。本硕博加起来在北京待了十一年，人生三分之一的时间生活在祖国首都。刚到北京时初生牛犊不怕虎的冲劲已消逝，离京时的伤感也已被磨掉，北京更像我的另一个家乡，一个一辈子都熟悉的地方。犹记得在我读大一的时候，我的书法老师托人给我带来一幅对联："练字一丝不苟，做人百代真诚。"督促我做人做事要诚恳，到后来我才发觉，诚恳确能为我护航，多一点诚恳、鼓励、幽默、体谅，能够化解生活中的各种不如意。

　　此书建基于我北大的博士论文，后来作了一些修改，形成今天这个模样。说实在话，我觉得还有改进的空间，不过求学有阶段性，我也不是那种文章一写出来就能成为不刊之论的大家。唯有经常上下求索，努力追求进步，期望"今日之我战胜昨日之我"。

　　学术研究要成功无非三个穷尽。穷尽收集一手材料，穷尽参考前人研究，穷尽习得研究方法，然后运用严密的逻辑和顺畅的表达完成写作。如有三个新颖，即新材料、新观点、新方法，就会事半功倍。好文章就像玉石，须经多番打磨、精雕细琢才能成为艺术品。

　　作为多年的北大人，耳濡目染了北大的精魄，最不能忘却北大的核心价值："兼容并包""独立之精神，自由之思想"。我遇见的很多老师不光在学术研究的道路上遵循北大的价值理念，做人做事也一样。当年我大四考研因为英语没过没考上北大，丧失了信心，来北大旁听方言课的时候跟项梦冰老师聊了一下，项老师一句话让我坚定了继续考研的道路，他说："不要紧，做学问不是一年两年的事情……"硕士入学之初我问宋绍年老师："学问做到什么样，才算是可以了？"宋老师回答说："做学问要不厌其烦，不厌其详……"硕二时上蒋绍愚老师的课，课下我问蒋老师："怎样才能做一个称职合格的学生呢？我深怕辱没了我的老师。"蒋老师回答说："有扎实的功底，在面对众多意见的时候不盲从，有自己的见解……"硕三在陆俭明老师的课下，我请陆老师解答考博的疑惑，陆老师说："无论选择了哪条路，都要义无反顾地走下去……"

　　世上似乎没有事情是可以随随便便就能做好的，很多技能，跟读书搞科研一样，都需要付出心血。比如，唱歌唱到让听众产生共鸣，算是唱得好；打拳打到外如行云流水、内如黑洞旋涡，算是打得好；书法能写到忘法又不违法、天真烂漫，算是写得好。一个"恰到好处"的"好"字，需要无数汗水浸淫，而引领你到达彼岸的捷径就是"专心致志"以及"乐在其中"。

　　写博士论文的时候，我依稀已是而立之年，再眨眼已达不惑之年。感叹时光之荏苒，已不再是昨天的少年。2013年毕业时，我的导师李小凡教授虽身体不好，但仍能出席我们的博士毕业典礼。没想到2015年的暑假，老师就撒手而去。悲哉！

　　北大求学七年，最要感谢李小凡老师。李老师言传身教且极负责任，我的博士论文每交一稿，反馈回来时都写满了他密密麻麻的批注。他总能给我耐心和善意的提醒，无视我资质驽钝，赠我以宽容和鼓励，在关键时刻给我支持！之后，在李老师身体抱恙时，项梦冰老师接手对我的指导，帮我厘清思绪、重树信心，最终得以完成博士论文。项老师几次在我心情低落、处于低谷时，给我阳光般的温暖和鼓励，让我得以脱离困厄，鼓起勇气重返学术道路！感谢我的硕士导师张渭毅老师，他总能挖掘我的潜力，交给我很多看似不可能完成的任务，让我技能猛长，不输他人。感谢王洪君老师，她在学术上聪明睿智、无所不通，生活上仙风道骨、无所不晓，一直是我膜拜的偶像。感谢孔江平老师，他文武全能、温和敦厚，领我进入语音学的世界。感谢北京大学古汉语教研室的唐作藩老师、蒋绍愚老师、孙玉文老师、耿振生老师、邵永海老师、胡敕瑞老师，还有现代汉语教研室的陆俭明老师、袁毓林老师，理论语言学教研室的陈保亚老师、汪锋老师、王超贤老师，他们在我求学时言传身教，让我在研究汉语的道路上收获颇丰。感谢十一年来教过我的所有老师，大学生活之精彩，更多是因为他们的课讲得太好，带我翱翔于天际，漫步于云端。

　　感谢我的妻子艾溢芳，自从跟我结婚以后，她总是想着我的好，忘记我的不好，事事想着我帮着我，给我一个聪明可爱的孩子，找媳到这样一个妻子实在是三生有幸！感谢我的父母，他们对我没有任何要求，只要求我身体健康，无病无痛，并解决了我生活上的后顾之忧。感谢我的哥哥姐姐，特别是姐姐，总是惦记着我这个弟弟，恨不得天下幸运的事都落在我一个人身上，期盼着我越来越好。

感谢当年汉语方言学的各位同门，每周的方言沙龙让我们在不知不觉中获得提升，互相促进、取长补短。特别感谢当过我秘书的赵媛、刘菲晖、唐浩、徐井岗，以及最后关头帮我校对论文的高佩雯师妹。感谢东亚小组的各位挚友：曾南逸、卢慧静、李子鹤、孙顺、阮大瞿越、王琼、八木坚二。自发小组的讨论对我学术素养的提高起到关键的作用，感谢大家！

感谢澳门大学的程祥徽教授、邓景滨教授，澳门基金会的杨开荆博士，利氏学社的吴智阶秘书长，民署大楼图书馆的沈振辉先生，耶稣会的吕晶器神父，圣若瑟修院的高神父，以及在本人收集材料中帮助过我的所有人。感谢各位发音人，澳门的罗玉铭老师、李佐维老师、林小雯师妹、高佩雯师妹、吴锦莲女士，珠海唐家湾的唐观挺老先生，珠海北山的杨有根先生。特别要感谢给我介绍发音人的蔡庆泉先生，没有他的帮助我的调查不可能顺利完成。

要感谢的人很多，要说的话也无穷。可是，我已经踏入了不善于回忆的年龄，挖掘过去实在让人心累。人生必有终点，希望重逢的时候我们都能说句："真有意思！"

我的书终于要出版了，最后要感谢清华出版社三位出色的编辑——骆骁、梁斐、商成果，没有她们三位的催促，我的这本书不知何时才能面世。特别是商成果，她想方设法让我的作品变得尽善尽美。古人云"君子成人之美"，成果之谓也。

2022 年 11 月 29 日